5545.
a b 6

Yf 4303

COLLECTION

DES

MEILLEURS OUVRAGES

DE LA LANGUE FRANÇAISE,

EN PROSE ET EN VERS.

THÉATRE
DE
VOLTAIRE.

PARIS. — DE L'IMPRIMERIE DE RIGNOUX,
rue des Francs-Bourgeois-S.-Michel, n° 8.

THÉATRE

DE

VOLTAIRE,

PRÉCÉDÉ

D'UNE NOTICE HISTORIQUE

PAR M. BERVILLE.

TOME VI.

PARIS.

BAUDOUIN FRÈRES, ÉDITEURS,
RUE DE VAUGIRARD, N° 17.

M DCCC XXIX.

LE
DROIT DU SEIGNEUR,

COMÉDIE,

Représentée à Paris le 18 janvier 1763, en cinq actes, sous le nom de l'Écueil du Sage, qui n'était pas son véritable titre; remise au théâtre, le 12 juin 1779, en trois actes, après la mort de l'auteur.

PERSONNAGES.

Le marquis DU CARRAGE.
Le chevalier DE GERNANCE.
MÉTAPROSE, bailli.
MATHURIN, fermier.
DIGNANT, ancien domestique.
ACANTHE, élevée chez Dignant.
BERTHE, seconde femme de Dignant.
COLETTE.
CHAMPAGNE.
Domestiques.

La scène est en Picardie; et l'action, du temps de Henri II

LE DROIT DU SEIGNEUR,

COMÉDIE.

ACTE PREMIER.

SCÈNE I.

MATHURIN, LE BAILLI.

MATHURIN.
Écoutez-moi, monsieur le magister :
Vous savez tout, du moins vous avez l'air
De tout savoir ; car vous lisez sans cesse
Dans l'almanach. D'où vient que ma maîtresse
S'appelle Acanthe, et n'a point d'autre nom ?
D'où vient cela ?

LE BAILLI.
Plaisante question !
Et que t'importe ?

MATHURIN.
Oh ! cela me tourmente :
J'ai mes raisons.

LE BAILLI.
Elle s'appelle Acanthe :

C'est un beau nom; il vient du grec *anthos*,
Que les Latins ont depuis nommé *flos*.
Flos se traduit par *fleur;* et ta future
Est une fleur que la belle nature,
Pour la cueillir, façonna de sa main:
Elle fera l'honneur de ton jardin.
Qu'importe un nom? chaque père à sa guise
Donne des noms aux enfans qu'on baptise.
Acanthe a pris son nom de son parrain,
Comme le tien te nomma Mathurin.

MATHURIN.

Acanthe vient du grec?

LE BAILLI.

Chose certaine.

MATHURIN.

Et Mathurin, d'où vient-il?

LE BAILLI.

Ah! qu'il vienne
De Picardie ou d'Artois, un savant
A ces noms-là s'arrête rarement.
Tu n'as point de nom, toi; ce n'est qu'aux belles
D'en avoir un, car il faut parler d'elles.

MATHURIN.

Je ne sais, mais ce nom grec me déplaît.
Maître, je veux qu'on soit ce que l'on est:
Ma maîtresse est villageoise, et je gage
Que ce nom-là n'est pas de mon village.
Acanthe, soit. Son vieux père Dignant
Semble accorder sa fille en rechignant;
Et cette fille, avant d'être ma femme,

Paraît aussi rechigner dans son ame.
Oui, cette Acanthe, en un mot, cette fleur,
Si je l'en crois, me fait beaucoup d'honneur
De supporter que Mathurin la cueille.
Elle est hautaine et dans soi se recueille,
Me parle peu, fait de moi peu de cas,
Et quand je parle, elle n'écoute pas :
Et n'eût été Berthe sa belle-mère,
Qui haut la main régente son vieux père,
Ce mariage en mon chef résolu
N'aurait été, je crois, jamais conclu.

LE BAILLI.

Il l'est enfin, et de manière exacte :
Chez ses parens je t'en dresserai l'acte ;
Car si je suis le magister d'ici,
Je suis bailli, je suis notaire aussi ;
Et je suis prêt, dans mes trois caractères,
A te servir dans toutes tes affaires.
Que veux-tu ? dis.

MATHURIN.

    Je veux qu'incessamment
On me marie.

LE BAILLI.

    Ah ! vous êtes pressant.

MATHURIN.

Et très pressé... Voyez-vous, l'âge avance.
J'ai dans ma ferme acquis beaucoup d'aisance ;
J'ai travaillé vingt ans pour vivre heureux ;
Mais l'être seul... il vaut mieux l'être deux.
Il faut se marier avant qu'on meure.

LE BAILLI.

C'est très bien dit ; et quand donc?

MATHURIN.

Tout à l'heure.

LE BAILLI.

Oui; mais Colette à votre sacrement,
Mons Mathurin, peut mettre empêchement :
Elle vous aime avec quelque tendresse,
Vous et vos biens; elle eut de vous promesse
De l'épouser.

MATHURIN.

Oh bien, je dépromets.
Je veux pour moi m'arranger désormais;
Car je suis riche et coq de mon village.
Colette veut m'avoir par mariage,
Et moi je veux du conjugal lien
Pour mon plaisir, et non pas pour le sien.
Je n'aime plus Colette; c'est Acanthe,
Entendez-vous, qui seule ici me tente.
Entendez-vous, magister trop rétif?

LE BAILLI.

Oui, j'entends bien : vous êtes trop hâtif;
Et pour signer vous devriez attendre
Que monseigneur daignât ici se rendre :
Il vient demain; ne faites rien sans lui.

MATHURIN.

C'est pour cela que j'épouse aujourd'hui.

LE BAILLI.

Comment?

ACTE I, SCÈNE I.

MATHURIN.

   Eh, oui : ma tête est peu savante;
Mais on connaît la coutume impudente
De nos seigneurs de ce canton picard.
C'est bien assez qu'à nos biens on ait part,
Sans en avoir encore à nos épouses.
Des Mathurins les têtes sont jalouses:
J'aimerais mieux demeurer vieux garçon
Que d'être époux avec cette façon.
Le vilain droit !

LE BAILLI.

    Mais il est fort honnête.
Il est permis de parler tête à tête
A sa sujette, afin de la tourner
A son devoir, et de l'endoctriner.

MATHURIN.

Je n'aime point qu'un jeune homme endoctrine
Cette disciple à qui je me destine;
Cela me fâche.

LE BAILLI.

    Acanthe a trop d'honneur
Pour te fâcher : c'est le droit du seigneur;
Et c'est à nous, en personnes discrètes,
A nous soumettre aux lois qu'on nous a faites.

MATHURIN.

D'où vient ce droit?

LE BAILLI.

     Ah! depuis bien long-temps
C'est établi... ça vient du droit des gens.

MATHURIN.

Mais sur ce pied, dans toutes les familles,
Chacun pourrait endoctriner les filles.

LE BAILLI.

Oh! point du tout... c'est une invention
Qu'on inventa pour les gens d'un grand nom.
Car, vois-tu bien, autrefois les ancêtres
De monseigneur s'étant rendus les maîtres
De nos aïeux, régnaient sur nos hameaux.

MATHURIN.

Ouais! nos aïeux étaient donc de grands sots!

LE BAILLI.

Pas plus que toi. Les seigneurs du village
Devaient avoir un droit de vasselage.

MATHURIN.

Pourquoi cela? sommes-nous pas pétris
D'un seul limon, de lait comme eux nourris?
N'avons-nous pas comme eux des bras, des jambes,
Et mieux tournés, et plus forts, plus ingambes,
Une cervelle avec quoi nous pensons
Beaucoup mieux qu'eux, car nous les attrapons?
Sommes-nous pas cent contre un? Ça m'étonne
De voir toujours qu'une seule personne
Commande en maître à tous ses compagnons
Comme un berger fait tondre ses moutons.
Quand je suis seul, à tout cela je pense
Profondément. Je vois notre naissance
Et notre mort, à la ville, au hameau,
Se ressembler comme deux gouttes d'eau.
Pourquoi la vie est-elle différente?

Je n'en vois pas la raison : ça tourmente.
Les Mathurins et les godelureaux,
Et les baillis, ma foi, sont tous égaux.

LE BAILLI.

C'est très bien dit, Mathurin : mais, je gage,
Si tes valets te tenaient ce langage,
Qu'un nerf de bœuf appliqué sur le dos
Réfuterait puissamment leurs propos;
Tu les ferais rentrer vite à leur place.

MATHURIN.

Oui, vous avez raison : ça m'embarrasse;
Oui, ça pourrait me donner du souci.
Mais palsembleu, vous m'avouerez aussi
Que quand chez moi mon valet se marie,
C'est pour lui seul, non pour ma seigneurie,
Qu'à sa moitié je ne prétends en rien,
Et que chacun doit jouir de son bien.

LE BAILLI.

Si les petits à leurs femmes se tiennent,
Compère, aux grands les nôtres appartiennent.
Que ton esprit est bas, lourd et brutal!
Tu n'as pas lu le code *féodal*.

MATHURIN.

Féodal! qu'est-ce?

LE BAILLI.

    Il tient son origine
Du mot *fides* de la langue latine :
C'est comme qui dirait...

MATHURIN.

        Sais-tu qu'avec

Ton vieux latin et ton ennuyeux grec,
Si tu me dis des sottises pareilles,
Je pourais bien frotter tes deux oreilles.
(Il menace le bailli, qui parle toujours en reculant; et Mathurin court après lui.)

LE BAILLI.

Je suis bailli, ne t'en avise pas.
Fides veut dire *foi*. Conviens-tu pas
Que tu dois foi, que tu dois plein hommage
A monseigneur le marquis du Carrage?
Que tu lui dois dîmes, champart, argent?
Que tu lui dois...

MATHURIN.

Baillif outrecuidant,
Oui, je dois tout; j'en enrage dans l'ame :
Mais, palsandié, je ne dois point ma femme,
Maudit bailli!

LE BAILLI, *en s'en allant.*

Va, nous savons la loi;
Nous aurons bien ta femme ici sans toi.

SCÈNE II.

MATHURIN.

Chien de bailli! que ton latin m'irrite!
Ah! sans latin marions-nous bien vite;
Parlons au père, à la fille surtout;
Car ce que je veux, moi, j'en viens à bout.
Voilà comme je suis... J'ai dans ma tête
Prétendu faire une fortune honnête,

ACTE I, SCÈNE III.

La voilà faite : une fille d'ici
Me tracassait, me donnait du souci,
C'était Colette, et j'ai vu la friponne
Pour mes écus mugueter ma personne ;
J'ai voulu rompre, et je romps : j'ai l'espoir
D'avoir Acanthe, et je m'en vais l'avoir,
Car je m'en vais lui parler. Sa manière
Est dédaigneuse, et son allure est fière :
Moi je le suis ; et dès que je l'aurai,
Tout aussitôt je vous la réduirai ;
Car je le veux. Allons...

SCÈNE III.

MATHURIN, COLETTE, *courant après.*

COLETTE.

Je t'y prends, traître !

MATHURIN, *sans la regarder.*

Allons.

COLETTE.

Tu feins de ne me pas connaître ?

MATHURIN.

Si fait... Bonjour.

COLETTE.

Mathurin ! Mathurin !
Tu causeras ici plus d'un chagrin.
De tes bonjours je suis fort étonnée,
Et tes bonjours valaient mieux l'autre année :
C'était tantôt un bouquet de jasmin

Que tu venais me placer de ta main ;
Puis des rubans pour orner ta bergère ;
Tantôt des vers, que tu me fesais faire
Par le bailli, qui n'y comprenait rien,
Ni toi ni moi ; mais tout allait fort bien :
Tout est passé, lâche ! tu me délaisses.

MATHURIN.

Oui, mon enfant.

COLETTE.

          Après tant de promesses,
Tant de bouquets acceptés et rendus,
C'en est donc fait ? je ne te plais donc plus ?

MATHURIN.

Non, mon enfant.

COLETTE.

          Et pourquoi, misérable ?

MATHURIN.

Mais je t'aimais ; je n'aime plus. Le diable
A t'épouser me poussa vivement ;
En sens contraire il me pousse à présent :
Il est le maître.

COLETTE.

         Eh ! va, va, ta Colette
N'est plus si sotte, et sa raison s'est faite.
Le diable est juste, et tu diras pourquoi
Tu prends les airs de te moquer de moi.
Pour avoir fait à Paris un voyage,
Te voilà donc petit-maître au village ?
Tu penses donc que le droit t'est acquis
D'être en amour fripon comme un marquis ?

C'est bien à toi d'avoir l'ame inconstante !
Toi, Mathurin, me quitter pour Acanthe !
MATHURIN.
Oui, mon enfant.
COLETTE.
Et quelle est la raison ?
MATHURIN.
C'est que je suis le maître en ma maison ;
Et pour quelqu'un de notre Picardie
Tu m'as parue un peu trop dégourdie :
Tu m'aurais fait trop d'amis, entre nous ;
Je n'en veux point, car je suis né jaloux.
Acanthe enfin aura la préférence :
La chose est faite : adieu ; prends patience.
COLETTE.
Adieu ! non pas, traître ! je te suivrai,
Et contre ton contrat je m'inscrirai.
Mon père était procureur ; ma famille
A du crédit, et j'en ai : je suis fille ;
Et monseigneur donne protection,
Quand il le faut, aux filles du canton ;
Et devant lui nous ferons comparaître
Un gros fermier qui fait le petit-maître,
Fait l'inconstant, se mêle d'être un fat.
Je te ferai rentrer dans ton état :
Nous apprendrons à ta mine insolente
A te moquer d'une pauvre innocente.
MATHURIN.
Cette innocente est dangereuse : il faut
Voir le beau-père, et conclure au plus tôt.

SCÈNE IV.

MATHURIN, DIGNANT, ACANTHE, COLETTE.

MATHURIN.

Allons, beau-père, allons bâcler la chose.

COLETTE.

Vous ne bâclerez rien, non; je m'oppose
A ses contrats, à ses noces, à tout.

MATHURIN.

Quelle innocente!

COLETTE.

Oh! tu n'es pas au bout.
(à Acanthe.)
Gardez-vous bien, s'il vous plaît, ma voisine,
De vous laisser enjôler sur sa mine :
Il me trompa quatorze mois entiers.
Chassez cet homme.

ACANTHE.

Hélas! très volontiers.

MATHURIN.

Très volontiers... Tout ce train-là me lasse :
Je suis têtu; je veux que tout se passe
A mon plaisir, suivant mes volontés,
Car je suis riche... Or, beau-père, écoutez :
Pour honorer en moi mon mariage,
Je me décrasse, et j'achète au bailliage
L'emploi brillant de receveur royal
Dans le grenier à sel : ça n'est pas mal.
Mon fils sera conseiller, et ma fille

Relèvera quelque noble famille ;
Mes petits-fils deviendront présidens :
De monseigneur un jour les descendans
Feront leur cour aux miens ; et, quand j'y pense,
Je me rengorge et me carre d'avance.
DIGNANT.
Carre-toi bien ; mais songe qu'à présent
On ne peut rien sans le consentement
De monseigneur : il est encor ton maître.
MATHURIN.
Et pourquoi ça ?
DIGNANT.
    Mais c'est que ça doit être.
A tous seigneurs tous honneurs.
COLETTE, *à Mathurin.*
      Oui, vilain.
Il t'en cuira, je t'en réponds.
MATHURIN.
      Voisin,
Notre bailli t'a donné sa folie.
Eh ! dis-moi donc, s'il prend en fantaisie
A monseigneur d'avoir femme au logis,
A-t-il besoin de prendre ton avis ?
DIGNANT.
C'est différent ; je fus son domestique
De père en fils dans cette terre antique.
Je suis né pauvre, et je deviens cassé.
Le peu d'argent que j'avais amassé
Fut employé pour élever Acanthe.
Notre bailli dit qu'elle est fort savante,

Et qu'entre nous son éducation
Est au dessus de sa condition.
C'est ce qui fait que ma seconde épouse,
Sa belle-mère, est fâchée et jalouse,
Et la maltraite, et me maltraite aussi :
De tout cela je suis fort en souci.
Je voudrais bien te donner cette fille;
Mais je ne puis établir ma famille
Sans monseigneur; je vis de ses bontés,
Je lui dois tout; j'attends ses volontés :
Sans son aveu nous ne pouvons rien faire.

ACANTHE.

Ah! croyez-vous qu'il le donne, mon père?

COLETTE.

Eh bien! fripon, tu crois que tu l'auras?
Moi, je te dis que tu ne l'auras pas.

MATHURIN.

Tout le monde est contre moi; ça m'irrite.

SCÈNE V.

LES PRÉCÉDENS, BERTHE.

MATHURIN, *à Berthe qui arrive.*
Ma belle-mère, arrivez, venez vite.
Vous n'êtes plus la maîtresse au logis,
Chacun rebèque; et je vous avertis
Que si la chose en cet état demeure,
Si je ne suis marié tout à l'heure,
Je ne le serai point; tout est fini,
Tout est rompu.

ACTE I, SCÈNE V.

BERTHE.

Qui m'a désobéi?
Qui contredit, s'il vous plaît, quand j'ordonne?
Serait-ce vous, mon mari? vous?

DIGNANT.

Personne,
Nous n'avons garde; et Mathurin veut bien
Prendre ma fille à peu près avec rien :
J'en suis content, et je dois me promettre
Que monseigneur daignera le permettre.

BERTHE.

Allez, allez, épargnez-vous ce soin;
C'est de moi seule ici qu'on a besoin;
Et quand la chose une fois sera faite,
Il faudra bien, ma foi, qu'il la permette.

DIGNANT.

Mais...

BERTHE.

Mais il faut suivre ce que je dis.
Je ne veux plus souffrir dans mon logis,
A mes dépens, une fille indolente,
Qui ne fait rien, de rien ne se tourmente,
Qui s'imagine avoir de la beauté
Pour être en droit d'avoir de la fierté.
Mademoiselle, avec sa froide mine,
Ne daigne pas aider à la cuisine;
Elle se mire, ajuste son chignon,
Fredonne un air en brodant un jupon,
Ne parle point, et le soir en cachette
Lit des romans que le bailli lui prête.

Eh bien! voyez, elle ne répond rien.
Je me repens de lui faire du bien.
Elle est muette ainsi qu'une pécore.

MATHURIN.

Ah! c'est tout jeune, et ça n'a pas encore
L'esprit formé : ça vient avec le temps.

DIGNANT.

Ma bonne, il faut quelques ménagemens
Pour une fille; elles ont d'ordinaire
De l'embarras dans cette grande affaire :
C'est modestie et pudeur que cela.
Comme elle enfin vous passâtes par là;
Je m'en souviens, vous étiez fort revêche.

BERTHE.

Eh! finissons. Allons, qu'on se dépêche :
Quels sots propos! suivez-moi promptement
Chez le bailli.

COLETTE, *à Acanthe.*

N'en fais rien, mon enfant.

BERTHE.

Allons, Acanthe.

ACANTHE.

O ciel! que dois-je faire?

COLETTE.

Refuse tout, laisse ta belle-mère,
Viens avec moi.

BERTHE, *à Acanthe.*

Quoi donc! sans sourciller?
Mais parlez donc.

ACTE I, SCÈNE VI.

ACANTHE.

A qui puis-je parler?

DIGNANT.

Chez le bailli, ma bonne, allons l'attendre,
Sans la gêner, et laissons-lui reprendre
Un peu d'haleine.

ACANTHE.

Ah! croyez que mes sens
Sont pénétrés de vos soins indulgens;
Croyez qu'en tout je distingue mon père.

MATHURIN.

Madame Berthe, on ne distingue guère
Ni vous ni moi : la belle a le maintien
Un peu bien sec, mais cela n'y fait rien;
Et je réponds, dès qu'elle sera nôtre,
Qu'en peu de temps je la rendrai toute autre.

(Ils sortent.)

ACANTHE.

Ah! que je sens de trouble et de chagrin!
Me faudra-t-il épouser Mathurin?

SCÈNE VI.

ACANTHE, COLETTE.

COLETTE.

Ah! n'en fais rien, crois-moi, ma chère amie.
Du mariage aurais-tu tant d'envie?
Tu peux trouver beaucoup mieux... que sait-on?
Aimerais-tu ce méchant?

ACANTHE.

Mon Dieu, non.
Mais, vois-tu bien, je ne suis plus souffert
Dans le logis de la marâtre Berthe;
Je suis chassée, il me faut un abri,
Et par besoin je dois prendre un mari.
C'est en pleurant que je cause ta peine.
D'un grand projet j'ai la cervelle pleine;
Mais je ne sais comment m'y prendre, hélas!
Que devenir... Dis-moi, ne sais-tu pas
Si monseigneur doit venir dans ses terres?

COLETTE.

Nous l'attendons.

ACANTHE.

Bientôt?

COLETTE.

Je ne sais guères
Dans mon taudis les nouvelles de cour :
Mais s'il revient, ce doit être un grand jour.
Il met, dit-on, la paix dans les familles,
Il rend justice, il a grand soin des filles.

ACANTHE.

Ah! s'il pouvait me protéger ici!

COLETTE.

Je prétends bien qu'il me protége aussi.

ACANTHE.

On dit qu'à Metz il a fait des merveilles,
Qui dans l'armée ont très peu de pareilles;
Que Charles-Quint a loué sa valeur.

ACTE I, SCÈNE VI.

COLETTE.
Qu'est-ce que Charles-Quint?
ACANTHE.
                    Un empereur
Qui nous a fait bien du mal.
COLETTE.
                    Et qu'importe?
Ne m'en faites pas, vous, et que je sorte
A mon honneur du cas triste où je suis.
ACANTHE.
Comme le tien, mon cœur est plein d'ennuis.
Non loin d'ici quelquefois on me mène
Dans un château de la jeune Dormène...
COLETTE.
Près de nos bois... ah! le plaisant château!
De Mathurin le logis est plus beau;
Et Mathurin est bien plus riche qu'elle.
ACANTHE.
Oui, je le sais; mais cette demoiselle
Est autre chose; elle est de qualité;
On la respecte avec sa pauvreté.
Elle a chez elle une vieille personne
Qu'on nomme Laure, et dont l'ame est si bonne :
Laure est aussi d'une grande maison.
COLETTE.
Qu'importe encor?
ACANTHE.
                Les gens d'un certain nom,
J'ai remarqué cela, chère Colette,
En savent plus, ont l'ame autrement faite,

Ont de l'esprit, des sentimens plus grands,
Meilleurs que nous.

COLETTE.

Oui, dès leurs premiers ans
Avec grand soin leur ame est façonnée;
La nôtre, hélas! languit abandonnée.
Comme on apprend à chanter, à danser,
Les gens du monde apprennent à penser.

ACANTHE.

Cette Dormène et cette vieille dame
Semblent donner quelque chose à mon ame;
Je crois en valoir mieux quand je les voi :
J'ai de l'orgueil, et je ne sais pourquoi...
Et les bontés de Dormène et de Laure
Me font haïr mille fois plus encore
Madame Berthe et monsieur Mathurin.

COLETTE.

Quitte-les tous.

ACANTHE.

Je n'ose; mais enfin
J'ai quelque espoir : que ton conseil m'assiste.
Dis-moi d'abord, Colette, en quoi consiste
Ce fameux droit du seigneur.

COLETTE.

Oh! ma foi,
Va consulter de plus doctes que moi.
Je ne suis point mariée; et l'affaire,
A ce qu'on dit, est un très grand mystère.
Seconde-moi, fais que je vienne à bout
D'être épousée, et je te dirai tout.

ACTE I, SCENE VI.

ACANTHE.
Ah! j'y ferai mon possible.
COLETTE.
Ma mère
Est très alerte, et conduit mon affaire;
Elle me fait, par un acte plaintif,
Pousser mon droit par-devant le baillif :
J'aurai, dit-elle, un mari par justice.
ACANTHE.
Que de bon cœur j'en fais le sacrifice !
Chère Colette, agissons bien à point,
Toi pour l'avoir, moi pour ne l'avoir point.
Tu gagneras assez à ce partage ;
Mais en perdant je gagne davantage.

FIN DU PREMIER ACTE.

ACTE SECOND.

SCÈNE I.

LE BAILLI, PHLIPE *son valet*, *ensuite* COLETTE.

LE BAILLI.
Ma robe, allons... du respect... vite, Phlipe.
C'est en bailli qu'il faut que je m'équipe :
J'ai des cliens qu'il faut expédier.
Je suis bailli, je te fais mon huissier.
Amène-moi Colette à l'audience.
(Il s'assied devant une table, et feuillette un grand livre.)
L'affaire est grave, et de grande importance.
De matrimonio... chapitre deux.
Empêchemens... Ces cas-là sont verreux ;
Il faut savoir de la jurisprudence.
(à Colette.)
Approchez-vous... faites la révérence,
Colette : il faut d'abord dire son nom.

COLETTE.
Vous l'avez dit, je suis Colette.

LE BAILLI, *écrivant.*
      Bon.
Colette... Il faut dire ensuite son âge.
N'avez-vous pas trente ans et davantage ?

COLETTE.
Fi donc, monsieur! j'ai vingt ans tout au plus.
LE BAILLI, *écrivant*.
Çà, vingt ans, passe : ils sont bien révolus?
COLETTE.
L'âge, monsieur, ne fait rien à la chose;
Et, jeune ou non, sachez que je m'oppose
A tout contrat qu'un Mathurin sans foi
Fera jamais avec d'autres que moi.
LE BAILLI.
Vos oppositions seront notoires.
Çà, vous avez des raisons péremptoires?
COLETTE.
J'ai cent raisons.
LE BAILLI.
  Dites-les... Aurait-il...
COLETTE.
Oh! oui, monsieur.
LE BAILLI.
    Mais vous coupez le fil
A tout moment de notre procédure.
COLETTE.
Pardon, monsieur.
LE BAILLI.
   Vous a-t-il fait injure?
COLETTE.
Oh, tant! j'aurais plus d'un mari sans lui;
Et me voilà pauvre fille aujourd'hui.
LE BAILLI.
Il vous a fait sans doute des promesses?

COLETTE.

Mille pour une, et pleines de tendresses.
Il promettait, il jurait que dans peu
Il me prendrait en légitime nœud.

LE BAILLI, *écrivant.*

En légitime nœud... quelle malice !
Çà, produisez ses lettres en justice.

COLETTE.

Je n'en ai point; jamais il n'écrivait,
Et je croyais tout ce qu'il me disait.
Quand tous les jours on parle tête à tête
A son amant d'une manière honnête,
Pourquoi s'écrire ? à quoi bon ?

LE BAILLI.

                      Mais du moins,
Au lieu d'écrits, vous avez des témoins ?

COLETTE.

Moi ? point du tout; mon témoin c'est moi-même :
Est-ce qu'on prend des témoins quand on s'aime ?
Et puis, monsieur, pouvais-je deviner
Que Mathurin osât m'abandonner ?
Il me parlait d'amitié, de constance;
Je l'écoutais, et c'était en présence
De mes moutons, dans son pré, dans le mien :
Ils ont tout vu, mais ils ne disent rien.

LE BAILLI.

Non plus qu'eux tous je n'ai donc rien à dire.
Votre complainte en droit ne peut suffire;
On ne produit ni témoins ni billets,
On ne vous a rien fait, rien écrit...

ACTE II, SCÈNE I.

COLETTE.
        Mais
Un Mathurin aura donc l'insolence
Impunément d'abuser l'innocence?

LE BAILLI.
En abuser! mais vraiment c'est un cas
Épouvantable, et vous n'en parliez pas!
Instrumentons... Laquelle nous remontre
Que Mathurin, en plus d'une rencontre,
Se prévalant de sa simplicité,
A méchamment contre icelle attenté;
Laquelle insiste, et répète dommages,
Frais, intérêts, pour raison des outrages
Contre les lois faits par le suborneur,
Dit Mathurin, à son présent honneur.

COLETTE.
Rayez cela; je ne veux pas qu'on dise
Dans le pays une telle sottise.
Mon honneur est très intact; et, pour peu
Qu'on l'eût blessé, l'on aurait vu beau jeu.

LE BAILLI.
Que prétendez-vous donc?

COLETTE.
      Être vengée.

LE BAILLI.
Pour se venger il faut être outragée,
Et par écrit coucher en mots exprès
Quels attentats encontre vous sont faits,
Articuler les lieux, les circonstances,
Quis, quid, ubi, les excès, insolences,

Énormités sur quoi l'on jugera.
COLETTE.
Écrivez donc tout ce qu'il vous plaira.
LE BAILLI.
Ce n'est pas tout; il faut savoir la suite
Que ces excès pourraient avoir produite.
COLETTE.
Comment produite? Eh! rien ne produit rien.
Traître bailli, qu'entendez-vous?
LE BAILLI.
　　　　　　　　　Fort bien.
Laquelle fille a dans ses procédures
Perdu le sens, et nous dit des injures;
Et n'apportant nulle preuve du fait,
L'empêchement est nul, de nul effet.
(Il se lève.)
Depuis une heure en vain je vous écoute :
Vous n'avez rien prouvé, je vous déboute.
COLETTE.
Me débouter, moi?
LE BAILLI.
　　　Vous.
COLETTE.
　　　　　　　Maudit baillif!
Je suis déboutée?
LE BAILLI.
　　　　Oui; quand le plaintif
Ne peut donner des raisons qui convainquent,
On le déboute, et les adverses vainquent.
Sur Mathurin n'ayant point action,

Nous procédons à la conclusion.

COLETTE.

Non, non, bailli; vous aurez beau conclure,
Instrumenter et signer, je vous jure
Qu'il n'aura point son Acanthe.

LE BAILLI.

Il l'aura;
De monseigneur le droit se maintiendra.
Je suis baillif, et j'ai les droits du maître :
C'est devant moi qu'il faudra comparaître.
Consolez-vous, sachez que vous aurez
Affaire à moi quand vous vous marierez.

COLETTE.

J'aimerais mieux le reste de ma vie
Demeurer fille.

LE BAILLI.

Oh! je vous en défie.

SCÈNE II.

COLETTE.

Ah! comment faire? où reprendre mon bien?
J'ai protesté; cela ne sert de rien.
On va signer. Que je suis tourmentée !

SCÈNE III.

COLETTE, ACANTHE.

COLETTE.

A mon secours! me voilà déboutée.

ACANTHE.

Déboutée!

COLETTE.

Oui; l'ingrat vous est promis.
On me déboute.

ACANTHE.

Hélas! je suis bien pis.
De mes chagrins mon ame est oppressée;
Ma chaîne est prête, et je suis fiancée,
Ou je vais l'être au moins dans un moment.

COLETTE.

Ne hais-tu pas mon lâche?

ACANTHE.

Honnêtement.
Entre nous deux, juges-tu sur ma mine
Qu'il soit bien doux d'être ici Mathurine?

COLETTE.

Non pas pour toi; tu portes dans ton air
Je ne sais quoi de brillant et de fier :
A Mathurin cela ne convient guère,
Et ce maraud était mieux mon affaire.

ACANTHE.

J'ai par malheur de trop hauts sentimens.
Dis-moi, Colette, as-tu lu des romans?

ACTE II, SCENE III.

COLETTE.

Moi? non, jamais.

ACANTHE.

Le bailli Métaprose
M'en a prêté... Mon Dieu, la belle chose!

COLETTE.

En quoi si belle?

ACANTHE.

On y voit des amans
Si courageux, si tendres, si galans!

COLETTE.

Oh! Mathurin n'est pas comme eux.

ACANTHE.

Colette,
Que les romans rendent l'ame inquiète!

COLETTE.

Et d'où vient donc?

ACANTHE.

Ils forment trop l'esprit :
En les lisant le mien bientôt s'ouvrit;
A réfléchir que de nuits j'ai passées!
Que les romans font naître de pensées!
Que les héros de ces livres charmans
Ressemblent peu, Colette, aux autres gens!
Cette lumière était pour moi féconde;
Je me voyais dans un tout autre monde;
J'étais au ciel... Ah! qu'il m'était bien dur
De retomber dans mon état obscur;
Le cœur tout plein de ce grand étalage,
De me trouver au fond de mon village,

Et de descendre, après ce vol divin,
Des Amadis à maître Mathurin!

COLETTE.

Votre propos me ravit; et je jure
Que j'ai déja du goût pour la lecture.

ACANTHE.

T'en souvient-il autant qu'il m'en souvient,
Que ce marquis, ce beau seigneur, qui tient
Dans le pays le rang, l'état d'un prince,
De sa présence honora la province?
Il s'est passé juste un an et deux mois
Depuis qu'il vint pour cette seule fois.
T'en souvient-il? nous le vîmes à table,
Il m'accueillit : ah, qu'il était affable!
Tous ses discours étaient des mots choisis
Que l'on n'entend jamais dans ce pays :
C'était, Colette, une langue nouvelle,
Supérieure et pourtant naturelle;
J'aurais voulu l'entendre tout le jour.

COLETTE.

Tu l'entendras sans doute à son retour.

ACANTHE.

Ce jour, Colette, occupe ta mémoire,
Où monseigneur, tout rayonnant de gloire,
Dans nos forêts, suivi d'un peuple entier,
Le fer en main courait le sanglier?

COLETTE.

Oui, quelque idée et confuse et légère
Peut m'en rester.

ACTE II, SCÈNE III.

ACANTHE.

Je l'ai distincte et claire;
Je crois le voir avec cet air si grand,
Sur ce cheval superbe et bondissant;
Près d'un gros chêne il perce de sa lance
Le sanglier qui contre lui s'élance :
Dans ce moment j'entendis mille voix
Que répétaient les échos de nos bois;
Et de bon cœur (il faut que j'en convienne)
J'aurais voulu qu'il démêlât la mienne.
De son départ je fus encor témoin :
On l'entourait, je n'étais pas bien loin.
Il me parla... Depuis ce jour, ma chère,
Tous les romans ont le don de me plaire :
Quand je les lis je n'ai jamais d'ennui;
Il me paraît qu'ils me parlent de lui.

COLETTE.

Ah, qu'un roman est beau!

ACANTHE.

C'est la peinture
Du cœur humain, je crois, d'après nature.

COLETTE.

D'après nature... Entre nous deux, ton cœur
N'aime-t-il pas en secret monseigneur?

ACANTHE.

Oh! non; je n'ose : et je sens la distance
Qu'entre nous deux mit son rang, sa naissance.
Crois-tu qu'on ait des sentimens si doux
Pour ceux qui sont trop au dessus de nous?
A cette erreur trop de raison s'oppose.

Non, je ne l'aime point... mais il est cause
Que l'ayant vu je ne puis à présent
En aimer d'autre... et c'est un grand tourment.

COLETTE.

Mais de tous ceux qui le suivaient, ma bonne,
Aucun n'a-t-il cajolé ta personne?
J'avouerai, moi, que l'on m'en a conte.

ACANTHE.

Un étourdi prit quelque liberté;
Il s'appelait le chevalier Gernance :
Son fier maintien, ses airs, son insolence,
Me révoltaient, loin de m'en imposer.
Il fut surpris de se voir mépriser;
Et, réprimant sa poursuite hardie,
Je lui fis voir combien la modestie
Était plus fière, et pouvait d'un coup d'œil
Faire trembler l'impudence et l'orgueil.
Ce chevalier serait assez passable,
Et d'autres mœurs l'auraient pu rendre aimable :
Ah! la douceur est l'appât qui nous prend.
Que monseigneur, ô ciel, est différent!

COLETTE.

Ce chevalier n'était donc guère sage?
Çà, qui des deux te déplaît davantage,
De Mathurin ou de cet effronté?

ACANTHE.

Oh! Mathurin... c'est sans difficulté.

COLETTE.

Mais monseigneur est bon; il est le maître :

ACTE II, SCÈNE III.

Pourrait-il pas te dépêtrer du traître ?
Tu me parais si belle.

ACANTHE.

Hélas !

COLETTE.

Je croi
Que tu pourras mieux réussir que moi.

ACANTHE.

Est-il bien vrai qu'il arrive ?

COLETTE.

Sans doute,
Car on le dit.

ACANTHE.

Penses-tu qu'il m'écoute ?

COLETTE.

J'en suis certaine, et je retiens ma part
De ses bontés.

ACANTHE.

Nous le verrons trop tard ;
Il n'arrivera point ; on me fiance,
Tout est conclu, je suis sans espérance.
Berthe est terrible en sa mauvaise humeur ;
Mathurin presse, et je meurs de douleur.

COLETTE.

Eh ! moque-toi de Berthe.

ACANTHE.

Hélas ! Dormène,
Si je lui parle, entrera dans ma peine :
Je veux prier Dormène de m'aider
De son appui qu'elle daigne accorder

Aux malheureux; cette dame est si bonne!
Laure, surtout, cette vieille personne,
Qui m'a toujours montré tant d'amitié,
De moi sans doute aura quelque pitié;
Car sais-tu bien que cette dame Laure
Très tendrement de ses bontés m'honore?
Entre ses bras elle me tient souvent,
Elle m'instruit, et pleure en m'instruisant.

COLETTE.

Pourquoi pleurer?

ACANTHE.

Mais de ma destinée :
Elle voit bien que je ne suis pas née
Pour Mathurin... Crois-moi, Colette, allons
Lui demander des conseils, des leçons...
Veux-tu me suivre?

COLETTE.

Ah! oui, ma chère Acanthe,
Enfuyons-nous; la chose est très prudente.
Viens; je connais des chemins détournés
Tout près d'ici[a].

SCÈNE IV.

ACANTHE, COLETTE, BERTHE, DIGNANT,
MATHURIN.

BERTHE, *arrêtant Acanthe.*

Quel chemin vous prenez!
Etes-vous folle? et quand on doit se rendre

ACTE II, SCÈNE IV.

A son devoir, faut-il se faire attendre?
Quelle indolence! et quel air de froideur!
Vous me glacez : votre mauvaise humeur
Jusqu'à la fin vous sera reprochée.
On vous marie, et vous êtes fâchée.
Hom, l'idiote! Allons, çà, Mathurin,
Soyez le maître, et donnez-lui la main.

MATHURIN *approche sa main et veut l'embrasser.*

Ah! palsandié...

BERTHE.

Voyez la malhonnête!
Elle rechigne et détourne la tête!

ACANTHE.

Pardon, mon père; hélas! vous excusez
Mon embarras, vous le favorisez,
Et vous sentez quelle douleur amère
Je dois souffrir en quittant un tel père.

BERTHE.

Et rien pour moi?

MATHURIN.

Ni rien pour moi non plus?

COLETTE.

Non, rien, méchant; tu n'auras qu'un refus.

MATHURIN.

On me fiance.

COLETTE.

Et va, va, fiançailles
Assez souvent ne sont pas épousailles.
Laisse-moi faire.

DIGNANT.

Eh! qu'est-ce que j'entends?
C'est un courrier : c'est, je pense, un des gens
De monseigneur; oui, c'est le vieux Champagne.

SCÈNE V.

LES PRÉCÉDENS; CHAMPAGNE.

CHAMPAGNE.

Oui, nous avons terminé la campagne :
Nous avons sauvé Metz, mon maître et moi;
Et nous aurons la paix. Vive le roi!
Vive mon maître!... il a bien du courage;
Mais il est trop sérieux pour son âge;
J'en suis fâché. Je suis bien aise aussi,
Mon vieux Dignant, de te trouver ici :
Tu me parais en grande compagnie.

DIGNANT.

Oui... vous serez de la cérémonie.
Nous marions Acanthe.

CHAMPAGNE.

Bon! tant mieux!
Nous danserons, nous serons tous joyeux.
Ta fille est belle... Ha, ha, c'est toi, Colette;
Ma chère enfant, ta fortune est donc faite?
Mathurin est ton mari?

COLETTE.

Mon Dieu, non.

CHAMPAGNE.

Il fait fort mal.

COLETTE.

Le traître, le fripon,
Croit dans l'instant prendre Acanthe pour femme.

CHAMPAGNE.

Il fait fort bien; je réponds sur mon ame
Que cet hymen à mon maître agreera,
Et que la noce à ses frais se fera.

ACANTHE.

Comment! il vient?

CHAMPAGNE.

Peut-être ce soir, même.

DIGNANT.

Quoi! ce seigneur, ce bon maître que j'aime,
Je puis le voir encore avant ma mort?
S'il est ainsi, je bénirai mon sort.

ACANTHE.

Puisqu'il revient, permettez, mon cher père,
De vous prier, devant ma belle-mère,
De vouloir bien ne rien précipiter
Sans son aveu, sans l'oser consulter;
C'est un devoir dont il faut qu'on s'acquitte;
C'est un respect, sans doute, qu'il mérite.

MATHURIN.

Foin du respect.

DIGNANT.

Votre avis est sensé:
Et comme vous en secret j'ai pensé.

MATHURIN.

Et moi, l'ami, je pense le contraire.

COLETTE, *à Acanthe.*

Bon, tenez ferme.

MATHURIN.

Est un sot qui diffère.
Je ne veux point soumettre mon honneur,
Si je le puis, à ce droit du seigneur.

BERTHE.

Eh! pourquoi tant s'effaroucher? la chose
Est bonne au fond, quoique le monde en cause,
Et notre honneur ne peut s'en tourmenter.
J'en fis l'épreuve; et je puis protester
Qu'à mon devoir quand je me fus rendue,
On s'en alla dès l'instant qu'on m'eut vue.

COLETTE.

Je le crois bien.

BERTHE.

Cependant la raison
Doit conseiller de fuir l'occasion.
Hâtons la noce, et n'attendons personne.
Préparez tout, mon mari, je l'ordonne.

MATHURIN.

(à Colette, en s'en allant.)
C'est très bien dit. Eh bien! l'aurai-je enfin?

COLETTE.

Non, tu ne l'auras pas, non, Mathurin.

(Ils sortent.)

CHAMPAGNE.

Oh! oh!, nos gens viennent en diligence.
Eh quoi! déja le chevalier Gernance?

SCÈNE VI.

LE CHEVALIER. CHAMPAGNE.

CHAMPAGNE.

Vous êtes fin, monsieur le chevalier;
Très à propos vous venez le premier.
Dans tous vos faits votre beau talent brille;
Vous vous doutez qu'on marie une fille :
Acanthe est belle, au moins

LE CHEVALIER.

Eh! oui vraiment,

Je la connais; j'apprends en arrivant
Que Mathurin se donne l'insolence
De s'appliquer ce bijou d'importance;
Mon bon destin nous a fait accourir
Pour y mettre ordre : il ne faut pas souffrir
Qu'un riche rustre ait les tendres prémices
D'une beauté qui ferait les délices
Des plus huppés et des plus délicats.
Pour le marquis, il ne se hâte pas :
C'est, je l'avoue, un grave personnage,
Pressé de rien, bien compassé, bien sage,
Et voyageant comme un ambassadeur.
Parbleu, jouons un tour à sa lenteur :
Tiens, il me vient une bonne pensée,
C'est d'enlever *presto* la fiancée,
De la conduire en quelque vieux château,
Quelque masure.

CHAMPAGNE.
Oui, le projet est beau.
LE CHEVALIER.
Un vieux château, vers la forêt prochaine,
Tout délabré, que possède Dormène,
Avec sa vieille...
CHAMPAGNE.
Oui, c'est Laure, je crois.
LE CHEVALIER.
Oui.
CHAMPAGNE.
Cette vieille était jeune autrefois ;
Je m'en souviens, votre étourdi de père
Eut avec elle une certaine affaire
Où chacun d'eux fit un mauvais marché.
Ma foi, c'était un maître débauché,
Tout comme vous, buvant, aimant les belles,
Les enlevant, et puis se moquant d'elles.
Il mangea tout, et ne vous laissa rien.
LE CHEVALIER.
J'ai le marquis, et c'est avoir du bien ;
Sans nul souci je vis de ses largesses.
Je n'aime point l'embarras des richesses :
Est riche assez qui sait toujours jouir.
Le premier bien, crois-moi, c'est le plaisir.
CHAMPAGNE.
Eh! que ne prenez-vous cette Dormène?
Bien plus qu'Acanthe elle en vaudrait la peine ;
Elle est très fraîche, elle est de qualité;
Cela convient à votre dignité :

Laissez pour nous les filles du village.
LE CHEVALIER.
Vraiment Dormène est un très doux partage,
C'est très bien dit. Je crois que j'eus un jour,
S'il m'en souvient, pour elle un peu d'amour;
Mais, entre nous, elle sent trop sa dame;
On ne pourrait en faire que sa femme.
Elle est bien pauvre, et je le suis aussi;
Et pour l'hymen j'ai fort peu de souci.
Mon cher Champagne, il me faut une Acanthe;
Cette conquête est beaucoup plus plaisante :
Oui, cette Acanthe aujourd'hui m'a piqué.
Je me sentis l'an passé provoqué
Par ses refus, par sa petite mine.
J'aime à dompter cette pudeur mutine
J'ai deux coquins, qui font trois avec toi,
Déterminés, alertes comme moi :
Nous tiendrons prêt à cent pas un carrosse,
Et nous fondrons tous quatre sur la noce.
Cela sera plaisant; j'en ris deja.
CHAMPAGNE.
Mais croyez-vous que monseigneur rira?
LE CHEVALIER.
Il faudra bien qu'il rie, et que Dormène
En rie encor, quoique prude et hautaine,
Et je prétends que Laure en rie aussi.
Je viens de voir à cinq cents pas d'ici
Dormène et Laure en très mince équipage,
Qui s'en allaient vers le prochain village,
Chez quelque vieille : il faut prendre ce temps.

CHAMPAGNE.

C'est bien pensé ; mais vos déportemens
Sont dangereux, je crois, pour ma personne.

LE CHEVALIER.

Bon ! l'on se fâche, on s'apaise, on pardonne.
Tous les gens gais ont le don merveilleux
De mettre en train tous les gens sérieux.

CHAMPAGNE.

Fort bien.

LE CHEVALIER.

L'esprit le plus atrabilaire
Est subjugué quand on cherche à lui plaire.
On s'épouvante, on crie, on fuit d'abord,
Et puis l'on soupe, et puis l'on est d'accord.

CHAMPAGNE.

On ne peut mieux ; mais votre belle Acanthe
Est bien revêche.

LE CHEVALIER.

Et c'est ce qui m'enchante.
La résistance est un charme de plus ;
Et j'aime assez une heure de refus.
Comment souffrir la stupide innocence
D'un sot tendron fesant la révérence,
Baissant les yeux, muette à mon aspect,
Et recevant mes faveurs par respect ?
Mon cher Champagne, à mon dernier voyage
D'Acanthe ici j'éprouvai le courage.
Va, sous mes lois je la ferai plier.
Rentre pour moi dans ton premier métier,
Sois mon trompette, et sonne les alarmes :

ACTE II, SCÈNE VI.

Point de quartier, marchons, alerte, aux armes,
Vite.

CHAMPAGNE.

Je crois que nous sommes trahis;
C'est du secours qui vient aux ennemis :
J'entends grand bruit, c'est monseigneur.

LE CHEVALIER.

N'importe.
Sois prêt ce soir à me servir d'escorte.

FIN DU SECOND ACTE.

ACTE TROISIÈME.

SCENE I

LE MARQUIS, LE CHEVALIER.

LE MARQUIS.

Cher chevalier, que mon cœur est en paix!
Que mes regards sont ici satisfaits!
Que ce château qu'ont habité nos pères,
Que ces forêts, ces plaines me sont chères!
Que je voudrais oublier pour toujours
L'illusion, les manéges des cours!
Tous ces grands riens, ces pompeuses chimères,
Ces vanités, ces ombres passagères,
Au fond du cœur laissent un vide affreux.
C'est avec nous que nous sommes heureux.
Dans ce grand monde, où chacun veut paraître,
On est esclave, et chez moi je suis maître.
Que je voudrais que vous eussiez mon goût!

LE CHEVALIER.

Eh! oui, l'on peut se réjouir partout,
En garnison, à la cour, à la guerre,
Long-temps en ville, et huit jours dans sa terre.

LE MARQUIS

Que vous et moi nous sommes différens!

ACTE III, SCÈNE I.

LE CHEVALIER.
Nous changerons peut-être avec le temps.
En attendant, vous savez qu'on apprête
Pour ce jour même une très belle fête;
C'est une noce.

LE MARQUIS
           Oui, Mathurin vraiment
Fait un beau choix, et mon consentement
Est tout acquis à ce doux mariage;
L'époux est riche, et sa maîtresse est sage :
C'est un bonheur bien digne de mes vœux
En arrivant de faire deux heureux.

LE CHEVALIER.
Acanthe encore en peut faire un troisième.

LE MARQUIS.
Je vous reconnais là, toujours vous-même.
Mon cher parent, vous m'avez fait cent fois
Trembler pour vous par vos galans exploits.
Tout peut passer dans des villes de guerre;
Mais nous devons l'exemple dans ma terre.

LE CHEVALIER.
L'exemple du plaisir apparemment?

LE MARQUIS.
Au moins, mon cher, que ce soit prudemment;
Daignez en croire un parent qui vous aime.
Si vous n'avez du respect pour vous-même,
Quelque grand nom que vous puissiez porter,
Vous ne pourrez vous faire respecter.
Je ne suis pas difficile et sévère;
Mais, entre nous, songez que votre père,

Pour avoir pris le train que vous prenez,
Se vit au rang des plus infortunés,
Perdit ses biens, languit dans la misère,
Fit de douleur expirer votre mère,
Et près d'ici mourut assassiné.
J'étais enfant; son sort infortuné
Fut à mon cœur une leçon terrible
Qui se grava dans mon ame sensible;
Utilement témoin de ses malheurs,
Je m'instruisais en répandant des pleurs.
Si, comme moi, cette fin déplorable
Vous eût frappé, vous seriez raisonnable.

LE CHEVALIER.

Oui, je veux l'être un jour, c'est mon dessein;
J'y pense quelquefois, mais c'est en vain;
Mon feu m'emporte.

LE MARQUIS.

Eh bien, je vous présage
Que vous serez las du libertinage.

LE CHEVALIER.

Je le voudrais; mais on fait comme on peut :
Ma foi, n'est pas raisonnable qui veut.

LE MARQUIS.

Vous vous trompez : de son cœur on est maître.
J'en fis l'épreuve : est sage qui veut l'être;
Et, croyez-moi, cette Acanthe, entre nous,
Eut des attraits pour moi comme pour vous :
Mais ma raison ne pouvait me permettre
Un fol amour qui m'allait compromettre;
Je rejetai ce désir passager,

ACTE III, SCÈNE I.

Dont la poursuite aurait pu m'affliger,
Dont le succès eût perdu cette fille,
Eût fait sa honte aux yeux de sa famille,
Et l'eût privée à jamais d'un époux.

LE CHEVALIER.

Je ne suis pas si timide que vous;
La même pâte, il faut que j'en convienne,
N'a point formé votre branche et la mienne.
Quoi! vous pensez être dans tous les temps
Maître absolu de vos yeux, de vos sens?

LE MARQUIS.

Et pourquoi non?

LE CHEVALIER.

Très fort je vous respecte;
Mais la sagesse est tant soit peu suspecte;
Les plus prudens se laissent captiver,
Et le vrai sage est encore à trouver.
Craignez surtout le titre ridicule
De philosophe.

LE MARQUIS.

O l'étrange scrupule!
Ce noble nom, ce nom tant combattu,
Que veut-il dire? amour de la vertu.
Le fat en raille avec étourderie,
Le sot le craint, le fripon le décrie;
L'homme de bien dédaigne les propos
Des étourdis, des fripons et des sots;
Et ce n'est pas sur les discours du monde
Que le bonheur et la vertu se fonde.
Écoutez-moi. Je suis las aujourd'hui

Du train des cours où l'on vit pour autrui ;
Et j'ai pensé, pour vivre à la campagne,
Pour être heureux, qu'il faut une compagne.
J'ai le projet de m'établir ici,
Et je voudrais vous marier aussi.

LE CHEVALIER.

Très humble serviteur.

LE MARQUIS.

     Ma fantaisie
N'est pas de prendre une jeune étourdie.

LE CHEVALIER.

L'étourderie a du bon.

LE MARQUIS.

     Je voudrais
Un esprit doux, plus que de doux attraits.

LE CHEVALIER.

J'aimerais mieux le dernier.

LE MARQUIS.

      La jeunesse,
Les agrémens n'ont rien qui m'intéresse.

LE CHEVALIER.

Tant pis.

LE MARQUIS.

  Je veux affermir ma maison
Par un hymen qui soit tout de raison.

LE CHEVALIER.

Oui, tout d'ennui.

LE MARQUIS.

     J'ai pensé que Dormène
Serait très propre à former cette chaîne.

LE CHEVALIER.
Notre Dormène est bien pauvre.
LE MARQUIS.
Tant mieux.
C'est un bonheur si pur, si précieux,
De relever l'indigente noblesse,
De préférer l'honneur à la richesse !
C'est l'honneur seul qui chez nous doit former
Tout notre sang ; lui seul doit animer
Ce sang reçu de nos braves ancêtres,
Qui dans les camps doit couler pour ses maîtres
LE CHEVALIER.
Je pense ainsi : les Français libertins
Sont gens d'honneur. Mais, dans vos beaux desseins,
Vous avez donc, malgré votre réserve,
Un peu d'amour ?
LE MARQUIS.
Qui, moi ? Dieu m'en préserve !
Il faut savoir être maître chez soi ;
Et si j'aimais, je recevrais la loi.
Se marier par amour, c'est folie.
LE CHEVALIER.
Ma foi, marquis, votre philosophie
Me paraît toute à rebours du bon sens.
Pour moi, je crois au pouvoir de nos sens ;
Je les consulte en tout, et j'imagine
Que tous ces gens si graves par la mine,
Pleins de morale et de réflexions,
Sont destinés aux grandes passions.
Les étourdis esquivent l'esclavage,

Mais un coup d'œil peut subjuguer un sage.
LE MARQUIS.
Soit, nous verrons.
LE CHEVALIER.
Voici d'autres époux;
Voici la noce; allons, égayons-nous.
C'est Mathurin, c'est la gentille Acanthe,
C'est le vieux père, et la mère, et la tante,
C'est le bailli, Colette, et tout le bourg.

SCÈNE II.

LE MARQUIS, LE CHEVALIER; LE BAILLI,
a la tête des habitans.

LE MARQUIS.
J'en suis touché. Bonjour, enfans, bonjour.
LE BAILLI.
Nous venons tous avec conjouissance
Nous présenter devant votre excellence,
Comme les Grecs jadis devant Cyrus...
Comme les Grecs...
LE MARQUIS.
Les Grecs sont superflus.
Je suis Picard; je revois avec joie
Tous mes vassaux.
LE BAILLI.
Les Grecs de qui la proie...
LE CHEVALIER.
Ah! finissez. Notre gros Mathurin,

La belle Acanthe est votre proie enfin?
MATHURIN.
Oui-dà, monsieur; la fiançaille est faite,
Et nous prions que monseigneur permette
Qu'on nous finisse.
COLETTE.
Oh! tu ne l'auras pas;
Je te le dis, tu me demeureras.
Oui, monseigneur, vous me rendrez justice;
Vous ne souffrirez pas qu'il me trahisse;
Il m'a promis...
MATHURIN.
Bon! j'ai promis en l'air.
LE MARQUIS.
Il faut, bailli, tirer la chose au clair.
A-t-il promis?
LE BAILLI.
La chose est constatée.
Colette est folle, et je l'ai déboutée.
COLETTE.
Ça n'y fait rien, et monseigneur saura
Qu'on force Acanthe à ce beau marché-là,
Qu'on la maltraite, et qu'on la violente
Pour épouser.
LE MARQUIS.
Est-il vrai, belle Acanthe?
ACANTHE.
Je dois d'un père, avec raison chéri,
Suivre les lois; il me donne un mari.

LE DROIT DU SEIGNEUR,

MATHURIN.

Vous voyez bien qu'en effet elle m'aime.

LE MARQUIS.

Sa réponse est d'une prudence extrême :
Eh bien! chez moi la noce se fera.

LE CHEVALIER.

Bon, bon, tant mieux.

LE MARQUIS, *à Acanthe.*

Votre père verra
Que j'aime en lui la probité, le zèle,
Et les travaux d'un serviteur fidèle.
Votre sagesse à mes yeux satisfaits
Augmente encor le prix de vos attraits.
Comptez, amis, qu'en faveur de la fille
Je prendrai soin de toute la famille.

COLETTE.

Et de moi donc?

LE MARQUIS.

De vous, Colette, aussi.
Cher chevalier, retirons-nous d'ici;
Ne troublons point leur naïve allégresse.

LE BAILLI.

Et votre droit, monseigneur; le temps presse.

MATHURIN.

Quel chien de droit! Ah! me voilà perdu.

COLETTE.

Va, tu verras.

BERTHE.

Mathurin, que crains-tu?

ACTE III, SCÈNE II.

LE MARQUIS.

Vous aurez soin, baillif, en homme sage,
D'arranger tout suivant l'antique usage :
D'un si beau droit je veux m'autoriser
Avec décence, et n'en point abuser.

LE CHEVALIER.

Ah, quel Caton! mais mon Caton, je pense,
La suit des yeux, et non sans complaisance.
Mon cher cousin...

LE MARQUIS.

Eh bien?

LE CHEVALIER.

Gageons tous deux
Que vous allez devenir amoureux.

LE MARQUIS.

Moi, mon cousin!

LE CHEVALIER.

Oui, vous.

LE MARQUIS.

L'extravagance!

LE CHEVALIER.

Vous le serez; j'en ris déjà d'avance.
Gageons, vous dis-je, une discrétion.

LE MARQUIS.

Soit.

LE CHEVALIER.

Vous perdrez.

LE MARQUIS.

Soyez bien sûr que non.

SCÈNE III

LE BAILLI; LES PRÉCÉDENS.

MATHURIN.

Que disent-ils?

LE BAILLI.

Ils disent que sur l'heure
Chacun s'en aille, et qu'Acanthe demeure.

MATHURIN.

Moi, que je sorte!

LE BAILLI.

Oui, sans doute.

COLETTE.

Oui, fripon.
Oh! nous aimons la loi, nous.

MATHURIN, *au bailli.*

Mais doit-on...

BERTHE.

Eh quoi, benêt, te voilà bien à plaindre!

DIGNANT.

Allez, d'Acanthe on n'aura rien à craindre;
Trop de vertu règne au fond de son cœur;
Et notre maître est tout rempli d'honneur.
  (à Acanthe.)
Quand près de vous il daignera se rendre,
Quand sans témoin il pourra vous entendre,
Remettez-lui ce paquet cacheté:
  (lui donnant des papiers cachetés.)
C'est un devoir de votre piété;

ACTE III, SCÈNE IV.

N'y manquez pas... O fille toujours chère...
Embrassez-moi.

ACANTHE.

   Tous vos ordres, mon père,
Seront suivis; ils sont pour moi sacrés;
Je vous dois tout... D'où vient que vous pleurez?

DIGNANT.

Ah! je le dois... de vous je me sépare,
C'est pour jamais : mais si le ciel avare,
Qui m'a toujours refusé ses bienfaits,
Pouvait sur vous les verser désormais,
Si votre sort est digne de vos charmes,
Ma chère enfant, je dois sécher mes larmes.

BERTHE.

Marchons, marchons; tous ces beaux complimens
Sont pauvretés qui font perdre du temps.
Venez. Colette.

COLETTE, *à Acanthe.*

   Adieu, ma chère amie.
Je recommande à votre prud'homie
Mon Mathurin; vengez-moi des ingrats.

ACANTHE.

Le cœur me bat... Que deviendrai-je? hélas!

SCÈNE IV.

LE BAILLI, MATHURIN, ACANTHE.

MATHURIN.

Je n'aime point cette cérémonie.
Maître bailli; c'est une tyrannie.

LE BAILLI.
C'est la condition *sine qua non*.
MATHURIN.
Sine qua non! quel diable de jargon !
Morbleu, ma femme est à moi.
LE BAILLI.
Pas encore :
Il faut premier que monseigneur l'honore
D'un entretien, selon les nobles us
En ce châtel de tous les temps reçus.
MATHURIN.
Ces maudits us, quels sont-ils ?
LE BAILLI.
L'épousée
Sur une chaise est sagement placée ;
Puis monseigneur dans un fauteuil à bras
Vient vis-à-vis se camper à six pas.
MATHURIN.
Quoi ! pas plus loin ?
LE BAILLI.
C'est la règle.
MATHURIN.
Allons, passe.
Et puis après ?
LE BAILLI.
Monseigneur avec grace
Fait un présent de bijoux, de rubans,
Comme il lui plaît.
MATHURIN.
Passe pour des présens.

ACTE III, SCÈNE IV.

LE BAILLI.

Puis il lui parle; il vous la considère;
Il examine à fond son caractère;
Puis il l'exhorte à la vertu.

MATHURIN.

Fort bien;
Et quand finit, s'il vous plaît, l'entretien?

LE BAILLI.

Expressément la loi veut qu'on demeure
Pour l'exhorter l'espace d'un quart d'heure.

MATHURIN.

Un quart d'heure est beaucoup. Et le mari
Peut-il au moins se tenir près d'ici
Pour écouter sa femme?

LE BAILLI.

La loi porte
Que s'il osait se tenir à la porte,
Se présenter avant le temps marqué,
Faire du bruit, se tenir pour choqué,
S'émanciper à sottises pareilles,
On fait couper sur-le-champ ses oreilles.

MATHURIN.

La belle loi! les beaux droits que voilà!
Et ma moitié ne dit mot à cela?

AGATHE.

Moi, j'obéis, et je n'ai rien à dire.

LE BAILLI.

Déniche; il faut qu'un mari se retire:
Point de raisons.

MATHURIN, *sortant*.

Ma femme heureusement
N'a point d'esprit; et son air innocent,
Sa conversation ne plaira guère.

LE BAILLI.

Veux-tu partir?

MATHURIN.

Adieu donc, ma très chère;
Songe surtout au pauvre Mathurin,
Ton fiancé.

(Il sort.)

ACANTHE.

J'y songe avec chagrin.
Quelle sera cette étrange entrevue?
La peur me prend; je suis tout éperdue.

LE BAILLI.

Asseyez-vous; attendez en ce lieu
Un maître aimable et vertueux. Adieu.

SCÈNE V.

ACANTHE.

Il est aimable... Ah! je le sais, sans doute.
Pourrai-je, hélas! mériter qu'il m'écoute?
Entrera-t-il dans mes vrais intérêts,
Dans mes chagrins et dans mes torts secrets?
Il me croira du moins fort imprudente
De refuser le sort qu'on me présente,
Un mari riche, un état assuré.

Je le prévois, je ne remporterai
Que des refus avec bien peu d'estime;
Je vais déplaire à ce cœur magnanime;
Et si mon ame avait osé former
Quelque souhait, c'est qu'il pût m'estimer.
Mais pourra-t-il me blâmer de me rendre
Chez cette dame et si noble et si tendre,
Qui fuit le monde, et qu'en ce triste jour
J'implorerai pour le fuir à mon tour...
Où suis-je... on ouvre... à peine j'envisage
Celui qui vient... je ne vois qu'un nuage.

SCÈNE VI.

LE MARQUIS, ACANTHE.

LE MARQUIS.

Asseyez-vous. Lorsqu'ici je vous vois,
C'est le plus beau, le plus cher de mes droits.
J'ai commandé qu'on porte à votre père
Les faibles dons qu'il convient de vous faire;
Ils paraîtront bien indignes de vous.

ACANTHE, *s'asseyant*.

Trop de bontés se répandent sur nous;
J'en suis confuse, et ma reconnaissance
N'a pas besoin de tant de bienfesance:
Mais avant tout il est de mon devoir
De vous prier de daigner recevoir
Ces vieux papiers que mon père présente
Très humblement.

LE MARQUIS, *les mettant dans sa poche.*
　　　　　Donnez-les, belle Acanthe,
Je les lirai; c'est sans doute un détail
De mes forêts : ses soins et son travail
M'ont toujours plu; j'aurai de sa vieillesse
Les plus grands soins; comptez sur ma promesse.
Mais est-il vrai qu'il vous donne un époux
Qui, vous causant d'invincibles dégoûts,
De votre hymen rend la chaîne odieuse?
J'en suis fâché... Vous deviez être heureuse.

ACANTHE.

Ah! je le suis un moment, monseigneur,
En vous parlant, en vous ouvrant mon cœur;
Mais tant d'audace est-elle ici permise?

LE MARQUIS.

Ne craignez rien, parlez avec franchise;
Tous vos secrets seront en sûreté.

ACANTHE.

Qui douterait de votre probité?
Pardonnez donc à ma plainte importune.
Ce mariage aurait fait ma fortune,
Je le sais bien; et j'avouerai surtout
Que c'est trop tard expliquer mon dégoût;
Que, dans les champs élevée et nourrie,
Je ne dois point dédaigner une vie
Qui sous vos lois me retient pour jamais,
Et qui m'est chère encor par vos bienfaits.
Mais, après tout, Mathurin, le village,
Ces paysans, leurs mœurs et leur langage,
Ne m'ont jamais inspiré tant d'horreur;

ACTE III, SCÈNE VI.

De mon esprit c'est une injuste erreur;
Je la combats, mais elle a l'avantage.
En frémissant je fais ce mariage.

    LE MARQUIS, *approchant son fauteuil.*

Mais vous n'avez pas tort.

    ACANTHE, *à genoux.*

                J'ose à genoux
Vous demander non pas un autre époux,
Non d'autres nœuds, tous me seraient horribles;
Mais que je puisse avoir des jours paisibles :
Le premier bien serait votre bonté,
Et le second de tous, la liberté.

    LE MARQUIS, *la relevant avec empressement.*

Eh! relevez-vous donc... Que tout m'étonne
Dans vos desseins et dans votre personne,

    (Ils s'approchent.)

Dans vos discours, si nobles, si touchans,
Qui ne sont point le langage des champs!
Je l'avouerai, vous ne paraissez faite
Pour Mathurin ni pour cette retraite.
D'où tenez-vous, dans ce séjour obscur,
Un ton si noble, un langage si pur?
Partout on a de l'esprit; c'est l'ouvrage
De la nature, et c'est votre partage :
Mais l'esprit seul, sans éducation,
N'a jamais eu ni ce tour ni ce ton
Qui me surprend... je dis plus, qui m'enchante.

    ACANTHE.

Ah! que pour moi votre ame est indulgente!
Comme mon sort mon esprit est borné.

Moins on attend, plus on est étonné [b].
LE MARQUIS.
Quoi! dans ces lieux la nature bizarre
Aura voulu mettre une fleur si rare,
Et le destin veut ailleurs l'enterrer!
Non, belle Acanthe, il vous faut demeurer.
(Il s'approche.)

ACANTHE.
Pour épouser Mathurin?
LE MARQUIS.
Sa personne
Mérite peu la femme qu'on lui donne,
Je l'avouerai.
ACANTHE.
Mon père quelquefois
Me conduisait tout auprès de vos bois,
Chez une dame aimable et retirée,
Pauvre, il est vrai, mais noble et révérée,
Pleine d'esprit, de sentimens, d'honneur :
Elle daigne m'aimer; votre faveur,
Votre bonté peut me placer près d'elle.
Ma belle-mère est avare et cruelle ;
Elle me hait; et je hais malgré moi
Ce Mathurin qui compte sur ma foi.
Voilà mon sort, vous en êtes le maître ;
Je ne serai point heureuse peut-être;
Je souffrirai ; mais je souffrirai moins
En devant tout à vos généreux soins.
Protégez-moi; croyez qu'en ma retraite
Je resterai toujours votre sujette.

ACTE III, SCÈNE VI.

LE MARQUIS.

Tout me surprend. Dites-moi, s'il vous plaît,
Celle qui prend à vous tant d'intérêt,
Qui vous chérit, ayant su vous connaître,
Serait-ce point Dormène ?

ACANTHE.

Oui.

LE MARQUIS.

Mais peut-être...
Il est aisé d'ajuster tout cela.
Oui... votre idée est très bonne... oui, voilà
Un vrai moyen de rompre avec décence
Ce sot hymen, cette indigne alliance.
J'ai des projets... en un mot, voulez-vous
Près de Dormène un destin noble et doux ?

ACANTHE.

J'aimerais mieux la servir, servir Laure,
Laure si bonne, et qu'à jamais j'honore,
Manquer de tout, goûter dans leur séjour
Le seul bonheur de vous faire ma cour,
Que d'accepter la richesse importune
De tout mari qui ferait ma fortune.

LE MARQUIS.

Acanthe, allez... Vous pénétrez mon cœur :
Oui, vous pourrez, Acanthe, avec honneur
Vivre auprès d'elle... et dans mon château même.

ACANTHE.

Auprès de vous ! ah, ciel !

LE MARQUIS *s'approche un peu.*

Elle vous aime ;

Elle a raison... J'ai, vous dis-je, un projet ;
Mais je ne sais s'il aura son effet.
Et cependant vous voilà fiancée,
Et votre chaîne est déjà commencée,
La noce prête et le contrat signé.
Le ciel voulut que je fusse éloigné
Lorsqu'en ces lieux on parait la victime :
J'arrive tard, et je m'en fais un crime.

ACANTHE.

Quoi ! vous daignez me plaindre ? Ah ! qu'à mes yeux
Mon mariage en est plus odieux !
Qu'il le devient chaque instant davantage !
(Ils s'approchent.)

LE MARQUIS.

Mais, après tout, puisque de l'esclavage
(Il s'approche)
Avec décence on pourra vous tirer...

ACANTHE, *s'approchant un peu.*

Ah ! le voudriez-vous ?

LE MARQUIS.

J'ose espérer...
Que vos parens, la raison, la loi même,
Et plus encor votre mérite extrême...
(Il s'approche encore.)
Oui, cet hymen est trop mal assorti.
(Elle s'approche.)
Mais... le temps presse, il faut prendre un parti :
Écoutez-moi...
(Ils se trouvent tout près l'un de l'autre)

ACANTHE.

Juste ciel ! si j'écoute !

SCÈNE VII.

LE MARQUIS, ACANTHE, LE BAILLI, MATHURIN.

MATHURIN, *entrant brusquement.*
Je crains, ma foi, que l'on ne me déboute :
Entrons, entrons ; le quart d'heure est fini.

ACANTHE.
Eh quoi ! sitôt ?

LE MARQUIS, *tirant sa montre.*
Il est vrai, mon ami.

MATHURIN.
Maître bailli, ces siéges sont bien proches :
Est-ce encore un des droits ?

LE BAILLI.
Point de reproches,
Mais du respect.

MATHURIN.
Mon Dieu ! nous en aurons ;
Mais aurons-nous ma femme ?

LE MARQUIS.
Nous verrons.

MATHURIN.
Ce *nous verrons* est d'un mauvais présage.
Qu'en dites-vous, bailli ?

LE BAILLI.
L'ami, sois sage.

MATHURIN.

Que je fis mal, ô ciel! quand je naquis,
De naître, hélas! le vassal d'un marquis [e]!

(Ils sortent.)

SCÈNE VIII.

LE MARQUIS.

Non, je ne perdrai point cette gageure...
Amoureux! moi! quel conte! ah! je m'assure
Que sur soi-même on garde un plein pouvoir :
Pour être sage on n'a qu'à le vouloir.
Il est bien vrai qu'Acanthe est assez belle...
Et de la grâce! ah! nul n'en a plus qu'elle...
Et de l'esprit... quoi! dans le fond des bois!
Pour avoir vu Dormène quelquefois,
Que de progrès! qu'il faut peu de culture
Pour seconder les dons de la nature!
J'estime Acanthe : oui, je dois l'estimer;
Mais, grace au ciel, je suis très loin d'aimer;
A fuir l'amour j'ai mis toute ma gloire.

SCÈNE IX.

LE MARQUIS, DIGNANT, BERTHE, MATHURIN.

BERTHE.

Ah! voici bien, pardienne, une autre histoire!

LE MARQUIS.

Quoi?

ACTE III, SCÈNE IX.

BERTHE.

Pour le coup c'est le droit du seigneur :
On nous enlève Acanthe.

LE MARQUIS.

Ah !

BERTHE.

Votre honneur
Sera honteux de cette vilenie ;
Et je n'aurais pas cru cette infamie
D'un grand seigneur, si bon, si libéral.

LE MARQUIS.

Comment ? qu'est-il arrivé ?

BERTHE.

Bien du mal...
Savez-vous pas qu'à peine chez son père
Elle arrivait pour finir notre affaire,
Quatre coquins, alertes, bien tournés,
Effrontément me l'ont prise à mon nez,
Tout en riant, et vite l'ont conduite
Je ne sais où ?

LE MARQUIS.

Qu'on aille à leur poursuite...
Holà ! quelqu'un... ne perdez point de temps ;
Allez, courez, que mes gardes, mes gens
De tous côtés marchent en diligence.
Volez, vous dis-je ; et, s'il faut ma présence,
J'irai moi-même.

BERTHE, *à son mari.*

Il parle tout de bon ;
Et l'on croirait, mon cher, à la façon

Dont monseigneur regarde cette injure
Que c'est à lui qu'on a pris la future.

LE MARQUIS.

Et vous son père, et vous qui l'aimiez tant,
Vous qui perdez une si chère enfant,
Un tel trésor, un cœur noble, un cœur tendre,
Avez-vous pu souffrir, sans la défendre,
Que de vos bras on osât l'arracher?
Un tel malheur semble peu vous toucher.
Que devient donc l'amitié paternelle?
Vous m'étonnez.

DIGNANT.

Mon cœur gémit sur elle;
Mais je me trompe, ou j'ai dû pressentir
Que par votre ordre on la fesait partir.

LE MARQUIS

Par mon ordre?

DIGNANT.

Oui.

LE MARQUIS.

Quelle injure nouvelle!
Tous ces gens-ci perdent-ils la cervelle?
Allez-vous-en, laissez-moi, sortez tous.
Ah! s'il se peut, modérons mon courroux...
Non, vous, restez.

MATHURIN.

Qui, moi?

LE MARQUIS, *à Dignant.*

Non, vous, vous dis-je.

SCÈNE X.

LE MARQUIS, *sur le devant;* DIGNANT, *au fond.*

    LE MARQUIS.
Je vois d'où part l'attentat qui m'afflige.
Le chevalier m'avait presque promis
De se porter à des coups si hardis.
Il croit au fond que cette gentillesse
Est pardonnable au feu de sa jeunesse :
Il ne sait pas combien j'en suis choqué.
A quel excès ce fou-là m'a manqué !
Jusqu'à quel point son procédé m'offense !
Il déshonore, il trahit l'innocence :
Voilà le prix de mon affection
Pour un parent indigne de mon nom !
Il est pétri des vices de son père ;
Il a ses traits, ses mœurs, son caractère ;
Il périra malheureux comme lui.
Je le renonce, et je veux qu'aujourd'hui
Il soit puni de tant d'extravagance.
    DIGNANT.
Puis-je en tremblant prendre ici la licence
De vous parler?
    LE MARQUIS.
    Sans doute, tu le peux :
Parle-moi d'elle.
    DIGNANT.
    Au transport douloureux

Où votre cœur devant moi s'abandonne,
Je ne reconnais plus votre personne.
Vous avez lu ce qu'on vous a porté,
Ce gros paquet qu'on vous a présenté...

LE MARQUIS.

Eh! mon ami, suis-je en état de lire?

DIGNANT.

Vous me faites frémir.

LE MARQUIS.

Que veux-tu dire?

DIGNANT.

Quoi! ce paquet n'est pas encore ouvert?

LE MARQUIS.

Non.

DIGNANT.

Juste ciel! ce dernier coup me perd!

LE MARQUIS.

Comment... j'ai cru que c'était un mémoire
De mes forêts.

DIGNANT.

Hélas! vous deviez croire
Que cet écrit était intéressant.

LE MARQUIS.

Eh, lisons vite... Une table à l'instant;
Approchez donc cette table.

DIGNANT.

Ah! mon maître!
Qu'aura-t-on fait, et qu'allez-vous connaître?

LE MARQUIS, *assis, examine le paquet.*

Mais ce paquet, qui n'est pas à mon nom,

ACTE III, SCÈNE X.

Est cacheté des sceaux de ma maison?

DIGNANT.

Oui.

LE MARQUIS.

Lisons donc.

DIGNANT.
Cet étrange mystère
En d'autres temps aurait de quoi vous plaire;
Mais à présent il devient bien affreux.

LE MARQUIS, *lisant*.
Je ne vois rien jusqu'ici que d'heureux...
Je vois d'abord que le ciel la fit naître
D'un sang illustre... et cela devait être.
Oui, plus je lis, plus je bénis les cieux...
Quoi! Laure a mis ce dépôt précieux
Entre vos mains? Quoi! Laure est donc sa mère?

DIGNANT.

Oui.

LE MARQUIS.
Mais pourquoi lui serviez-vous de père?
Indignement pourquoi la marier?

DIGNANT.
J'en avais l'ordre; et j'ai dû vous prier
En sa faveur... Sa mère infortunée
A l'indigence était abandonnée,
Ne subsistant que des nobles secours
Que par mes mains vous versiez tous les jours.

LE MARQUIS.
Il est trop vrai : je sais bien que mon père
Fut envers elle autrefois trop sévère...

Quel souvenir... Que souvent nous voyons
D'affreux secrets dans d'illustres maisons...
Je le savais : le père de Gernance
De Laure, hélas! séduisit l'innocence;
Et mes parens, par un zèle inhumain,
Avaient puni cet hymen clandestin.
Je lis, je tremble. Ah, douleur trop amère!
Mon cher ami, quoi! Gernance est son frère?

DIGNANT.

Tout est connu.

LE MARQUIS.

Quoi! c'est lui que je vois...
Ah! ce sera pour la dernière fois...
Sachons dompter le courroux qui m'anime.
Il semble, ô ciel! qu'il connaisse son crime!
Que dans ses yeux je lis d'égarement!
Ah! l'on n'est pas coupable impunément.
Comme il rougit, comme il pâlit... le traître!
A mes regards il tremble de paraître.
C'est quelque chose.

SCÈNE XI.

LE MARQUIS, LE CHEVALIER.

LE CHEVALIER, *de loin, se cachant le visage.*

Ah, monsieur!

LE MARQUIS.

Est-ce vous?
Vous, malheureux!

ACTE III, SCÈNE XI.

LE CHEVALIER.
            Je tombe à vos genoux...
LE MARQUIS.
Qu'avez-vous fait?
LE CHEVALIER.
            Une faute, une offense,
Dont je ressens l'indigne extravagance,
Qui pour jamais m'a servi de leçon,
Et dont je viens vous demander pardon.
LE MARQUIS.
Vous, des remords! vous! est-il bien possible?
LE CHEVALIER.
Rien n'est plus vrai.
LE MARQUIS.
            Votre faute est horrible,
Plus que vous ne pensez; mais votre cœur
Est-il sensible à mes soins, à l'honneur,
A l'amitié? vous sentez-vous capable
D'oser me faire un aveu véritable,
Sans rien cacher?
LE CHEVALIER.
            Comptez sur ma candeur:
Je suis un libertin, mais point menteur;
Et mon esprit, que le trouble environne,
Est trop ému pour abuser personne.
LE MARQUIS.
Je prétends tout savoir.
LE CHEVALIER.
            Je vous dirai
Que, de débauche et d'ardeur enivré

LE DROIT DU SEIGNEUR,

Plus que d'amour, j'avais fait la folie
De dérober une fille jolie
Au possesseur de ses jeunes appas,
Qu'à mon avis il ne mérite pas.
Je l'ai conduite à la forêt prochaine,
Dans ce château de Laure et de Dormène :
C'est une faute, il est vrai, j'en convien ;
Mais j'étais fou, je ne pensais à rien.
Cette Dormène, et Laure sa compagne,
Étaient encor bien loin dans la campagne :
En étourdi je n'ai point perdu temps ;
J'ai commencé par des propos galans.
Je m'attendais aux communes alarmes,
Aux cris perçans, à la colère, aux larmes ;
Mais qu'ai-je vu ! la fermeté, l'honneur,
L'air indigné, mais calme avec grandeur :
Tout ce qui fait respecter l'innocence
S'armait pour elle et prenait sa défense.
J'ai recouru dans ces premiers momens
A l'art de plaire, aux égards séduisans,
Aux doux propos, à cette déférence
Qui fait souvent pardonner la licence ;
Mais, pour réponse, Acanthe à deux genoux
M'a conjuré de la rendre chez vous ;
Et c'est alors que ses yeux moins sévères
Ont répandu des pleurs involontaires.

LE MARQUIS.

Que dites-vous ?

LE CHEVALIER.

Elle voulait en vain

Me les cacher de sa charmante main :
Dans cet état, sa grace attendrissante
Enhardissait mon ardeur imprudente ;
Et, tout honteux de ma stupidité,
J'ai voulu prendre un peu de liberté.
Ciel ! comme elle a tancé ma hardiesse !
Oui, j'ai cru voir une chaste déesse
Qui rejetait de son auguste autel
L'impur encens qu'offrait un criminel.

LE MARQUIS.

Ah ! poursuivez.

LE CHEVALIER.

              Comment se peut-il faire
Qu'ayant vécu presque dans la misère,
Dans la bassesse et dans l'obscurité,
Elle ait cet air et cette dignité,
Ces sentimens, cet esprit, ce langage,
Je ne dis pas au dessus du village,
De son état, de son nom, de son sang,
Mais convenable au plus illustre rang ?
Non, il n'est point de mère respectable
Qui, condamnant l'erreur d'un fils coupable,
Le rappelât avec plus de bonté
A la vertu dont il s'est écarté ;
N'employant point l'aigreur et la colère,
Fière et décente, et plus sage qu'austère.
De vous surtout elle a parlé long-temps.

LE MARQUIS.

De moi...

LE DROIT DU SEIGNEUR,

LE CHEVALIER.

Montrant à mes égaremens
Votre vertu, qui devait, disait-elle,
Être à jamais ma honte ou mon modèle.
Tout interdit, plein d'un secret respect,
Que je n'avais senti qu'à son aspect,
Je suis honteux; mes fureurs se captivent.
Dans ce moment les deux dames arrivent,
Et me voyant maître de leur logis,
Avec Acanthe et deux ou trois bandits,
D'un juste effroi leur ame s'est remplie :
La plus âgée en tombe évanouie.
Acanthe en pleurs la presse dans ses bras :
Elle revient des portes du trépas;
Alors sur moi fixant sa triste vue,
Elle retombe, et s'écrie eperdue :
« Ah! je crois voir Gernance... c'est son fils,
« C'est lui... je meurs... » A ces mots je frémis;
Et la douleur, l'effroi de cette dame,
Au même instant ont passé dans mon ame.
Je tombe aux pieds de Dormène, et je sors,
Confus, soumis, pénétré de remords.

LE MARQUIS.

Ce repentir dont votre ame est saisie
Charme mon cœur et nous réconcilie.
Tenez, prenez ce paquet important,
Lisez bien vite, et pesez mûrement...
Pauvre jeune homme! hélas! comme il soupire...
(Il lui montre l'endroit où il est dit qu'il est frère d'Acanthe.)
Tenez, c'est là, là surtout qu'il faut lire.

LE CHEVALIER.

Ma sœur! Acanthe...

LE MARQUIS.

Oui, jeune libertin.

LE CHEVALIER.

Oh! par ma foi, je ne suis pas devin...
Il faut tout réparer. Mais par l'usage
Je ne saurais la prendre en mariage :
Je suis son frère, et vous êtes cousin ;
Payez pour moi.

LE MARQUIS.

Comment finir enfin
Honnêtement cette étrange aventure?
Ah! la voici... j'ai perdu la gageure.

SCÈNE XII.

LES PRÉCÉDENS; ACANTHE, COLETTE, DIGNANT.

ACANTHE.

Où suis-je? hélas! et quel nouveau malheur!
Je vois mon père avec mon ravisseur!

DIGNANT.

Madame, hélas! vous n'avez plus de père.

ACANTHE.

Madame, à moi! qu'entends-je? quel mystère?

LE MARQUIS.

Il est bien grand. Tout éprouve en ce jour
Les coups du sort et surtout de l'amour :
Je me soumets à leur pouvoir suprême.

LE DROIT DU SEIGNEUR,

Eh! quel mortel fait son destin soi-même?
Nous sommes tous, madame, à vos genoux :
Au lieu d'un père acceptez un époux.

ACANTHE.

Ciel! est-ce un rêve?

LE MARQUIS.

On va tout vous apprendre :
Mais à nos vœux commencez par vous rendre,
Et par régner pour jamais sur mon cœur.

ACANTHE

Moi! comment croire un tel excès d'honneur?

LE MARQUIS.

Vous, libertin, je vais vous rendre sage;
Et dès demain je vous mets en ménage
Avec Dormène : elle s'y résoudra.

LE CHEVALIER.

J'épouserai tout ce qu'il vous plaira.

COLETTE.

Et moi donc?

LE MARQUIS.

Toi! ne crois pas, ma mignonne,
Qu'en fesant tous les lots je t'abandonne :
Ton Mathurin te quittait aujourd'hui;
Je te le donne; il t'aura malgré lui.
Tu peux compter sur une dot honnête...
Allons danser, et que tout soit en fête.
J'avais cherché la sagesse, et mon cœur,
Sans rien chercher, a trouvé le bonheur.

FIN DU DROIT DU SEIGNEUR.

VARIANTES

DE LA COMÉDIE DU DROIT DU SEIGNEUR.

Nous avons cru devoir placer en entier dans les variantes les deux derniers actes de cette pièce, tels qu'on les trouve dans les premières éditions. Par ce moyen, les lecteurs auront la pièce en trois actes et en cinq.

a   Lui demander des conseils.
COLETTE.
À notre âge,
Il faut de bons amis ; rien n'est plus sage.
Tu trembles ?
ACANTHE.
Oui.
COLETTE.
Par ces lieux détournés
Viens avec moi.

b   Moins on attend, plus on est étonné.
Un peu de soins peut-être et de lecture
Ont pu dans moi corriger la nature.
C'est vous surtout, vous qui dans ce moment
Formez en moi l'esprit, le sentiment,
Qui m'élevez, qui dans moi faites naître
L'ambition d'imiter un tel maître.

c   LE MARQUIS.
Nous verrons.
Hé !
(Il sonne.)
UN DOMESTIQUE
Monseigneur ?
LE MARQUIS.
Que l'on remène Acanthe
Chez ses parens.

MATHURIN.
Ouais! ceci me tourmente.
ACANTHE, *s'en allant.*
Ciel! prends pitié de mes secrets ennuis.
LE MARQUIS, *sortant d'un autre côté.*
Sortons, cachons le désordre où je suis.
Ah! que j'ai peur de perdre la gageure!

SCENE VIII.

MATHURIN, LE BAILLI.

MATHURIN.
Dis-moi, bailli, ce que cela figure?
Notre seigneur est sorti bien sournois.
Il me parlait poliment autrefois;
J'aimais assez ses honnêtes manières;
Et même à cœur il prenait mes affaires :
Je me marie... il s'en va tout pensif.
LE BAILLI.
C'est qu'il pense beaucoup.
MATHURIN.
Maître baillif,
Je pense aussi. Ce *nous verrons* m'assomme :
Quand on est prêt, *nous verrons!* Ah, quel homme!
Que je fis mal, ô ciel! quand je naquis
Chez mes parens, de naître en ce pays!
J'aurais bien dû choisir quelque village
Où j'aurais pu contracter mariage
Tout uniment, comme cela se doit,
A mon plaisir, sans qu'un autre eût le droit
De disposer de moi-même, à mon âge,
Et de fourrer son nez dans mon ménage.
LE BAILLI.
C'est pour ton bien.
MATHURIN.
Mon ami baillival,
Pour notre bien, on nous fait bien du mal.

ACTE QUATRIÈME.

SCÈNE I.

LE MARQUIS.

Non, je ne perdrai point cette gageure,
Amoureux! moi! quel conte! Ah! je m'assure
Que sur soi-même on garde un plein pouvoir;
Pour être sage on n'a qu'à le vouloir.
Il est bien vrai qu'Acanthe est assez belle...
Et de la grace! ah! nul n'en a plus qu'elle...
Et de l'esprit... Quoi! dans le fond des bois!
Pour avoir vu Dormène quelquefois,
Que de progrès! qu'il faut peu de culture
Pour seconder les dons de la nature!
J'estime Acanthe; oui, je dois l'estimer;
Mais, grace au ciel, je suis très loin d'aimer.
(Il s'assied à une table)
Ah! respirons. Voyons sur toute chose
Quel plan de vie enfin je me propose...
De ne dépendre en ces lieux que de moi,
De n'en sortir que pour servir mon roi,
De m'attacher par un sage hyménée
Une compagne agréable et bien née,
Pauvre de bien, mais riche de vertu,
Dont la noblesse et le sort abattu
A mes bienfaits doivent des jours prospères:
Dormène seule a tous ces caractères;
Le ciel pour moi la réserve aujourd'hui.
Allons la voir... d'abord écrivons-lui
Un compliment... Mais que puis-je lui dire?
(en se cognant le front avec la main.)
Acanthe est là qui m'empêche d'écrire;
Oui, je la vois: comment la fuir? par où?
(Il se relève.)

VARIANTES

Qui se croit sage, ô ciel! est un grand fou.
Achevons donc... Je me vaincrai sans doute.
(Il finit sa lettre.)
Holà! quelqu'un... Je sais bien qu'il en coûte.

SCÈNE II.

LE MARQUIS; UN DOMESTIQUE.

LE MARQUIS.
Tenez, portez cette lettre à l'instant.
LE DOMESTIQUE.
Où?
LE MARQUIS.
Chez Acanthe.
LE DOMESTIQUE.
Acanthe? mais vraiment...
LE MARQUIS.
Je n'ai point dit Acanthe; c'est Dormène
A qui j'écris... On a bien de la peine
Avec ses gens... tout le monde en ces lieux
Parle d'Acanthe; et l'oreille et les yeux
Sont remplis d'elle, et brouillent ma mémoire.

SCÈNE III.

LE MARQUIS, DIGNANT, BERTHE, MATHURIN.

MATHURIN.
Ah! voici bien, pardienne, une autre histoire!
LE MARQUIS.
Quoi?
MATHURIN.
Pour le coup, c'est le droit du seigneur:
On m'a volé ma femme.
BERTHE.
Oui, votre honneur
Sera honteux de cette vilenie;
Et je n'aurais pas cru cette infamie
D'un grand seigneur si bon, si libéral.

LE MARQUIS.
Comment ? qu'est-il arrivé ?
BERTHE.
Bien du mal.
MATHURIN.
Vous le savez comme moi.
LE MARQUIS.
Parle, traître,
Parle.
MATHURIN.
Fort bien ; vous vous fâchez, mon maître :
Oh ! c'est à moi d'être fâché.
LE MARQUIS.
Comment ?
Explique-toi.
MATHURIN.
C'est un enlèvement.
Savez-vous pas qu'à peine chez son père
Elle arrivait pour finir notre affaire,
Quatre coquins, alertes, bien tournés,
Effrontément me l'ont prise à mon nez,
Tout en riant, et vite l'ont conduite
Je ne sais où.
LE MARQUIS.
Qu'on aille à leur poursuite...
Holà ! quelqu'un... ne perdez point de temps ;
Allez, courez ; que mes gardes, mes gens,
De tous côtés marchent en diligence.
Volez, vous dis-je ; et s'il faut ma présence,
J'irai moi-même.
BERTHE, *à son mari.*
Il parle tout de bon ;
Et l'on croirait, mon cher, à la façon
Dont monseigneur regarde cette injure,
Que c'est à lui qu'on a pris la future.
LE MARQUIS.
Et vous son père, et vous qui l'aimiez tant,
Vous qui perdez une si chère enfant,
Un tel trésor, un cœur noble, un cœur tendre,
Avez-vous pu souffrir, sans la défendre,
Que de vos bras on osât l'arracher ?

VARIANTES

Un tel malheur semble peu vous toucher.
Que devient donc l'amitié paternelle?
Vous m'étonnez.

DIGNANT.

Tout mon cœur est pour elle,
C'est mon devoir; et j'ai dû pressentir
Que par votre ordre on la fesait partir.

LE MARQUIS.

Par mon ordre?

DIGNANT.

Oui.

LE MARQUIS.

Quelle injure nouvelle!
Tous ces gens-ci perdent-ils la cervelle?
Allez-vous-en, laissez-moi, sortez tous.
Ah! s'il se peut, modérons mon courroux...
Non; vous, restez.

MATHURIN

Qui? moi?

LE MARQUIS, *à Dignant.*

Non; vous, vous dis-je.

SCÈNE IV.

LE MARQUIS, *sur le devant*; DIGNANT, *au fond*.

LE MARQUIS.

Je vois d'où part l'attentat qui m'afflige.
Le chevalier m'avait presque promis
De se porter à des coups si hardis.
Il croit au fond que cette gentillesse
Est pardonnable au feu de sa jeunesse:
Il ne sait pas combien j'en suis choqué,
A quel excès ce fou-là m'a manqué!
Jusqu'à quel point son procédé m'offense!
Il deshonore, il trahit l'innocence;
Il perd Acanthe; et pour percer mon cœur,
Je n'ai passé que pour son ravisseur!
Un étourdi, que la débauche anime,
Me fait porter la peine de son crime!
Voila le prix de mon affection

Pour un parent indigne de mon nom !
Il est pétri des vices de son père ;
Il a ses traits, ses mœurs, son caractère ;
Il périra malheureux comme lui.
Je le renonce, et je veux qu'aujourd'hui
Il soit puni de tant d'extravagance.

DIGNANT.

Puis-je en tremblant prendre ici la licence
De vous parler ?

LE MARQUIS.

Sans doute, tu le peux :
Parle-moi d'elle.

DIGNANT.

Au transport douloureux
Où votre cœur devant moi s'abandonne,
Je ne reconnais plus votre personne.
Vous avez lu ce qu'on vous a porté,
Ce gros paquet qu'on vous a présenté ?

LE MARQUIS.

Eh ! mon ami, suis-je en état de lire ?

DIGNANT.

Vous me faites frémir.

LE MARQUIS.

Que veux-tu dire ?

DIGNANT.

Quoi ! ce paquet n'est pas encore ouvert ?

LE MARQUIS.

Non.

DIGNANT.

Juste ciel ! ce dernier coup me perd !

LE MARQUIS.

Comment... J'ai cru que c'était un mémoire
De mes forêts.

DIGNANT.

Hélas ! vous deviez croire
Que cet écrit était intéressant.

LE MARQUIS.

Eh ! lisons vite... Une table à l'instant ;
Approchez donc cette table.

DIGNANT.

Ah, mon maître !

VARIANTES

Qu'aura-t-on fait, et qu'allez-vous connaître ?

LE MARQUIS, *assis, examine le paquet.*

Mais ce paquet, qui n'est pas à mon nom,
Est cacheté des sceaux de ma maison ?

DIGNANT.

Oui.

LE MARQUIS.

Lisons donc.

DIGNANT.

Cet étrange mystère
En d'autres temps aurait de quoi vous plaire :
Mais à présent il devient bien affreux.

LE MARQUIS, *lisant.*

Je ne vois rien jusqu'ici que d'heureux.
Je vois d'abord que le ciel la fit naître
D'un sang illustre, et cela devait être.
Oui, plus je lis, plus je bénis les cieux.
Quoi ! Laure a mis ce dépôt précieux
Entre vos mains ! quoi ! Laure est donc sa mère ?
Mais pourquoi donc lui serviez-vous de père ?
Indignement pourquoi la marier ?

DIGNANT.

J'en avais l'ordre, et j'ai dû vous prier
En sa faveur.

UN DOMESTIQUE.

En ce moment Dormène
Arrive ici, tremblante, hors d'haleine,
Fondant en pleurs : elle veut vous parler.

LE MARQUIS.

Ah ! c'est à moi de l'aller consoler.

SCÈNE V.

LE MARQUIS, DIGNANT, DORMÈNE

LE MARQUIS, *à Dormène qui entre.*

Pardonnez-moi, j'allais chez vous, madame,
Mettre à vos pieds le courroux qui m'enflamme.
Acanthe... à peine encore entré chez moi,
J'attendais peu l'honneur que je reçoi..

Une aventure assez désagréable...
Me trouble un peu... Que Gernance est coupable!
DORMÈNE.
De tous mes biens il me reste l'honneur ;
Et je ne doutais pas qu'un si grand cœur
Ne respectât le malheur qui m'opprime,
Et d'un parent ne détestât le crime.
Je ne viens point vous demander raison
De l'attentat commis dans ma maison...
LE MARQUIS.
Comment! chez vous?
DORMÈNE.
C'est dans ma maison même
Qu'il a conduit le triste objet qu'il aime.
LE MARQUIS.
Le traître!
DORMENE.
Il est plus criminel cent fois
Qu'il ne croit l'être... Hélas! ma faible voix
En vous parlant expire dans ma bouche.
LE MARQUIS.
Votre douleur sensiblement me touche;
Daignez parler, et ne redoutez rien.
DORMÈNE.
Apprenez donc...

SCÈNE VI.

LE MARQUIS, DORMÈNE, DIGNANT; *quelques* DOMESTIQUES *entrent précipitamment avec* MATHURIN.

MATHURIN.
Tout va bien, tout va bien,
Tout est en paix, la femme est retrouvée ;
Votre parent nous l'avait enlevée :
Il nous la rend ; c'est peut-être un peu tard.
Chacun son bien ; tudieu! quel égrillard!
LE MARQUIS, *à Dignant*.
Courez soudain recevoir votre fille;
Qu'elle demeure au sein de sa famille.
Veillez sur elle ; ayez soin d'empêcher
Qu'aucun mortel ose s'en approcher.

VARIANTES

MATHURIN.

Excepté moi ?

LE MARQUIS.

Non ; l'ordre que je donne
Est pour vous-même.

MATHURIN.

Ouais ! tout ceci m'étonne.

LE MARQUIS.

Obéissez...

MATHURIN.

Par ma foi, tous ces grands
Sont dans le fond de bien vilaines gens.
Droit du seigneur, femme que l'on enlève !
Défense à moi de lui parler... Je crève.
Mais je l'aurai, car je suis fiancé :
Consolons-nous, tout le mal est passé.

(Il sort)

LE MARQUIS.

Elle revient ; mais l'injure cruelle
Du chevalier retombera sur elle ;
Voilà le monde ; et de tels attentats
Faits à l'honneur ne se réparent pas.

(à Dormène.)

Eh bien ! parlez, parlez ; daignez m'apprendre
Ce que je brûle et que je crains d'entendre :
Nous sommes seuls.

DORMÈNE.

Il le faut donc, monsieur ?
Apprenez donc le comble du malheur :
C'est peu qu'Acanthe, en secret étant née
De cette Laure, illustre infortunée,
Soit sous vos yeux prête à se marier
Indignement a ce riche fermier ;
C'est peu qu'au poids de sa triste misère
On ajoutât ce fardeau nécessaire :
Votre parent qui voulait l'enlever,
Votre parent qui vient de nous prouver
Combien il tient de son coupable père,
Gernance enfin...

LE MARQUIS.

Gernance ?

DORMÈNE
>Il est son frère.

LE MARQUIS.
Quel coup horrible ! ô ciel ! qu'avez-vous dit ?

DORMÈNE.
Entre vos mains vous avez cet écrit,
Qui montre assez ce que nous devons craindre :
Lisez, voyez combien Laure est à plaindre.
(Le marquis lit.)
C'est ma parente ; et mon cœur est lié
A tous ses maux que sent mon amitié.
Elle mourra de l'affreuse aventure
Qui sous ses yeux outrage la nature.

LE MARQUIS.
Ah ! qu'ai-je lu ! que souvent nous voyons
D'affreux secrets dans d'illustres maisons !
De tant de coups mon ame est oppressée ;
Je ne vois rien, je n'ai point de pensée.
Ah ! pour jamais il faut quitter ces lieux :
Ils m'étaient chers, ils me sont odieux.
Quel jour pour nous ! quel parti dois-je prendre ?
Le malheureux ose chez moi se rendre !
Le voyez-vous ?

DORMÈNE.
>Ah, monsieur ! je le vois,

Et je frémis.

LE MARQUIS.
>Il passe, il vient à moi.

Daignez rentrer, madame, et que sa vue
N'accroisse pas le chagrin qui vous tue ;
C'est à moi seul de l'entendre ; et je crois
Que ce sera pour la dernière fois.
Sachons dompter le courroux qui m'anime.
(en regardant de loin)
Il semble, ô ciel ! qu'il connaisse son crime.
Que dans ses yeux je lis d'égarement !
Ah ! l'on n'est pas coupable impunément.
Comme il rougit ! comme il pâlit !... le traître !
A mes regards il tremble de paraître :
C'est quelque chose.

(Tandis qu'il parle, Dormène se retire en regardant attentivement Gernance.)

VARIANTES

SCÈNE VII.

LE MARQUIS, LE CHEVALIER.

LE CHEVALIER, *de loin, se cachant le visage.*
                    Ah, monsieur!
            LE MARQUIS.
                                Est-ce vous?
Vous, malheureux!
            LE CHEVALIER.
                    Je tombe à vos genoux
            LE MARQUIS.
Qu'avez-vous fait?
            LE CHEVALIER.
                    Une faute, une offense,
Dont je ressens l'indigne extravagance,
Qui pour jamais m'a servi de leçon,
Et dont je viens vous demander pardon.
            LE MARQUIS.
Vous, des remords! vous! est-il bien possible?
            LE CHEVALIER.
Rien n'est plus vrai.
            LE MARQUIS.
                    Votre faute est horrible
Plus que vous ne pensez; mais votre cœur
Est-il sensible à mes soins, à l'honneur,
A l'amitié? vous sentez-vous capable
D'oser me faire un aveu véritable,
Sans rien cacher?
            LE CHEVALIER.
                    Comptez sur ma candeur:
Je suis un libertin, mais point menteur;
Et mon esprit, que le trouble environne,
Est trop ému pour abuser personne.
            LE MARQUIS.
Je prétends tout savoir.
            LE CHEVALIER.
                    Je vous dirai
Que de débauche et d'ardeur enivré

Plus que d'amour, j'avais fait la folie
De dérober une fille jolie
Au possesseur de ses jeunes appas,
Qu'à mon avis il ne mérite pas.
Je l'ai conduite à la forêt prochaine,
Dans ce château de Laure et de Dormène :
C'est une faute, il est vrai, j'en convien ;
Mais j'étais fou, je ne pensais à rien.
Cette Dormène, et Laure sa compagne,
Étaient encor bien loin dans la campagne :
En étourdi je n'ai point perdu temps ;
J'ai commencé par des propos galans.
Je m'attendais aux communes alarmes,
Aux cris perçans, à la colère, aux larmes ;
Mais qu'ai-je ouï ! la fermeté, l'honneur,
L'air indigné, mais calme avec grandeur :
Tout ce qui fait respecter l'innocence
S'armait pour elle et prenait sa défense.
J'ai recouru dans ces premiers momens
A l'art de plaire, aux égards séduisans,
Aux doux propos, à cette déférence
Qui fait souvent pardonner la licence ;
Mais pour réponse, Acanthe à deux genoux
M'a conjuré de la rendre chez vous ;
Et c'est alors que ses yeux moins sévères
Ont répandu des pleurs involontaires.

LE MARQUIS.

Que dites-vous ?

LE CHEVALIER.

Elle voulait en vain
Me les cacher de sa charmante main :
Dans cet état, sa grace attendrissante
Enhardissait mon ardeur imprudente ;
Et tout honteux de ma stupidité,
J'ai voulu prendre un peu de liberté.
Ciel ! comme elle a tancé ma hardiesse !
Oui, j'ai cru voir une chaste déesse,
Qui rejetait de son auguste autel
L'impur encens qu'offrait un criminel.

LE MARQUIS.

Ah ! poursuivez.

VARIANTES

LE CHEVALIER.

Comment se peut-il faire
Qu'ayant vécu presque dans la misère,
Dans la bassesse et dans l'obscurité,
Elle ait cet air et cette dignité,
Ces sentimens, cet esprit, ce langage,
Je ne dis pas au dessus du village,
De son état, de son nom, de son sang,
Mais convenable au plus illustre rang?
Non, il n'est point de mère respectable
Qui, condamnant l'erreur d'un fils coupable,
Le rappelât avec plus de bonté
A la vertu dont il s'est écarté;
N'employant point l'aigreur et la colère,
Fière et décente, et plus sage qu'austère.
De vous surtout elle a parlé long-temps...

LE MARQUIS.

De moi...

LE CHEVALIER.

Montrant à mes égaremens
Votre vertu qui devait, disait-elle,
Être à jamais ma honte ou mon modèle.
Tout interdit, plein d'un secret respect
Que je n'avais senti qu'à son aspect,
Je suis honteux, mes fureurs se captivent.
Dans ce moment les deux dames arrivent ;
Et, me voyant maître de leur logis,
Avec Acanthe et deux ou trois bandits,
D'un juste effroi leur ame s'est remplie :
La plus âgée en tombe évanouie.
Acanthe en pleurs la presse dans ses bras :
Elle revient des portes du trépas.
Alors sur moi fixant sa triste vue,
Elle retombe, et s'écrie éperdue :
« Ah! je crois voir Gernance... c'est son fils,
« C'est lui... je meurs... » A ces mots je frémis ;
Et la douleur, l'effroi de cette dame,
Au même instant ont passé dans mon ame.
Je tombe aux pieds de Dormène, et je sors,
Confus, soumis, pénétré de remords.

DU DROIT DU SEIGNEUR.

LE MARQUIS.
Ce repentir dont votre ame est saisie
Charme mon cœur et nous réconcilie.
Tenez, prenez ce paquet important,
Lisez-le seul, pesez-le mûrement;
Et si pour moi vous conservez, Gernance,
Quelque amitié, quelque condescendance,
Promettez-moi, lorsque Acanthe en ces lieux
Pourra paraître à vos coupables yeux,
D'avoir sur vous un assez grand empire
Pour lui cacher ce que vous allez lire.

LE CHEVALIER.
Oui, je vous le promets, oui.

LE MARQUIS.
     Vous verrez
L'abyme affreux d'où vos pas sont tirés.

LE CHEVALIER.
Comment?

LE MARQUIS.
Allez, vous tremblerez, vous dis-je.

SCÈNE VIII.

LE MARQUIS.

Quel jour pour moi! tout m'étonne et m'afflige.
La belle Acanthe est donc de ma maison!
Mais sa naissance avait flétri son nom;
Son noble sang fut souillé par son père;
Rien n'est plus beau que le nom de sa mère,
Mais ce beau nom a perdu tous ses droits
Par un hymen que réprouvent nos lois.
La triste Laure, ô pensee accablante!
Fut criminelle en fesant naître Acanthe;
Je le sais trop, l'hymen fut condamné;
L'amant de Laure est mort assassiné.
De maux cruels quel tissu lamentable!
Acanthe, hélas! n'en est pas moins aimable,
Moins vertueuse, et je sais que son cœur
Est respectable au sein du déshonneur;

Il ennoblit la honte de ses pères ;
Et cependant, ô préjugés sévères !
O loi du monde ! injuste et dure loi !
Vous l'emportez...

SCÈNE IX.

LE MARQUIS, DORMÈNE.

LE MARQUIS.
    Madame, instruisez-moi ;
Parlez, madame ; avez-vous vu son frère ?
DORMÈNE.
Oui, je l'ai vu ; sa douleur est sincère.
Il est bien étourdi ; mais entre nous
Son cœur est bon ; il est conduit par vous.
LE MARQUIS.
Eh mais, Acanthe...
DORMÈNE.
    Elle ne peut connaître
Jusqu'à présent le sang qui la fit naître.
LE MARQUIS.
Quoi ! sa naissance illégitime...
DORMÈNE.
    Hélas !
Il est trop vrai.
LE MARQUIS.
Non, elle ne l'est pas.
DORMÈNE.
Que dites-vous ?
LE MARQUIS, *relisant un papier qu'il a gardé.*
    Sa mère était sans crime ;
Sa mère au moins crut l'hymen légitime ;
On la trompa ; son destin fut affreux.
Ah ! quelquefois le ciel moins rigoureux
Daigne approuver ce qu'un monde profane
Sans connaissance avec fureur condamne.
DORMÈNE.
Laure n'est point coupable, et ses parens
Se sont conduits avec elle en tyrans.

DU DROIT DU SEIGNEUR.

LE MARQUIS.
Mais marier sa fille en un village !
A ce beau sang faire un pareil outrage !
DORMÈNE.
Elle est sans biens ; l'âge, la pauvreté,
Un long malheur abaisse la fierté.
LE MARQUIS.
Elle est sans biens ! votre noble courage
La recueillit.
DORMÈNE.
Sa misère partage
Le peu que j'ai.
LE MARQUIS.
Vous trouvez le moyen,
Ayant si peu, de faire encor du bien.
Riches et grands que le monde contemple,
Imitez donc un si touchant exemple.
Nous contentons à grands frais nos désirs ;
Sachons goûter de plus nobles plaisirs.
Quoi ! pour aider l'amitié, la misère,
Dormène a pu s'ôter le nécessaire ;
Et vous n'osez donner le superflu !
O juste ciel ! qu'avez-vous résolu ?
Que faire enfin ?
DORMÈNE.
Vous êtes juste et sage.
Votre famille a fait plus d'un outrage
Au sang de Laure ; et ce sang généreux
Fut par vous seuls jusqu'ici malheureux.
LE MARQUIS.
Comment ? comment ?
DORMÈNE.
Le comte votre père,
Homme inflexible en son humeur sévère,
Opprima Laure, et fit par son crédit
Casser l'hymen ; et c'est lui qui ravit
A cette Acanthe, à cette infortunée,
Les nobles droits du sang dont elle est née.
LE MARQUIS.
Ah ! c'en est trop... mon cœur est ulcéré.

Oui, c'est un crime... il sera réparé,
Je vous le jure.
>> DORMÈNE.
>> Et que voulez-vous faire ?
>>> LE MARQUIS.

Je veux...
>> DORMÈNE.
> Quoi donc ?
>> LE MARQUIS.
>>> Mais... lui servir de père.
>> DORMÈNE.

Elle en est digne.
>> LE MARQUIS.
>>> Oui... mais je ne dois pas

Aller trop loin.
>> DORMÈNE.
>> Comment trop loin ?
>> LE MARQUIS.
>>>> Hélas !...

Madame, un mot ; conseillez-moi, de grace ;
Que feriez-vous, s'il vous plaît, à ma place ?
>> DORMÈNE.

En tous les temps je me ferais honneur
De consulter votre esprit, votre cœur.
>> LE MARQUIS.

Ah !
>> DORMÈNE.
> Qu'avez-vous ?
>> LE MARQUIS.
>>> Je n'ai rien... Mais, madame,

En quel état est Acanthe ?
>> DORMÈNE.
>>> Son ame

Est dans le trouble et ses yeux dans les pleurs.
>> LE MARQUIS.

Daignez m'aider à calmer ses douleurs.
Allons, j'ai pris mon parti : je vous laisse ;
Soyez ici souveraine maîtresse,
Et pardonnez à mon esprit confus,
Un peu chagrin, mais plein de vos vertus.
>>> (Il sort.)

SCÈNE X.

DORMÈNE.

Dans cet état quel chagrin peut le mettre?
Qu'il est troublé! j'en juge par sa lettre;
Un style assez confus, des mots rayés,
De l'embarras, d'autres mots oubliés.
J'ai lu pourtant le mot de mariage.
Dans le pays il passe pour très sage.
Il veut me voir, me parler, et ne dit
Pas un seul mot sur tout ce qu'il m'écrit!
Et pour Acanthe il paraît bien sensible!
Quoi! voudrait-il... cela n'est pas possible.
Aurait-il eu d'abord quelque dessein
Sur son parent... demandait-il ma main?
Le chevalier jadis m'a courtisée,
Mais qu'espérer de sa tête insensée?
L'amour encor n'est point connu de moi;
Je dus toujours en avoir de l'effroi;
Et le malheur de Laure est un exemple
Qu'en frémissant tous les jours je contemple:
Il m'avertit d'éviter tout lien;
Mais qu'il est triste, ô ciel! de n'aimer rien!

ACTE CINQUIÈME.

SCÈNE I.

LE MARQUIS, LE CHEVALIER.

LE MARQUIS.

Fesons la paix, chevalier; je confesse
Que tout mortel est pétri de faiblesse,
Que le sage est peu de chose; entre nous,
J'étais tout près de l'être moins que vous.

VARIANTES

LE CHEVALIER.

Vous avez donc perdu votre gageure ?
Vous aimez donc ?

LE MARQUIS.

Oh ! non, je vous le jure ;
Mais par l'hymen tout près de me lier,
Je ne veux plus jamais me marier.

LE CHEVALIER.

Votre inconstance est étrange et soudaine.
Passe pour moi ; mais que dira Dormène ?
N'a-t-elle pas certains mots par écrit,
Où par hasard le mot d'hymen se lit ?

LE MARQUIS.

Il est trop vrai ; c'est la ce qui me gêne.
Je prétendais m'imposer cette chaîne ;
Mais à la fin, m'étant bien consulté,
Je n'ai de goût que pour la liberté.

LE CHEVALIER.

La liberté d'aimer ?

LE MARQUIS.

Eh bien ! si j'aime,
Je suis encor le maître de moi-même,
Et je pourrai réparer tout le mal.
Je n'ai parlé d'hymen qu'en général,
Sans m'engager et sans me compromettre ;
Car en effet, si j'avais pu promettre,
Je ne pourrais balancer un moment :
A gens d'honneur promesse vaut serment.
Cher chevalier, j'ai conçu dans ma tête
Un beau dessein, qui paraît fort honnête,
Pour me tirer d'un pas embarrassant ;
Et tout le monde ici sera content.

LE CHEVALIER.

Vous moquez-vous ? contenter tout le monde !
Quelle folie !

LE MARQUIS.

En un mot, si l'on fronde
Mon changement, j'ose espérer au moins
Faire approuver ma conduite et mes soins.
Colette vient, par mon ordre on l'appelle ;
Je vais l'entendre, et commencer par elle.

SCÈNE II.

LE MARQUIS, LE CHEVALIER, COLETTE.

LE MARQUIS.

Venez, Colette.

COLETTE.

Oh! j'accours, monseigneur,
Prête en tout temps, et toujours de grand cœur.

LE MARQUIS.

Voulez-vous être heureuse?

COLETTE.

Oui, sur ma vie;
N'en doutez pas, c'est ma plus forte envie.
Que faut-il faire?

LE MARQUIS.

En voici le moyen.
Vous voudriez un époux et du bien?

COLETTE.

Oui, l'un et l'autre.

LE MARQUIS.

Eh bien donc, je vous donne
Trois mille francs pour la dot, et j'ordonne
Que Mathurin vous épouse aujourd'hui.

COLETTE.

Ou Mathurin, ou tout autre que lui;
Qui vous voudrez, j'obéis sans réplique.
Trois mille francs! ah! l'homme magnifique!
Le beau présent! que monseigneur est bon!
Que Mathurin va bien changer de ton!
Qu'il va m'aimer! que je vais être fière!
De ce pays je serai la première;
Je meurs de joie.

LE MARQUIS.

Et j'en ressens aussi
D'avoir déjà pleinement réussi;
L'une des trois est déjà fort contente:
Tout ira bien.

COLETTE.

Et mon amie Acanthe,

Que devient-elle ? on va la marier,
A ce qu'on dit, à ce beau chevalier.
Tout le monde est heureux : j'en suis charmée.
Ma chère Acanthe !

LE CHEVALIER, *en regardant le marquis.*

Elle doit être aimée,

Et le sera.

LE MARQUIS, *au chevalier.*

La voici ; je ne puis
La consoler en l'état où je suis.
Venez, je vais vous dire ma pensée.

(Ils sortent.)

SCÈNE III.

ACANTHE, COLETTE.

COLETTE.

Ma chère Acanthe, on t'avait fiancée,
Moi déboutée ; on me marie.

ACANTHE.

A qui ?

COLETTE.

A Mathurin.

ACANTHE.

Le ciel en soit béni !
Et depuis quand ?

COLETTE.

Eh ! depuis tout à l'heure.

ACANTHE.

Est-il bien vrai ?

COLETTE.

Du fond de ma demeure
J'ai comparu par devant monseigneur.
Ah ! la belle ame ! ah ! qu'il est plein d'honneur !

ACANTHE.

Il l'est sans doute !

COLETTE.

Oui, mon aimable Acanthe ;
Il m'a promis une dot opulente,
Fait ma fortune ; et tout le monde dit

Qu'il fait la tienne, et l'on s'en réjouit.
Tu vas, dit-on, devenir chevalière :
Cela te sied, car ton allure est fière.
On te fera dame de qualité,
Et tu me recevras avec bonté

ACANTHE.

Ma chère enfant, je suis fort satisfaite
Que ta fortune ait été sitôt faite.
Mon cœur ressent tout ton bonheur... Hélas !
Elle est heureuse, et je ne le suis pas !

COLETTE.

Que dis-tu là ? qu'as-tu donc dans ton ame ?
Peut-on souffrir quand on est grande dame ?

ACANTHE.

Va, ces seigneurs qui peuvent tout oser
N'enlèvent point, crois-moi, pour épouser.
Pour nous, Colette, ils ont des fantaisies,
Non de l'amour ; leurs démarches hardies,
Leurs procédés montrent avec éclat
Tout le mépris qu'ils font de notre état :
C'est ce dédain qui me met en colere.

COLETTE.

Bon, des dédains ! c'est bien tout le contraire,
Rien n'est plus beau que ton enlèvement ;
On t'aime, Acanthe, on t'aime assurément.
Le chevalier va t'épouser, te dis-je,
Tout grand seigneur qu'il est... cela t'afflige ?

ACANTHE.

Mais monseigneur le marquis, qu'a-t-il dit ?

COLETTE.

Lui ? rien du tout.

ACANTHE.

Hélas !

COLETTE.

C'est un esprit
Tout en dedans, secret, plein de mystère ;
Mais il parait fort approuver l'affaire.

ACANTHE.

Du chevalier je déteste l'amour.

COLETTE.

Oui, oui, plains-toi de te voir en un jour

De Mathurin pour jamais délivrée,
D'un beau seigneur poursuivie, adorée ;
Un mariage en un moment cassé
Par monseigneur, un autre commencé :
Si ce roman n'a pas de quoi te plaire,
Tu me parais difficile, ma chère...
Tiens, le vois-tu celui qui t'enleva ?
Il vient à toi ; n'est-ce rien que cela ?
T'ai-je trompée ? es-tu donc tant à plaindre ?

ACANTHE.

Allons, fuyons.

SCÈNE IV.

ACANTHE, COLETTE, LE CHEVALIER.

LE CHEVALIER.
Demeurez sans me craindre :
Le marquis veut que je sois à vos pieds.

COLETTE, à *Acanthe.*
Qu'avais-je dit ?

LE CHEVALIER, à *Acanthe.*
Eh quoi ! vous me fuyez ?

ACANTHE.
Osez-vous bien paraître en ma présence ?

LE CHEVALIER.
Oui, vous devez oublier mon offense ;
Par moi, vous dis-je, il veut vous consoler.

ACANTHE.
J'aimerais mieux qu'il daignât me parler.
(à Colette, qui veut s'en aller.)
Ah ! reste ici : ce ravisseur m'accable...

COLETTE.
Ce ravisseur est pourtant fort aimable.

LE CHEVALIER, à *Acanthe.*
Conservez-vous au fond de votre cœur
Pour ma présence une invincible horreur ?

ACANTHE.
Vous devez être en horreur à vous-même.

LE CHEVALIER.
Oui, je le suis ; mais mon remords extrême

Répare tout, et doit vous apaiser.
Ma folle erreur avait pu m'abuser.
Je fus surpris par une indigne flamme;
Et mon devoir m'amène ici, madame.

ACANTHE.

Madame! à moi? quel nom vous me donnez!
Je sais l'état où mes parens sont nés.

COLETTE.

Madame... oh, oh! quel est donc ce langage?

ACANTHE.

Cessez, monsieur; ce titre est un outrage;
C'est s'avilir que d'oser recevoir
Un faux honneur qu'on ne doit point avoir.
Je suis Acanthe, et mon nom doit suffire :
Il est sans tache.

LE CHEVALIER.

    Ah! que puis-je vous dire?
Ce nom m'est cher : allez, vous oublierez
Mon attentat quand vous me connaîtrez;
Vous trouverez très bon que je vous aime.

ACANTHE.

Qui? moi, monsieur!

COLETTE, *à Acanthe.*

    C'est son remords extrême.

LE CHEVALIER.

N'en riez point, Colette; je prétends
Qu'elle ait pour moi les plus purs sentimens.

ACANTHE.

Je ne sais pas quel dessein vous anime;
Mais commencez par avoir mon estime.

LE CHEVALIER.

C'est le seul but que j'aurai désormais;
J'en serai digne, et je vous le promets.

ACANTHE.

Je le désire, et me plais à vous croire.
Vous êtes né pour connaître la gloire;
Mais ménagez la mienne, et me laissez.

LE CHEVALIER.

Non, c'est en vain que vous vous offensez.
Je ne suis point amoureux, je vous jure;
Mais je prétends rester.

VARIANTES

COLETTE.

Bon, double injure.
Cet homme est fou, je l'ai pensé toujours.
Dormène vient, ma chère, à ton secours.
Démêle-toi de cette grande affaire;
Ou donne grace, ou garde ta colère.
Ton rôle est beau, tu fais ici la loi;
Tu vois les grands à genoux devant toi.
Pour moi, je suis condamnée au village :
On ne m'enlève point, et j'en enrage.
On vient, adieu; suis ton brillant destin,
Et je retourne à mon gros Mathurin.

(Elle sort)

SCÈNE V.

ACANTHE, LE CHEVALIER, DORMÈNE, DIGNANT.

ACANTHE.

Hélas, madame! une fille éperdue
En rougissant paraît à votre vue.
Pourquoi faut-il, pour combler ma douleur,
Que l'on me laisse avec mon ravisseur?
Et vous aussi, vous m'accablez, mon père!
A ce méchant au lieu de me soustraire,
Vous m'amenez vous-même dans ces lieux;
Je l'y revois; mon maître fuit mes yeux.
Mon père, au moins, c'est en vous que j'espère!

DIGNANT.

O cher objet! vous n'avez plus de père!

ACANTHE.

Que dites-vous?

DIGNANT.

Non, je ne le suis pas.

DORMÈNE.

Non, mon enfant, de si charmans appas
Sont nés d'un sang dont vous êtes plus digne.
Préparez-vous au changement insigne
De votre sort, et surtout pardonnez
Au chevalier.

ACANTHE.

Moi, madame?

DORMÈNE.

Apprenez,
Ma chère enfant, que Laure est votre mère.

ACANTHE.

Elle! Est-il vrai?

DORMÈNE.

Gernance est votre frère.

LE CHEVALIER.

Oui, je le suis; oui, vous êtes ma sœur.

ACANTHE.

Ah! je succombe. Hélas! est-ce un bonheur?

LE CHEVALIER.

Il l'est pour moi.

ACANTHE.

De Laure je suis fille!
Et pourquoi donc faut-il que ma famille
M'ait tant caché mon état et mon nom?
D'où peut venir ce fatal abandon?
D'où vient qu'enfin, daignant me reconnaître,
Ma mère ici n'a point osé paraître?
Ah! s'il est vrai que le sang nous unit,
Sur ce mystère éclairez mon esprit.
Parlez, monsieur, et dissipez ma crainte.

LE CHEVALIER.

Ces mouvemens dont vous êtes atteinte
Sont naturels, et tout vous sera dit.

DORMÈNE.

Dans ce moment, Acanthe, il vous suffit
D'avoir connu quelle est votre naissance.
Vous me devez un peu de confiance.

ACANTHE.

Laure est ma mère, et je ne la vois pas!

LE CHEVALIER.

Vous la verrez, vous serez dans ses bras.

DORMÈNE.

Oui, cette nuit je vous mène auprès d'elle.

ACANTHE.

J'admire en tout ma fortune nouvelle.
Quoi! j'ai l'honneur d'être de la maison
De monseigneur!

VARIANTES

LE CHEVALIER.
Vous honorez son nom.
ACANTHE.
Abusez-vous de mon esprit crédule ?
Et voulez-vous me rendre ridicule ?
Moi de son sang ? Ah ! s'il était ainsi,
Il me l'eût dit ; je le verrais ici.
DIGNANT.
Il m'a parlé... je ne sais quoi l'accable :
Il est saisi d'un trouble inconcevable.
ACANTHE.
Ah ! je le vois.

SCÈNE VI.

ACANTHE, DORMÈNE, DIGNANT, LE CHEVALIER
LE MARQUIS, *au fond.*

LE MARQUIS, *au chevalier.*
Il ne sera pas dit
Que cette enfant ait troublé mon esprit :
Bientôt l'absence affermira mon ame.
(apercevant Dormène)
Ah ! pardonnez ; vous étiez là, madame !
LE CHEVALIER.
Vous paraissez étrangement ému !
LE MARQUIS.
Moi ?... point du tout. Vous serez convaincu
Qu'avec sang-froid je règle ma conduite.
De son destin Acanthe est-elle instruite ?
ACANTHE.
Quel qu'il puisse être, il passe mes souhaits :
Je dépendrai de vous plus que jamais.
LE MARQUIS.
Permets, ô ciel ! qu'ici je puisse faire
Plus d'un heureux !
LE CHEVALIER.
C'est une grande affaire.
Je ferai, moi, tout ce que vous voudrez ;
Je l'ai promis.
LE MARQUIS.
Que vous m'obligerez !

(à Dormène.)
Belle Dormène, oubliez-vous l'offense,
L'égarement du coupable Gernance ?

DORMÈNE.

Oui, tout est réparé.

LE MARQUIS.

         Tout ne l'est pas :
Votre grand nom, vos vertueux appas
Sont maltraités par l'aveugle fortune.
Je le sais trop ; votre ame non commune
N'a pas de quoi suffire à vos bienfaits ;
Votre destin doit changer désormais.
Si j'avais pu d'un heureux mariage
Choisir pour moi l'agréable esclavage,
C'eût été vous (et je vous l'ai mandé)
Pour qui mon cœur se serait décidé.
Voudriez-vous, madame, qu'à ma place
Le chevalier, pour mieux obtenir grace,
Pour devenir à jamais vertueux,
Prît avec vous d'indissolubles nœuds ?
Le meilleur frein pour ses mœurs, pour son âge,
Est une épouse aimable, noble et sage.
Daignerez-vous accepter un château
Environné d'un domaine assez beau ?
Pardonnez-vous cette offre ?

DORMÈNE.

         Ma surprise
Est si puissante, à tel point me maîtrise,
Que, ne pouvant encor me déclarer,
Je n'ai de voix que pour vous admirer.

LE CHEVALIER.

J'admire aussi ; mais je fais plus, madame ;
Je vous soumets l'empire de mon ame.
A tous les deux je devrai mon bonheur ;
Mais seconderez-vous mon bienfaiteur ?

DORMÈNE.

Consultez-vous, meritez mon estime,
Et les bienfaits de ce cœur magnanime.

LE MARQUIS.

Et... vous... Acanthe...

VARIANTES

ACANTHE.

Eh bien ! mon protecteur...

LE MARQUIS, *à part.*

Pourquoi tremblé-je en parlant ?

ACANTHE.

Quoi ? monsieur...

LE MARQUIS.

Acanthe... vous... qui venez de renaître,
Vous qu'une mère ici va reconnaître,
Vivez près d'elle, et de ses tristes jours
Adoucissez et prolongez le cours.
Vous commencez une nouvelle vie,
Avec un frère, une mère, une amie ;
Je veux.. Souffrez qu'à votre mère, à vous,
Je fasse un sort indépendant et doux.
Votre fortune, Acanthe, est assurée,
L'acte est passé, vous vivrez honorée,
Riche... contente... autant que je le peux.
J'aurais voulu... mais goûtez toutes deux,
Dormène et vous, les douceurs fortunées
Que l'amitié donne aux ames bien nées...
Un autre bien que le cœur peut sentir
Est dangereux... Adieu... je vais partir.

LE CHEVALIER.

Eh quoi ! ma sœur, vous n'êtes point contente ?
Quoi ! vous pleurez ?

ACANTHE.

Je suis reconnaissante,
Je suis confuse... Ah ! c'en est trop pour moi.
Mais j'ai perdu plus que je ne reçoi...
Et ce n'est pas la fortune que j'aime...
Mon état change, et mon ame est la même ;
Elle doit être à vous... Ah ! permettez
Que, le cœur plein de vos rares bontés,
J'aille oublier ma première misère,
J'aille pleurer dans le sein de ma mère.

LE MARQUIS.

De quel chagrin vos sens sont agités !
Qu'avez-vous donc ? qu'ai-je fait ?

ACANTHE.

Vous partez.

DORMÈNE.
Ah! qu'as-tu dit?
ACANTHE.
La vérité, madame;
La vérité plaît à votre belle ame.
LE MARQUIS.
Non, c'en est trop pour mes sens éperdus.
Acanthe...
ACANTHE.
Hélas!
LE MARQUIS.
Ne partirai-je plus?
LE CHEVALIER.
Mon cher parent, de Laure elle est la fille;
Elle retrouve un frère, une famille;
Et moi je trouve un mariage heureux.
Mais je vois bien que vous en ferez deux :
Vous payerez, la gageure est perdue.
LE MARQUIS.
Je vous l'avoue... oui, mon ame est vaincue
Dormène et Laure, Acanthe, et vous, et moi,
(à Acanthe)
Soyons heureux... Oui, recevez ma foi,
Aimable Acanthe; allons, que je vous mène
Chez votre mère; elle sera la mienne,
Elle oubliera pour jamais son malheur.
ACANTHE.
Ah! je tombe à vos pieds.
LE CHEVALIER.
Allons, ma sœur,
Je fus bien fou, son cœur fut insensible;
Mais on n'est pas toujours incorrigible.

FIN DES VARIANTES DU DROIT DU SEIGNEUR.

SAÜL,

DRAME EN CINQ ACTES,

TRADUIT DE L'ANGLAIS DE M. HUT.

1763.

AVIS.

M. Huet, membre du parlement d'Angleterre, était petit-neveu de M. Huet, évêque d'Avranches. Les Anglais, au lieu de *Huet* avec un *e* ouvert, prononcent *Hut*. Ce fut lui qui, en 1728, composa le petit livre très curieux : *The man after the heart of God* (l'Homme selon le cœur de Dieu). Indigné d'avoir entendu un prédicateur comparer à David le roi Georges II, qui n'avait ni assassiné personne, ni fait brûler ses prisonniers français dans des fours à briques, il fit une justice éclatante de ce roitelet juif.

PERSONNAGES.

SAUL, fils de Cis, et premier roi juif.
DAVID, fils de Jessé, gendre de Saül et second roi.
AGAG, roi des Amalécites.
SAMUEL, prophète et juge en Israël.
MICHOL, épouse de David et fille de Saül.
ABIGAIL, veuve de Nabal et seconde épouse de David.
BETHSABÉE, femme d'Urie et concubine de David.
LA PYTHONISSE, fameuse sorcière en Israël.
JOAB, général des hordes de David et son confident.
URIE, mari de Bethsabée et officier de David.
BAZA, ancien confident de Saül.
ABIÉZER, vieil officier de Saül.
ADONIAS, fils de David et d'Agith sa dix-septième femme.
SALOMON, fils adultérin de David et de Bethsabée.
NATHAN, prince et prophète en Israël.
GAG ou GAD, prophète et chapelain ordinaire de David.
ABISAG, de Sunam, jeune Sunamite.
ÉBIND, capitaine de David.
ABIAR, officier de David.
YESEZ, inspecteur général des troupes de David.
LES PRÊTRES DE SAMUEL.
LES CAPITAINES DE DAVID.
UN CLERC DE LA TRÉSORERIE.
UN MESSAGER.
LA POPULACE JUIVE.

PREMIER ACTE.

La scène est à Galgala.

SECOND ACTE.

La scène est sur la colline d'Achila.

TROISIÈME ACTE.

La scène est à Siceleg.

QUATRIÈME ACTE.

La scène est à Hébron.

CINQUIÈME ACTE.

La scène est à Hérus-Chalaïm.

On n'a pas observé dans cette espèce de tragi-comédie l'unité d'action, de lieu et de temps. On a cru avec l'illustre La Motte devoir se soustraire à ces règles. Tout se passe dans l'intervalle de deux ou trois générations, pour rendre l'action plus tragique par le nombre des morts selon l'esprit juif, tandis que parmi nous l'unité de temps ne peut s'étendre qu'à vingt-quatre heures, et l'unité de lieu dans l'enceinte d'un palais.

SAÜL,

DRAME EN CINQ ACTES.

ACTE PREMIER.

SCÈNE I.

SAUL, BAZA.

BAZA.

O grand Saül! le plus puissant des rois, vous qui régnez sur les trois lacs, dans l'espace de plus de cinq cents stades; vous vainqueur du généreux Agag, roi d'Amalec, dont les capitaines étaient montés sur les plus puissans ânes, ainsi que les cinquante fils d'Amalec; vous qu'Adonaï fit triompher à la fois de Dagon et de Belzébut; vous qui, sans doute, mettrez sous vos lois toute la terre, comme on vous l'a promis tant de fois, faut-il que vous vous abandonniez à votre douleur dans de si nobles triomphes et de si grandes espérances?

SAUL.

O mon cher Baza! heureux mille fois celui qui conduit en paix les troupeaux bêlans de Benjamin, et presse le doux raisin de la vallée d'Engaddi! Hélas! je cherchais les ânesses de mon père, je trouvai un royaume; depuis ce jour je n'ai connu que la douleur.

Plût à Dieu, au contraire, que j'eusse cherché un royaume, et trouvé des ânesses! j'aurais fait un meilleur marché.

BAZA.

Est-ce le prophète Samuel? est-ce votre gendre David qui vous cause ce mortel chagrin?

SAUL.

L'un et l'autre. Samuel, tu le sais, m'oignit malgré lui; il fit ce qu'il put pour empêcher le peuple de choisir un prince, et dès que je fus élu, il devint le plus cruel de tous mes ennemis.

BAZA.

Vous deviez bien vous y attendre; il était prêtre, et vous étiez guerrier; il gouvernait avant vous; on hait toujours son successeur.

SAUL.

Eh! pouvait-il espérer de gouverner plus longtemps? il avait associé à son pouvoir ses indignes enfans, également corrompus et corrupteurs, qui vendaient publiquement la justice : toute la nation s'éleva contre ce gouvernement sacerdotal. On tira un roi au sort: les dés sacrés annoncèrent la volonté du ciel; le peuple la ratifia, et Samuel frémit: ce n'est pas assez de haïr en moi un prince choisi par le ciel, il hait encore le prophète; car il sait que, comme lui, j'ai le nom de voyant: que j'ai prophétisé comme lui; et ce nouveau proverbe répandu dans Israël : *Saül est aussi au rang des prophètes*, n'offense que trop ses oreilles superbes : on le respecte encore; pour mon malheur il est prêtre, il est dangereux.

BAZA.
N'est-ce pas lui qui soulève contre vous votre gendre David?

SAUL.
Il n'est que trop vrai, et je tremble qu'il ne cabale pour donner ma couronne à ce rebelle.

BAZA.
Votre altesse royale est trop bien affermie par ses victoires, et le roi Agag, votre illustre prisonnier, vous est ici un sûr garant de la fidélité de votre peuple, également enchanté de votre victoire et de votre clémence : voici qu'on l'amène devant votre altesse royale.

SCÈNE II.

SAUL, BAZA, AGAG; soldats.

AGAG.
Doux et puissant vainqueur, modèle des princes, qui savez vaincre et pardonner, je me jette à vos sacrés genoux; daignez ordonner vous-même ce que je dois donner pour ma rançon; je serai désormais un voisin, un allié fidèle, un vassal soumis; je ne vois plus en vous qu'un bienfaiteur et un maître : je vous dois la vie, je vous devrai encore la liberté : j'admirerai, j'aimerai en vous l'image du Dieu qui punit et pardonne.

SAUL.
Illustre prince, que le malheur rend encore plus grand, je n'ai fait que mon devoir en sauvant vos

jours : les rois doivent respecter leurs semblables : qui se venge après la victoire est indigne de vaincre ; je ne mets point votre personne à rançon, elle est d'un prix inestimable : soyez libre ; les tributs que vous payerez à Israël seront moins des marques de soumission que d'amitié : c'est ainsi que les rois doivent traiter ensemble.

AGAG.

O vertu ! ô grandeur de courage ! que vous êtes puissante sur mon cœur ! Je vivrai, je mourrai le sujet du grand Saül, et tous mes états sont à lui.

SCÈNE III.

LES PERSONNAGES PRÉCÉDENS ; SAMUEL ; PRÊTRES.

SAUL.

Samuel, quelles nouvelles m'apportez-vous ? venez-vous de la part de Dieu, de celle du peuple, ou de la vôtre ?

SAMUEL.

De la part de Dieu.

SAUL.

Qu'ordonne-t-il ?

SAMUEL.

Il m'ordonne de vous dire qu'il s'est repenti de vous avoir fait régner.

SAUL.

Dieu se repentir ! Il n'y a que ceux qui font des fautes qui se repentent ; sa sagesse éternelle ne peut être imprudente. Dieu ne peut faire des fautes.

ACTE I, SCÈNE III.

SAMUEL.

Il peut se repentir d'avoir mis sur le trône ceux qui en commettent.

SAUL.

Et quel homme n'en commet pas? parlez, de quoi suis-je coupable?

SAMUEL.

D'avoir pardonné à un roi.

AGAG.

Comment! la plus belle des vertus serait regardée chez vous comme un crime?

SAMUEL, *à Agag.*

Tais-toi, ne blasphème point. (à Saül.) Saül, ci-devant roi des Juifs, Dieu ne vous avait-il pas ordonné par ma bouche d'égorger tous les Amalécites sans épargner ni les femmes, ni les filles, ni les enfans à la mamelle?

AGAG.

Ton Dieu t'avait ordonné cela! tu t'es trompé, tu voulais dire ton diable.

SAMUEL, *à ses prêtres.*

Préparez-vous à m'obéir; et vous, Saül, avez-vous obéi à Dieu?

SAUL.

Je n'ai pas cru qu'un tel ordre fût positif; j'ai pensé que la bonté était le premier attribut de l'Être suprême, qu'un cœur compatissant ne pouvait lui déplaire.

SAMUEL.

Vous vous êtes trompé, homme infidèle : Dieu

vous réprouve, votre sceptre passera dans d'autres mains.

BAZA, *à Saül.*

Quelle insolence! Seigneur, permettez-moi de punir ce prêtre barbare.

SAUL.

Gardez-vous-en bien; ne voyez-vous pas qu'il est suivi de tout le peuple, et que nous serions lapidés, si je résistais; car, en effet, j'avais promis...

BAZA.

Vous aviez promis une chose abominable!

SAUL.

N'importe; les Juifs sont plus abominables encore; ils prendront la défense de Samuel contre moi.

BAZA, *à part.*

Ah, malheureux prince! tu n'as de courage qu'à la tête des armées.

SAUL.

Eh bien donc, prêtres, que faut-il que je fasse?

SAMUEL.

Je vais te montrer comme on obéit au Seigneur: (à ses prêtres.) O prêtres sacrés! enfans de Lévi, déployez ici votre zèle: qu'on apporte une table, qu'on étende sur cette table ce roi, dont le prépuce est un crime devant le Seigneur.

(Les prêtres lient Agag sur la table.)

AGAG.

Que voulez-vous de moi, impitoyables monstres?

SAUL.

Auguste Samuel, au nom du Seigneur!

ACTE I, SCÈNE III.

SAMUEL.

Ne l'invoquez pas, vous en êtes indigne; demeurez ici, il vous l'ordonne; soyez témoin du sacrifice qui peut-être expiera votre crime.

AGAG, *à Samuel.*

Ainsi donc vous m'allez donner la mort : ô mort que vous êtes amère !

SAMUEL.

Oui, tu es gras, et ton holocauste en sera plus agréable au Seigneur.

AGAG.

Hélas, Saül ! que je te plains d'être soumis à de pareils monstres !

SAMUEL, *à Agag.*

Écoute, tu vas mourir : veux-tu être juif ? veux-tu te faire circoncire ?

AGAG.

Et si j'étais assez faible pour être de ta religion, me donnerais-tu la vie ?

SAMUEL.

Non, tu auras la satisfaction de mourir juif, et c'est bien assez.

AGAG.

Frappez donc, bourreaux !

SAMUEL.

Donnez-moi cette hache au nom du Seigneur ; et tandis que je couperai un bras, coupez une jambe, et ainsi de suite morceau par morceau.

(Ils frappent tous ensemble au nom d'Adonaï.)

AGAG.

O mort ! ô tourmens ! ô barbares !

SAUL.

Faut-il que je sois témoin d'une abomination si horrible!

BAZA.

Dieu vous punira de l'avoir soufferte.

SAMUEL, *aux prêtres.*

Emportez ce corps et cette table : qu'on brûle les restes de cet infidèle, et que ses chairs servent à nourrir nos serviteurs. (à Saül.) Et vous, prince, apprenez à jamais qu'obéissance vaut mieux que sacrifice.

SAUL, *se jetant dans un fauteuil.*

Je me meurs ; je ne pourrai survivre à tant d'horreurs et à tant de honte.

SCÈNE IV.

SAUL, BAZA; UN MESSAGER.

LE MESSAGER.

Seigneur, pensez à votre sûreté ; David approche en armes, il est suivi de cinq cents brigands qu'il a ramassés ; vous n'avez ici qu'une garde faible.

BAZA.

Eh bien, seigneur, vous le voyez : David et Samuel étaient d'intelligence : vous êtes trahi de tous côtés, mais je vous serai fidèle jusqu'à la mort : quel parti prenez-vous?

SAUL.

Celui de combattre et de mourir.

FIN DU PREMIER ACTE.

ACTE SECOND.

SCÈNE I.

DAVID, MICHOL.

MICHOL.

Impitoyable époux, prétends-tu attenter à la vie de mon père, de ton bienfaiteur, de celui qui t'ayant d'abord pris pour son joueur de harpe, te fit bientôt après son écuyer, qui enfin t'a mis dans mes bras?

DAVID.

Il est vrai, ma chère Michol, que je lui dois le bonheur de posséder vos charmes; il m'en a coûté assez cher : il me fallut apporter à votre père deux cents prépuces de Philistins pour présent de noces : deux cents prépuces ne se trouvent pas si aisément : je fus obligé de tuer deux cents hommes pour venir à bout de cette entreprise; et je n'avais pas la mâchoire d'âne de Samson : mais eût-il fallu combattre toutes les forces de Babylone et d'Égypte, je l'aurais fait pour vous mériter; je vous adorais, et je vous adore.

MICHOL.

Et pour preuve de ton amour, tu en veux aux jours de mon père !

DAVID.

Dieu m'en préserve ! je ne veux que lui succéder :

vous savez que j'ai respecté sa vie, et que, lorsque je le rencontrai dans une caverne, je ne lui coupai que le bout de son manteau; la vie du père de ma chère Michol me sera toujours précieuse.

MICHOL.

Pourquoi donc te joindre à ses ennemis? Pourquoi te souiller du crime horrible de rébellion, et te rendre par là même si indigne du trône où tu aspires? pourquoi d'un côté te joindre à Samuel, notre ennemi domestique, et de l'autre au roi de Geth, Akis, notre ennemi déclaré?

DAVID.

Ma noble épouse, ne me condamnez pas sans m'entendre : vous savez qu'un jour, dans le village de Bethléem, Samuel répandit de l'huile sur ma tête: ainsi je suis roi, et vous êtes la femme d'un roi : si je me suis joint aux ennemis de la nation, si j'ai fait du mal à mes concitoyens, j'en ai fait davantage à ces ennemis mêmes. Il est vrai que j'ai engagé ma foi au roi de Geth, le généreux Akis : j'ai rassemblé cinq cents malfaiteurs perdus de dettes et de débauches, mais tous bons soldats. Akis nous a reçus, nous a comblés de bienfaits; il m'a traité comme son fils, il a eu en moi une entière confiance; mais je n'ai jamais oublié que je suis juif; et ayant des commissions du roi Akis pour aller ravager vos terres, j'ai très souvent ravagé les siennes : j'allais dans les villages les plus éloignés, je tuais tout sans miséricorde, je ne pardonnais ni au sexe ni à l'âge, afin d'être pur devant le Seigneur; et afin qu'il ne se trouvât personne qui pût me déceler auprès du roi Akis, je lui amenais les bœufs, les ânes, les moutons, les chèvres des innocens agriculteurs que j'avais égorgés, et je lui disais, par un salutaire mensonge, que c'étaient les bœufs, les ânes, les moutons et les chèvres des Juifs; quand je trouvais quelque résistance, je fesais scier en deux, par le milieu du corps, ces insolens rebelles, ou je les écrasais sous les dents de leur herse, ou je les fesais rôtir dans des fours à briques. Voyez si c'est aimer sa patrie, si c'est être bon Israélite.

MICHOL.

Ainsi, cruel, tu as également répandu le sang de tes frères et celui de tes alliés : tu as donc trahi également ces deux bienfaiteurs, rien ne t'est sacré; tu trahiras ainsi ta chère Michol qui brûle pour toi d'un si malheureux amour.

DAVID.

Non, je le jure par la verge d'Aaron, par la racine de Jessé, je vous serai toujours fidèle.

SCÈNE II.

DAVID, MICHOL, ABIGAIL.

ABIGAIL, *en embrassant David.*

Mon cher, mon tendre époux, maître de mon cœur et de ma vie, venez, sortez avec moi de ces lieux dangereux; Saül arme contre vous, et Akis vous attend.

MICHOL.

Qu'entends-je? son époux! Quoi! monstre de perfidie, vous me jurez un amour éternel, et vous avez pris une autre femme! Quelle est donc cette insolente rivale?

DAVID.

Je suis confondu.

ABIGAIL.

Auguste et aimable fille d'un grand roi, ne vous mettez pas en colère contre votre servante : un héros tel que David a besoin de plusieurs femmes; et moi, je suis une jeune veuve qui ai besoin d'un mari : vous êtes obligée d'être toujours auprès du roi votre père; il faut que David ait une compagne dans ses voyages et dans ses travaux; ne m'enviez pas cet honneur, je vous serai toujours soumise.

MICHOL.

Elle est civile et accorte du moins; elle n'est pas comme ces concubines impertinentes qui vont toujours bravant la maîtresse de la maison. Monstre, où as-tu fait cette acquisition?

DAVID.

Puisqu'il faut vous dire la vérité, ma chère Michol, j'étais à la tête de mes brigands, et usant du droit de la guerre, j'ordonnai à Nabal, mari d'Abigaïl, de m'apporter tout ce qu'il avait; Nabal était un brutal qui ne savait pas les usages du monde, il me refusa insolemment : Abigaïl est née douce, honnête et tendre; elle vola tout ce qu'elle put à son mari pour me l'apporter : au bout de huit jours le brutal mourut...

MICHOL.

Je m'en doutais bien.

ACTE II, SCÈNE II.

DAVID.

Et j'épousai la veuve.

MICHOL.

Ainsi Abigaïl est mon égale : çà, dis-moi en conscience, brigand trop cher, combien as-tu de femmes ?

DAVID.

Je n'en ai que dix-huit en vous comptant : ce n'est pas trop pour un brave homme.

MICHOL.

Dix-huit femmes, scélérat! Et que fais-tu donc de tout cela ?

DAVID.

Je leur donne ce que je peux de tout ce que j'ai pillé.

MICHOL.

Les voilà bien entretenues ! tu es comme les oiseaux de proie, qui apportent à leurs femelles des colombes à dévorer : encore n'ont-ils qu'une compagne, et il en faut dix-huit au fils de Jessé !

DAVID.

Vous ne vous apercevrez jamais, ma chère Michol, que vous ayez des compagnes.

MICHOL.

Va, tu promets plus que tu ne peux tenir : écoute, quoique tu en aies dix-huit, je te pardonne; si je n'avais qu'une rivale, je serais plus difficile : cependant tu me le paieras.

ABIGAIL.

Auguste reine, si toutes les autres pensent comme moi, vous aurez dix-sept esclaves de plus auprès de vous.

SCÈNE III.

DAVID, MICHOL, ABIGAIL, ABIAR.

ABIAR.

Mon maître, que faites-vous ici entre deux femmes? Saül avance de l'occident, et Akis de l'orient; de quel côté voulez-vous marcher?

DAVID.

Du côté d'Akis, sans balancer.

MICHOL.

Quoi! malheureux, contre ton roi, contre mon père!

DAVID.

Il le faut bien; il y a plus à gagner avec Akis qu'avec Saül : consolez-vous, Michol; adieu, Abigaïl.

ABIGAIL.

Non, je ne te quitte pas.

DAVID.

Restez, vous dis-je; ceci n'est pas une affaire de femme; chaque chose a son temps, je vais combattre: priez Dieu pour moi.

SCÈNE IV.

MICHOL, ABIGAIL.

ABIGAIL.

Protégez-moi, noble fille de Saül; je crois une telle action digne de votre grand cœur. David a encore épousé une nouvelle femme ce matin : réunissons-nous toutes deux contre nos rivales.

MICHOL.

Quoi! ce matin même? l'impudent! et comment se nomme-t-elle?

ABIGAIL.

Alchinoam; c'est une des plus dévergondées coquines qui soient dans toute la race de Jacob.

MICHOL.

C'est une vilaine race que cette race de Jacob; je suis fâchée d'en être; mais par Dieu, puisque mon mari nous traite si indignement, je le traiterai de même, et je vais de ce pas en épouser un autre.

ABIGAIL.

Allez, allez, madame; je vous promets bien d'en faire autant dès que je serai mécontente de lui.

SCÈNE V.

MICHOL, ABIGAIL; LE MESSAGER ÉBIND.

ÉBIND.

Ah, princesse! votre Jonathas, savez-vous?

MICHOL.

Quoi donc! mon frère Jonathas...

ÉBIND.

Est condamné à mort, dévoué au Seigneur, à l'anathème.

ABIGAIL.

Jonathas qui aimait tant votre mari?

MICHOL.

Il n'est plus? on lui a arraché la vie?

ÉBIND.

Non, madame, il est en parfaite santé : le roi votre père, en marchant au point du jour contre Akis, a rencontré un petit corps de Philistins, et comme nous étions dix contre un, nous avons donné dessus avec courage. Saül, pour augmenter les forces du soldat, qui était à jeun, a ordonné que personne ne mangeât de la journée, et a juré qu'il immolerait au Seigneur le premier qui déjeunerait : Jonathas, qui ignorait cet ordre prudent, a trouvé un rayon de miel, et en a avalé la largeur de mon pouce : Saül, comme de raison, l'a condamné à mourir; il savait ce qu'il en coûte de manquer à sa parole; l'aventure d'Agag l'effrayait, il craignait Samuel; enfin, Jonathas allait être offert en victime; toute l'armée s'est soulevée contre ce parricide; Jonathas est sauvé, et l'armée s'est mise à manger et à boire; et au lieu de perdre Jonathas, nous avons été défaits de Samuel. Il est mort d'apoplexie.

MICHOL.

Tant mieux; c'était un vilain homme.

ABIGAIL.

Dieu soit béni!

EBIND.

Le roi Saül vient suivi de tous les siens; je crois qu'il va tenir conseil dans cette chènevière, pour savoir comment il s'y prendra pour attaquer Akis et les Philistins.

SCÈNE VI.

MICHOL, ABIGAIL, SAUL, BAZA; capitaines.

MICHOL.

Mon père, faudra-t-il trembler tous les jours pour votre vie, pour celle de mes frères, et essuyer les infidélités de mon mari?

SAUL.

Votre frère et votre mari sont des rebelles : comment! manger du miel un jour de bataille! il est bien heureux que l'armée ait pris son parti; mais votre mari est cent fois plus méchant que lui; je jure que je le traiterai comme Samuel a traité Agag.

ABIGAIL, *à Michol.*

Ah! madame, comme il roule les yeux, comme il grince les dents! fuyons au plus vite; votre père est fou, ou je me trompe.

MICHOL.

Il est quelquefois possédé du diable.

SAUL.

Ma fille, qui est cette drôlesse-là?

MICHOL.

C'est une des femmes de votre gendre David, que vous avez autrefois tant aimé.

SAUL.

Elle est assez jolie : je la prendrai pour moi au sortir de la bataille.

ABIGAIL.

Ah, le méchant homme! on voit bien qu'il est réprouvé.

MICHOL.

Mon père, je vois que votre mal vous prend; si David était ici, il vous jouerait de la harpe; car vous savez que la harpe est un spécifique contre les vapeurs hypocondriaques.

SAUL.

Taisez-vous, vous êtes une sotte; je sais mieux que vous ce que j'ai à faire.

ABIGAIL.

Ah! madame, comme il est méchant! il est plus fou que jamais; retirons-nous au plus vite.

MICHOL.

C'est cette malheureuse boucherie d'Agag qui lui a donné des vapeurs; dérobons-nous à sa furie.

SCÈNE VII.

SAUL, BAZA.

SAUL.

Mes capitaines, allez m'attendre; Baza, demeurez: vous me voyez dans un mortel embarras; j'ai mes vapeurs, il faut combattre : nous avons de puissans ennemis; ils sont derrière la montagne de Gelboé; je voudrais bien savoir quelle sera l'issue de cette bataille.

BAZA.

Eh, seigneur! il n'y a rien de si aisé; n'êtes-vous

pas prophète tout comme un autre? n'avez-vous pas même des vapeurs qui sont un véritable avant-coureur des prophéties?

SAUL.

Il est vrai, mais depuis quelque temps le Seigneur ne me répond plus; je ne sais ce que j'ai : as-tu fait venir la pythonisse d'Endor?

BAZA.

Oui, mon maître; mais croyez-vous que le Seigneur lui réponde plutôt qu'à vous?

SAUL.

Oui, sans doute, car elle a un esprit de Python.

BAZA.

Un esprit de Python, mon maître! quelle espèce est-ce cela?

SAUL.

Ma foi, je n'en sais rien; mais on dit que c'est une femme fort habile : j'aurais envie de consulter l'ombre de Samuel.

BAZA.

Vous feriez bien mieux de vous mettre à la tête de vos troupes : comment consulte-t-on une ombre?

SAUL.

La pythonisse les fait sortir de la terre, et l'on voit à leur mine si l'on sera heureux ou malheureux.

BAZA.

Il a perdu l'esprit! Seigneur, au nom de Dieu, ne vous amusez point à toutes ces sottises, et allons mettre vos troupes en bataille.

SAUL.

Reste ici; il faut absolument que nous voyions une ombre : voilà la pythonisse qui arrive : garde-toi de me faire reconnaître; elle me prend pour un capitaine de mon armée.

SCÈNE VIII.

SAUL, BAZA; LA PYTHONISSE, *arrivant avec un balai entre les jambes.*

LA PYTHONISSE.

Quel mortel veut arracher les secrets du destin à l'abyme qui les couvre? qui de vous deux s'adresse à moi pour connaître l'avenir?

BAZA, *montrant Saül.*

C'est mon capitaine : ne devrais-tu pas le savoir, puisque tu es sorcière?

LA PYTHONISSE, *à Saül.*

C'est donc pour vous que je forcerai la nature à interrompre le cours de ses lois éternelles? Combien me donnerez-vous?

SAUL.

Un écu : et te voilà payée d'avance, vieille sorcière.

LA PYTHONISSE.

Vous en aurez pour votre argent. Les magiciens de Pharaon n'étaient auprès de moi que des ignorans; ils se bornaient à changer en sang les eaux du Nil, je vais en faire davantage; et premièrement je commande au soleil de paraître.

ACTE II, SCÈNE VIII.

BAZA.

En plein midi! quel miracle!

LA PYTHONISSE.

Je vois quelque chose sur la terre.

SAUL.

N'est-ce pas une ombre?

LA PYTHONISSE.

Oui, une ombre.

SAUL.

Comment est-elle faite?

LA PYTHONISSE.

Comme une ombre.

SAUL.

N'a-t-elle pas une grande barbe?

LA PYTHONISSE.

Oui, un grand manteau et une grande barbe.

SAUL.

Une barbe blanche?

LA PYTHONISSE.

Blanche comme de la neige.

SAUL.

Justement, c'est l'ombre de Samuel; elle doit avoir l'air bien méchant?

LA PYTHONISSE.

Oh! l'on ne change jamais de caractère : elle vous menace, elle vous fait des yeux horribles.

SAUL.

Ah! je suis perdu.

BAZA.

Eh, seigneur! pouvez-vous vous amuser à ces fadaises? N'entendez-vous pas le son des trompettes? les Philistins approchent.

SAUL.

Allons donc; mais le cœur ne me dit rien de bon.

LA PYTHONISSE.

Au moins j'ai son argent; mais voilà un sot capitaine.

FIN DU SECOND ACTE.

ACTE TROISIÈME.

SCÈNE I.

DAVID ET SES CAPITAINES.

DAVID.

Saül a donc été tué, mes amis? son fils Jonathas aussi? et je suis roi d'une petite partie du pays légitimement?

JOAB.

Oui, milord; votre altesse royale a très bien fait de faire pendre celui qui vous a apporté la nouvelle de la mort de Saül; car il n'est jamais permis de dire qu'un roi est mort : cet acte de justice vous conciliera tous les esprits; il fera voir qu'au fond vous aimiez votre beau-père, et que vous êtes un bon homme.

DAVID.

Oui; mais Saül laisse des enfans : Isboseth, son fils, règne déja sur plusieurs tribus; comment faire?

JOAB.

Ne vous mettez point en peine; je connais deux coquins qui doivent assassiner Isboseth, s'ils ne l'ont déja fait; vous les ferez pendre tous deux, et vous règnerez sur Juda et Israël.

DAVID.

Dites-moi un peu, vous autres, Saül a-t-il laissé beaucoup d'argent? serai-je bien riche?

ABIEZER.

Hélas ! nous n'avons pas le sou ; vous savez qu'il y a deux ans, quand Saül fut élu roi, nous n'avions pas de quoi acheter des armes ; il n'y avait que deux sabres dans tout l'état, encore étaient-ils tout rouillés : les Philistins, dont nous avons presque tous été les esclaves, ne nous laissèrent pas dans nos chaumières seulement un morceau de fer pour raccommoder nos charrues : aussi nos charrues nous sont-elles fort inutiles dans un mauvais pays pierreux, hérissé de montagnes pelées, où il n'y a que quelques oliviers avec un peu de raisin : nous n'avions pris au roi Agag que des bœufs, des chèvres et des moutons, parce que c'était là tout ce qu'il avait ; je ne crois pas que nous puissions trouver dix écus dans toute la Judée ; il y a quelques usuriers qui rognent les espèces à Tyr et à Damas ; mais ils se feraient empaler plutôt que de vous prêter un denier.

DAVID.

S'est-on emparé du petit village de Salem et de son château ?

JOAB.

Oui, milord.

ABIEZER.

J'en suis fâché, cette violence peut décrier notre nouveau gouvernement. Salem appartient de tout temps aux Jébuséens, avec qui nous ne sommes point en guerre ; c'est un lieu saint, car Melchisédech était autrefois roi de ce village.

DAVID.

Il n'y a point de Melchisédech qui tienne : j'en ferai une bonne forteresse ; je l'appellerai Hérus-Chalaïm ; ce sera le lieu de ma résidence ; nos enfans seront multipliés comme le sable de la mer, et nous règnerons sur le monde entier.

JOAB.

Eh, seigneur, vous n'y pensez pas ! cet endroit est une espèce de désert, où il n'y a que des cailloux à deux lieues à la ronde. On y manque d'eau ; il n'y a qu'un petit malheureux torrent de Cédron qui est à sec six mois de l'année : que n'allons-nous plutôt sur les grands chemins de Tyr, vers Damas, vers Babylone ? il y aurait là de beaux coups à faire.

DAVID.

Oui, mais tous les peuples de ce pays-là sont puissans, nous risquerions de nous faire pendre : enfin, le Seigneur m'a donné Hérus-Chalaïm, j'y demeurerai et j'y louerai le Seigneur.

UN MESSAGER.

Milord, deux de vos serviteurs viennent d'assassiner Isboseth, qui avait l'insolence de vouloir succéder à son père, et de vous disputer le trône ; on l'a jeté par les fenêtres ; il nage dans son sang ; les tribus qui lui obéissaient ont fait serment de vous obéir, et l'on vous amène sa sœur Michol, votre femme, qui vous avait abandonné, et qui venait de se marier à Phaltiel, fils de Saïs.

DAVID.

On aurait mieux fait de la laisser avec lui ; que

veut-on que je fasse de cette bégueule-là? Allez, mon cher Joab, qu'on l'enferme; allez, mes amis, allez saisir tout ce que possédait Isboseth, apportez-le-moi, nous le partagerons; vous, Joab, ne manquez pas de faire pendre ceux qui m'ont délivré d'Isboseth, et qui m'ont rendu ce signalé service; marchez tous devant le Seigneur avec confiance; j'ai ici quelques petites affaires un peu pressées : je vous rejoindrai dans peu de temps pour rendre tous ensemble des actions de grâces au Dieu des armées qui a donné la force à mon bras, et qui a mis sous mes pieds le basilic et le dragon.

TOUS LES CAPITAINES ENSEMBLE.

* Huzza! huzza! longue vie à David, notre bon roi, l'oint du Seigneur, le père de son peuple.

(Ils sortent.)

DAVID, *à un des siens.*

Faites entrer Bethsabée.

SCÈNE II.

DAVID, BETHSABÉE.

DAVID.

Ma chère Bethsabée, je ne veux plus aimer que vous : vos dents sont comme un mouton qui sort du lavoir; votre gorge est comme une grappe de raisin, votre nez comme la tour du mont Liban; le royaume

---

* C'est le cri de joie de la populace anglaise; les Hébreux criaient *allek eudi ah!* et par corruption *hi ha y ah.*

ACTE III, SCÈNE II.

que le Seigneur m'a donné ne vaut pas un de vos embrassemens : Michol, Abigaïl et toutes mes autres femmes sont dignes tout au plus d'être vos servantes.

BETHSABÉE.

Hélas, milord! vous en disiez ce matin autant à la jeune Abigaïl.

DAVID.

Il est vrai, elle peut me plaire un moment; mais vous êtes ma maîtresse de toutes les heures; je vous donnerai des robes, des vaches, des chèvres, des moutons; car pour de l'argent, je n'en ai point encore; mais vous en aurez quand j'en aurai volé dans mes courses sur les grands chemins, soit vers le pays des Phéniciens, soit vers Damas, soit vers Tyr. Qu'avez-vous, ma chère Bethsabée? vous pleurez?

BETHSABÉE.

Hélas, oui, milord!

DAVID.

Quelqu'une de mes femmes ou de mes concubines a-t-elle osé vous maltraiter?

BETHSABÉE.

Non.

DAVID.

Quel est donc votre chagrin?

BETHSABÉE.

Milord, je suis grosse; mon mari Urie n'a pas couché avec moi depuis un mois; et s'il s'aperçoit de ma grossesse, je crains d'être battue.

DAVID.

Eh! que ne l'avez-vous fait coucher avec vous?

BETHSABÉE.

Hélas! j'ai fait ce que j'ai pu; mais il me dit qu'il veut toujours rester auprès de vous : vous savez qu'il vous est tendrement attaché; c'est un des meilleurs officiers de votre armée; il veille auprès de votre personne quand les autres dorment; il se met au devant de vous quand les autres lâchent le pied; s'il fait quelque bon butin, il vous l'apporte : enfin, il vous préfère à moi.

DAVID.

Voilà une insupportable chenille : rien n'est si odieux que ces gens empressés qui veulent toujours rendre service sans en être priés : allez, allez, je vous déferai bientôt de cet importun. Qu'on me donne une table et des tablettes pour écrire.

BETHSABÉE.

Milord, pour des tables, vous savez qu'il n'y en a point ici; mais voici mes tablettes avec un poinçon, vous pouvez écrire sur mes genoux.

DAVID.

Allons, écrivons : « Appui de ma couronne, comme
« moi serviteur de Dieu, notre féal Urie vous rendra
« cette missive : marchez avec lui sitôt cette présente
« reçue contre le corps des Philistins qui est au bout
« de la vallée d'Hébron; placez le féal Urie au pre-
« mier rang, abandonnez-le dès qu'on aura tiré la
« première flèche, de façon qu'il soit tué par les en-
« nemis; et s'il n'est pas frappé par devant, ayez soin
« de le faire assassiner par derrière; le tout pour le

« besoin de l'état : Dieu vous ait en sa sainte garde.
« Votre bon roi David. »

BETHSABÉE.

Eh, bon Dieu! vous voulez faire tuer mon pauvre mari?

DAVID.

Ma chère enfant, ce sont de ces petites sévérités auxquelles on est quelquefois obligé de se prêter; c'est un petit mal pour un grand bien, uniquement dans l'intention d'éviter le scandale.

BETHSABÉE.

Hélas! votre servante n'a rien à répliquer; soit fait selon votre parole.

DAVID.

Qu'on m'appelle le bon homme Urie.

BETHSABÉE.

Hélas! que voulez-vous lui dire? pourrai-je soutenir sa présence?

DAVID.

Ne vous troublez pas. (à Urie qui entre.) Tenez, mon cher Urie, portez cette lettre à mon capitaine Joab, et méritez toujours les bonnes graces de l'oint du Seigneur.

URIE.

J'obéis avec joie à ses commandemens; mes pieds, mon bras, ma vie, sont à son service : je voudrais mourir pour lui prouver mon zèle.

DAVID, *en l'embrassant.*

Vous serez exaucé, mon cher Urie.

SAUL,
URIE.
Adieu, ma chère Bethsabée; soyez toujours aussi attachée que moi à notre maître.
BETHSABÉE.
C'est ce que je fais, mon bon mari.
DAVID.
Demeurez ici, ma bien-aimée; je suis obligé d'aller donner des ordres à peu près semblables pour le bien du royaume; je reviens à vous dans un moment.
BETHSABÉE.
Non, cher amant, je ne vous quitte pas.
DAVID.
Ah! je veux bien que les femmes soient maîtresses au lit, mais partout ailleurs je veux qu'elles obéissent.

FIN DU TROISIEME ACTE.

ACTE QUATRIÈME.

SCÈNE I.

BETHSABÉE, ABIGAIL.

ABIGAIL.

Bethsabée, Bethsabée, c'est donc ainsi que vous m'enlevez le cœur de monseigneur ?

BETHSABÉE.

Vous voyez que je ne vous enlève rien, puisqu'il me quitte et que je ne peux l'arrêter.

ABIGAIL.

Vous ne l'arrêtez que trop, perfide, dans les filets de votre méchanceté : tout Israël dit que vous êtes grosse de lui.

BETHSABÉE.

Eh bien ! quand cela serait, madame, est-ce à vous à me le reprocher ? n'en avez-vous pas fait autant ?

ABIGAIL.

Cela est bien différent, madame ; j'ai l'honneur d'être son épouse.

BETHSABÉE.

Voilà un plaisant mariage ; on sait que vous avez empoisonné Nabal, votre mari, pour épouser David, lorsqu'il n'était encore que capitaine.

10.

ABIGAÏL.

Point de reproches, madame, s'il vous plaît; vous en feriez bien autant du bon homme Urie pour devenir reine; mais sachez que je vais tout lui découvrir.

BETHSABÉE.

Je vous en défie.

ABIGAÏL.

C'est-à-dire que la chose est déja faite.

BETHSABÉE.

Quoi qu'il en soit, je serai votre reine, et je vous apprendrai à me respecter.

ABIGAÏL.

Moi, vous respecter, madame!

BETHSABÉE.

Oui, madame.

ABIGAÏL.

Ah! madame, la Judée produira du froment au lieu de seigle, et on aura des chevaux au lieu d'ânes pour monter, avant que je sois réduite à cette ignominie : il appartient bien à une femme comme vous de faire l'impertinente avec moi!

BETHSABÉE.

Si je m'en croyais, une paire de soufflets...

ABIGAÏL.

Ne vous en avisez pas, madame; j'ai le bras bon, et je vous rosserais d'une manière...

SCÈNE II.

DAVID, BETHSABÉE, ABIGAIL.

DAVID.

Paix là donc, paix là : êtes-vous folles, vous autres ? Il est bien question de vous quereller, quand l'horreur des horreurs est sur ma maison.

BETHSABÉE.

Quoi donc, mon cher amant ! qu'est-il arrivé ?

ABIGAÏL.

Mon cher mari, y a-t-il quelque nouveau malheur ?

DAVID.

Voilà-t-il pas que mon fils Ammon, que vous connaissez, s'est avisé de violer sa sœur Thamar, et l'a ensuite chassée de sa chambre à grands coups de pied dans le cul.

ABIGAÏL.

Quoi donc ! n'est-ce que cela ? je croyais à votre air effaré qu'il vous avait volé votre argent.

DAVID.

Ce n'est pas tout ; mon autre fils Absalon, quand il a vu cette tracasserie, s'est mis à tuer mon fils Ammon : je me suis fâché contre mon fils Absalon ; il s'est révolté contre moi, m'a chassé de ma ville de Hérus-Chalaïm, et me voilà sur le pavé.

BETHSABÉE.

Oh ! ce sont des choses sérieuses cela !

ABIGAÏL.

La vilaine famille que la famille de David ! Tu n'as donc plus rien, brigand ? ton fils est oint à ta place.

DAVID.

Hélas ! oui ; et pour preuve qu'il est oint, il a couché sur la terrasse du fort avec toutes mes femmes l'une après l'autre.

ABIGAÏL.

O ciel ! que n'étais-je là ! j'aurais bien mieux aimé coucher avec ton fils Absalon qu'avec toi, vilain voleur, que j'abandonne à jamais : il a des cheveux qui lui vont jusqu'à la ceinture, et dont il vend des rognures pour deux cents écus par an au moins : il est jeune, il est aimable, et tu n'es qu'un barbare débauché qui te moques de Dieu, des hommes et des femmes : va, je renonce désormais à toi, et je me donne à ton fils Absalon, ou au premier Philistin que je rencontrerai. (à Bethsabée, en lui fesant la révérence.) Adieu, madame.

BETHSABÉE.

Votre servante, madame.

SCÈNE III.

DAVID, BETHSABÉE.

DAVID.

Voilà donc cette Abigaïl que j'avais crue si douce ! Ah ! qui compte sur une femme compte sur le vent : et vous, ma chère Bethsabée, m'abandonnerez-vous aussi ?

BETHSABÉE.

Hélas! c'est ainsi que finissent tous les mariages de cette espèce : que voulez-vous que je devienne si votre fils Absalon règne? et si Urie, mon mari, sait que vous avez voulu l'assassiner, vous voilà perdu, et moi aussi.

DAVID.

Ne craignez rien ; Urie est dépêché; mon ami Joab est expéditif.

BETHSABÉE.

Quoi! mon pauvre mari est donc assassiné? hi, hi, hi, (elle pleure) ho, hi, ha.

DAVID.

Quoi! vous pleurez le bon homme?

BETHSABÉE.

Je ne peux m'en empêcher.

DAVID.

La sotte chose que les femmes! elles souhaitent la mort de leurs maris, elles la demandent; et quand elles l'ont obtenue, elles se mettent à pleurer.

BETHSABÉE.

Pardonnez cette petite cérémonie.

SCÈNE IV.

DAVID, BETHSABÉE, JOAB.

DAVID.

Eh bien, Joab! en quel état sont les choses? qu'est devenu ce coquin d'Absalon?

JOAB.

Par Sabaoth, je l'ai envoyé avec Urie; je l'ai trouvé qui pendait à un arbre par les cheveux, et je l'ai bravement percé de trois dards.

DAVID.

Ah! Absalon mon fils! hi, hi, ho, ho, hi.

BETHSABÉE.

Voilà-t-il pas que vous pleurez votre fils comme j'ai pleuré mon mari : chacun a sa faiblesse.

DAVID.

On ne peut pas dompter tout-à-fait la nature, quelque juif qu'on soit; mais cela passe, et le train des affaires emporte bien vite ailleurs.

SCÈNE V.

LES PERSONNAGES PRÉCÉDENS ET LE PROPHÈTE
NATHAN.

BETHSABÉE.

Eh! voilà Nathan le voyant, Dieu me pardonne! que vient-il faire ici?

NATHAN.

Sire, écoutez et jugez : il y avait un riche qui possédait cent brebis, et il y avait un pauvre qui n'en avait qu'une; le riche a pris la brebis et a tué le pauvre : que faut-il faire du riche?

DAVID.

Certainement il faut qu'il rende quatre brebis.

ACTE IV, SCÈNE V.

NATHAN.

Sire, vous êtes le riche, Urie était le pauvre, et Bethsabée est la brebis.

BETHSABÉE.

Moi, brebis !

DAVID.

Ah ! j'ai péché, j'ai péché, j'ai péché.

NATHAN.

Bon, puisque vous l'avouez, le Seigneur va transférer votre péché : c'est bien assez qu'Absalon ait couché avec toutes vos femmes : épousez la belle Bethsabée ; un des fils que vous aurez d'elle règnera sur tout Israël : je le nommerai aimable, et les enfans des femmes légitimes et honnêtes seront massacrés.

BETHSABÉE.

Par Adonaï, tu es un charmant prophète ; viens çà que je t'embrasse.

DAVID.

Eh ! la, la, doucement : qu'on donne à boire au prophète ; réjouissons-nous nous autres ; allons, puisque tout va bien, je veux faire des chansons gaillardes ; qu'on me donne ma harpe.

(Il joue de la harpe.)

Chers Hébreux par le ciel envoyés*,
Dans le sang vous baignerez vos pieds ;
Et vos chiens s'engraisseront
De ce sang qu'ils lècheront.

* Ut intingatur pes tuus in sanguine ; lingua canum tuorum ex inimicis ab ipso. *Ps.* 67, v. 24.

Ayez soin, mes chers amis*,
De prendre tous les petits
Encore à la mamelle ;
Vous écraserez leur cervelle
Contre le mur de l'infidèle ;
Et vos chiens s'engraisseront
De ce sang qu'ils lècheront.

BETHSABÉE.

Sont-ce là vos chansons gaillardes ?

DAVID, *en chantant et dansant.*

Et vos chiens s'engraisseront
De ce sang qu'ils lècheront.

BETHSABÉE.

Finissez donc vos airs de corps-de-garde ; cela est abominable : il n'y a point de sauvage qui voulût chanter de telles horreurs : les bouchers des peuples de Gog et de Magog en auraient honte.

DAVID, *toujours sautant.*

Et les chiens s'engraisseront
De ce sang qu'ils lècheront.

BETHSABÉE.

Je m'en vais, si vous continuez à chanter ainsi et à sauter comme un ivrogne : vous montrez tout ce que vous portez : fi ! quelles manières !

DAVID.

Je danserai, oui, je danserai ; je serai encore plus méprisable, je danserai devant des servantes ; je

---

* Beatus qui tenebit et allidet parvulos tuos ad petram ! *Ps.* 136, 9.

ACTE IV, SCÈNE V.

montrerai tout ce que je porte, et ce me sera gloire devant les filles *.

JOAB.

A présent que vous avez bien dansé, il faudrait mettre ordre à vos affaires.

DAVID.

Oui, vous avez raison, il y a temps pour tout : retournons à Hérus-Chalaïm.

JOAB.

Vous aurez toujours la guerre; il faudrait avoir quelque argent de réserve, et savoir combien vous avez de sujets qui puissent marcher en campagne, et combien il en restera pour la culture des terres.

DAVID.

Le conseil est très sensé : allons, Bethsabée, allons régner, m'amour.

(Il danse, il chante.)

Et les chiens s'engraisseront
De ce sang qu'ils lècheront.

* Presque toutes les paroles que les acteurs prononcent sont tirées des livres judaïques, soit chroniques, soit paralipomènes, soit psaumes.

FIN DU QUATRIEME ACTE.

ACTE CINQUIÈME.

SCENE I.

DAVID, *assis devant une table; ses* OFFICIERS *autour de lui.*

DAVID.

Six cent quatre-vingt-quatorze schellings et demi d'une part, et de l'autre cent treize un quart, font huit cent sept schellings trois quarts : c'est donc là tout ce qu'on a trouvé dans mon trésor; il n'y a pas là de quoi payer une journée à mes gens.

UN CLERC DE LA TRÉSORERIE.

Milord, le temps est dur.

DAVID.

Et vous l'êtes encore bien davantage : il me faut de l'argent, entendez-vous?

JOAB.

Milord, votre altesse est volée comme tous les autres rois : les gens de l'échiquier, les fournisseurs de l'armée pillent tous; ils font bonne chère à nos dépens, et le soldat meurt de faim.

DAVID.

Je les ferai scier en deux*; en effet, aujourd'hui nous avons fait la plus mauvaise chère du monde.

---

* C'est ainsi que le saint roi David en usait avec tous ses prisonniers, excepté quand il les fesait cuire dans des fours.

ACTE V, SCÈNE I.

JOAB.

Cela n'empêche pas que ces fripons-là ne vous comptent tous les jours pour votre table trente bœufs gras, cent moutons gras, autant de cerfs, de chevreuils, de bœufs sauvages et de chapons; trente tonneaux de fleur de farine, et soixante tonneaux de farine ordinaire.

DAVID.

Arrêtez donc, vous voulez rire; il y aurait là de quoi nourrir six mois toute la cour du roi d'Assyrie et toute celle du roi des Indes.

JOAB.

Rien n'est pourtant plus vrai, car cela est écrit dans vos livres.

DAVID.

Quoi! tandis que je n'ai pas de quoi payer mon boucher?

JOAB.

C'est qu'on vole votre altesse royale, comme j'ai déja eu l'honneur de vous le dire.

DAVID.

Combien crois-tu que je doive avoir d'argent comptant entre les mains de mon contrôleur général?

JOAB.

Milord, vos livres font foi que vous avez cent huit mille talens d'or, deux millions vingt-quatre mille talens d'argent, et dix mille drachmes d'or, ce qui fait au juste, au plus bas prix du change, un milliard trois cent vingt millions cinquante mille livres sterling.

DAVID.

Tu es fou, je pense : toute la terre ne pourrait fournir le quart de ces richesses : comment veux-tu que j'aie amassé ce trésor dans un aussi petit pays qui n'a jamais fait le moindre commerce?

JOAB.

Je n'en sais rien, je ne suis pas financier.

DAVID.

Vous ne me dites que des sottises tous tant que vous êtes : je saurai mon compte avant qu'il soit peu ; et vous, Yesès, a-t-on fait le dénombrement du peuple?

YESÈS.

Oui, milord; vous avez onze cent mille hommes d'Israël, et quatre cent soixante-dix mille de Juda, d'enrôlés pour marcher contre vos ennemis.

DAVID.

Comment! j'aurais quinze cent soixante-dix mille hommes sous les armes? cela est difficile dans un pays qui jusqu'à présent n'a pu nourrir trente mille ames: à ce compte, en prenant un soldat par dix personnes, cela ferait quinze millions sept cent mille sujets dans mon empire : celui de Babylone n'en a pas tant.

JOAB.

C'est là le miracle.

DAVID.

Ah, que de balivernes! je veux savoir absolument combien j'ai de sujets ; on ne m'en fera pas accroire ; je ne crois pas que nous soyons trente mille.

UN OFFICIER.

Voilà votre chapelain ordinaire, le révérend docteur Gag, qui vient de la part du Seigneur parler à votre altesse royale.

DAVID.

On ne peut pas prendre plus mal son temps; mais qu'il entre.

SCÈNE II.

LES PERSONNAGES PRÉCÉDENS; LE DOCTEUR GAG.

DAVID.

Que voulez-vous, docteur Gag?

GAG.

Je viens vous dire que vous avez commis un grand péché.

DAVID.

Comment? en quoi, s'il vous plaît?

GAG.

En fesant faire le dénombrement du peuple.

DAVID.

Que veux-tu donc dire, fou que tu es? Y a-t-il une opération plus sage et plus utile que de savoir le nombre de ses sujets? un berger n'est-il pas obligé de savoir le compte de ses moutons?

GAG.

Tout cela est bel et bon; mais Dieu vous donne à choisir de la famine, de la guerre ou de la peste.

DAVID.

Prophète de malheur, je veux au moins que tu puisses être puni de ta belle mission: j'aurais beau faire choix de la famine, vous autres prêtres vous faites toujours bonne chère; si je prends la guerre, vous n'y allez pas : je choisis la peste; j'espère que tu l'auras, et que tu crèveras comme tu le mérites.

GAG.

Dieu soit béni !
(Il s'en va criant, la peste! et tout le monde crie, la peste! la peste!)

JOAB.

Je ne comprends rien à tout cela : comment! la peste, pour avoir fait son compte?

SCÈNE III.

LES PERSONNAGES PRÉCÉDENS; BETHSABÉE, SALOMON.

BETHSABÉE.

Eh, milord! il faut que vous ayez le diable dans le corps pour choisir la peste; il est mort sur-le-champ soixante-dix mille personnes, et je crois que j'ai déja le charbon : je tremble pour moi et pour mon fils Salomon que je vous amène.

DAVID.

J'ai pis que le charbon, je suis las de tout ceci : il faut donc que j'aie plus de pestiférés que de sujets: écoutez, je deviens vieux, vous n'êtes plus belle; j'ai toujours froid aux pieds, il me faudrait une fille de quinze ans pour me réchauffer.

JOAB.

Parbleu, milord, j'en connais une qui sera votre fait; elle s'appelle Abisag de Sunam.

ACTE V, SCÈNE III.

DAVID.

Qu'on me l'amène, qu'on me l'amène, qu'elle m'échauffe.

BETHSABÉE.

En vérité, vous êtes un vilain débauché : fi ! à votre âge, que voulez-vous faire d'une petite fille ?

JOAB.

Milord, la voilà qui vient, je vous la présente.

DAVID.

Viens çà, petite fille ; me réchaufferas-tu bien ?

ABISAG.

Oui-dà, milord, j'en ai bien réchauffé d'autres.

BETHSABÉE.

Voilà donc comme tu m'abandonnes ; tu ne m'aimes plus ! et que deviendra mon fils Salomon à qui tu avais promis ton héritage ?

DAVID.

Oh ! je tiendrai ma parole ; c'est un petit garçon qui est tout-à-fait selon mon cœur, il aime déja les femmes comme un fou. Approche, petit drôle, que je t'embrasse : je te fais roi, entends-tu ?

SALOMON.

Milord, j'aime bien mieux apprendre à régner sous vous.

DAVID.

Voilà une jolie réponse ; je suis très content de lui : va, tu règneras bientôt, mon enfant, car je sens que je m'affaiblis ; les femmes ont ruiné ma santé ; mais tu auras encore un plus beau sérail que moi.

SALOMON.

J'espère m'en tirer à mon honneur.

BETHSABÉE.

Que mon fils a d'esprit! je voudrais qu'il fût déja sur le trône.

SCÈNE IV.

LES PERSONNAGES PRÉCÉDENS; ADONIAS.

ADONIAS.

Mon père, je viens me jeter à vos pieds.

DAVID.

Ce garçon-là ne m'a jamais plu.

ADONIAS.

Mon père, j'ai deux graces à vous demander : la première, c'est de vouloir bien me nommer votre successeur, attendu que je suis le fils d'une princesse, et que Salomon est le fruit d'une bourgeoise adultère, auquel il n'est dû par la loi qu'une pension alimentaire tout au plus : ne violez pas en sa faveur les lois de toutes les nations.

BETHSABÉE.

Ce petit oursin-là mériterait bien qu'on le jetât par la fenêtre.

DAVID.

Vous avez raison. Quelle est l'autre grace que tu veux, petit misérable?

ADONIAS.

Milord, c'est la jeune Abisag de Sunam qui ne vous

ACTE V, SCÈNE IV.

sert à rien; je l'aime éperdument, et je vous prie de me la donner par testament.

DAVID.

Ce coquin-là me fera mourir de chagrin : je sens que je m'affaiblis, je n'en puis plus : réchauffez-moi un peu, Abisag.

(Adonias sort.)

ABISAG, *lui prenant la main.*

Je fais ce que je peux, mais vous êtes froid comme glace.

DAVID.

Je sens que je me meurs; qu'on me mette sur mon lit de repos.

SALOMON, *se jetant à ses pieds.*

O roi! vivez long-temps.

BETHSABÉE.

Puisse-t-il mourir tout à l'heure, le vilain ladre, et nous laisser régner en paix!

DAVID.

Ma dernière heure arrive, il faut faire mon testament, et pardonner en bon Juif à tous mes ennemis : Salomon, je vous fais roi juif; souvenez-vous d'être clément et doux; ne manquez pas, dès que j'aurai les yeux fermés, d'assassiner mon fils Adonias, quand même il embrasserait les cornes de l'autel.

SALOMON.

Quelle sagesse! quelle bonté d'ame! Mon père, je n'y manquerai pas, sur ma parole.

DAVID.

Voyez-vous ce Joab qui m'a servi dans mes guerres, et à qui je dois ma couronne ; je vous prie, au nom du Seigneur, de le faire assassiner aussi, car il a mis du sang dans mes souliers.

JOAB.

Comment, monstre ! je t'étranglerai de mes mains ; va, va, je ferai bien casser ton testament, et ton Salomon verra quel homme je suis.

SALOMON.

Est-ce tout, mon cher père? n'avez-vous plus personne à expédier ?

DAVID.

J'ai la mémoire mauvaise : attendez, il y a encore un certain Semeï qui m'a dit autrefois des sottises ; nous nous raccommodâmes ; je lui jurai, par le Dieu vivant, que je lui pardonnerais : il m'a très bien servi, il est de mon conseil privé; vous êtes sage, ne manquez pas de le faire tuer en traître.

SALOMON.

Votre volonté sera exécutée, mon cher père.

DAVID.

Va, tu seras le plus sage des rois, et le Seigneur te donnera mille femmes pour récompense : je me meurs ! que je t'embrasse encore ! Adieu.

BETHSABÉE.

Dieu merci, nous en voilà défaits.

UN OFFICIER.

Allons vite enterrer notre bon roi David.

TOUS ENSEMBLE.

Notre bon roi David, le modèle des princes, l'homme selon le cœur du Seigneur!

ABISAG.

Que deviendrai-je, moi? qui réchaufferai-je?

SALOMON.

Viens çà, viens çà; tu seras plus contente de moi que de mon bon homme de père.

FIN DE SAUL.

OLYMPIE,

TRAGÉDIE EN CINQ ACTES,

Représentée pour la première fois le 17 mars 1764.

PERSONNAGES.

CASSANDRE, fils d'Antipatre, roi de Macédoine.
ANTIGONE, roi d'une partie de l'Asie.
STATIRA, veuve d'Alexandre.
OLYMPIE, fille d'Alexandre et de Statira.
L'HIÉROPHANTE, ou grand-prêtre, qui préside à la célébration des grands mystères.
SOSTÈNE, officier de Cassandre.
HERMAS, officier d'Antigone.
PRÊTRES.
INITIÉS.
PRÊTRESSES.
SOLDATS.
PEUPLE.

La scène est dans le temple d'Ephèse, où l'on célèbre les grands mystères. Le théâtre représente le temple, le péristyle et la place qui conduit au temple.

Cette tragédie parut imprimée en 1763; elle fut jouée à Ferney et sur le théâtre de l'électeur palatin. M. de Voltaire, alors âgé de soixante-neuf ans, la composa en six jours.

C'est l'ouvrage de six jours, écrivait-il à un philosophe illustre dont il voulait savoir l'opinion sur cette pièce. *L'auteur n'aurait pas dû se reposer le septième*, lui répondit son ami. *Aussi s'est-il repenti de son ouvrage*, répliqua M. de Voltaire; et quelque temps après il renvoya la pièce avec beaucoup de corrections.

Olympie a été traduite en italien, et jouée à Venise, sur le théâtre de San-Salvatore, avec un grand succès.

OLYMPIE,

TRAGÉDIE.

ACTE PREMIER.

SCÈNE I.

Le fond du théâtre représente un temple dont les trois portes fermées sont ornées de larges pilastres : les deux ailes forment un vaste péristyle. SOSTÈNE est dans le péristyle ; la grande porte s'ouvre. CASSANDRE, troublé et agité, vient à lui : la grande porte se referme.

CASSANDRE.

Sostène, on va finir ces mystères terribles [1].
Cassandre espère enfin des dieux moins inflexibles :
Mes jours seront plus purs, et mes sens moins troublés ;
Je respire.

SOSTÈNE.

   Seigneur, près d'Éphèse assemblés,
Les guerriers qui servaient sous le roi votre père
Ont fait entre mes mains le serment ordinaire :
Déja la Macédoine a reconnu vos lois ;
De ses deux protecteurs Éphèse a fait le choix.
Cet honneur qu'avec vous Antigone partage,
Est de vos grands destins un auguste présage :
Ce règne qui commence à l'ombre des autels
Sera béni des dieux et chéri des mortels ;

Ce nom d'initié, qu'on révère et qu'on aime,
Ajoute un nouveau lustre à la grandeur suprême.
Paraissez.

CASSANDRE.

Je ne puis : tes yeux seront témoins
De mes premiers devoirs et de mes premiers soins.
Demeure en ces parvis... Nos augustes prêtresses
Présentent Olympie aux autels des déesses :
Elle expie en secret, remise entre leurs bras,
Mes malheureux forfaits qu'elle ne connaît pas.
D'aujourd'hui je commence une nouvelle vie.
Puisses-tu pour jamais, chère et tendre Olympie,
Ignorer ce grand crime avec peine effacé,
Et quel sang t'a fait naître, et quel sang j'ai versé !

SOSTÈNE.

Quoi ! seigneur, une enfant vers l'Euphrate enlevée,
Jadis par votre père à servir réservée,
Sur qui vous étendiez tant de soins généreux,
Pourrait jeter Cassandre en ces troubles affreux !

CASSANDRE.

Respecte cette esclave à qui tout doit hommage :
Du sort qui l'avilit je répare l'outrage.
Mon père eut ses raisons pour lui cacher le rang
Que devait lui donner la splendeur de son sang...
Que dis-je ! ô souvenir ! ô temps ! ô jour de crimes !
Il la comptait, Sostène, au nombre des victimes
Qu'il immolait alors à notre sûreté...
Nourri dans le carnage et dans la cruauté,
Seul je pris pitié d'elle, et je fléchis mon père ;
Seul je sauvai la fille, ayant frappé la mère.

ACTE I, SCÈNE I.

Elle ignora toujours mon crime et ma fureur.
Olympie, à jamais conserve ton erreur!
Tu chéris dans Cassandre un bienfaiteur, un maître;
Tu me détesteras si tu peux te connaître.

SOSTÈNE.

Je ne pénètre point ces étonnans secrets,
Et ne viens vous parler que de vos intérêts.
Seigneur, de tous ces rois que nous voyons prétendre
Avec tant de fureur au trône d'Alexandre,
L'inflexible Antigone est seul votre allié...

CASSANDRE.

J'ai toujours avec lui respecté l'amitié;
Je lui serai fidèle.

SOSTÈNE.

Il doit aussi vous l'être;
Mais depuis qu'en ces murs nous le voyons paraître,
Il semble qu'en secret un sentiment jaloux
Ait altéré son cœur, et l'éloigne de vous.

CASSANDRE.
(à part.)

Et qu'importe Antigone... O mânes d'Alexandre!
Mânes de Statira! grande ombre! auguste cendre!
Restes d'un demi-dieu, justement courroucés,
Mes remords et mes feux vous vengent-ils assez?
Olympie, obtenez de leur ombre apaisée
Cette paix à mon cœur si long-temps refusée;
Et que votre vertu, dissipant mon effroi,
Soit ici ma défense, et parle aux dieux pour moi...
Eh quoi! vers ces parvis, à peine ouverts encore,
Antigone s'approche et devance l'aurore!

SCÈNE II.

CASSANDRE, SOSTÈNE, ANTIGONE, HERMAS

ANTIGONE, *à Hermas, au fond du théâtre.*
Ce secret m'importune, il le faut arracher :
Je lirai dans son cœur ce qu'il croit me cacher.
Va, ne t'écarte pas.
   CASSANDRE, *à Antigone.*
      Quand le jour luit à peine,
Quel sujet si pressant près de moi vous amène?
     ANTIGONE.
Nos intérêts. Cassandre, après que dans ces lieux
Vos expiations ont satisfait les dieux,
Il est temps de songer à partager la terre.
D'Éphèse en ces grands jours ils écartent la guerre :
Vos mystères secrets des peuples respectés
Suspendent la discorde et les calamités ;
C'est un temps de repos pour les fureurs des princes :
Mais ce repos est court ; et bientôt nos provinces
Retourneront en proie aux flammes, aux combats,
Que ces dieux arrêtaient, et qu'ils n'éteignent pas.
Antipatre n'est plus : vos soins, votre courage,
Sans doute, achèveront son important ouvrage ;
Il n'eût jamais permis que l'ingrat Séleucus,
Le Lagide insolent, le traître Antiochus,
D'Alexandre au tombeau dévorant les conquêtes,
Osassent nous braver et marcher sur nos têtes.
     CASSANDRE.
Plût aux dieux qu'Alexandre à ces ambitieux

ACTE I, SCÈNE II.

Fît du haut de son trône encor baisser les yeux !
Plût aux dieux qu'il vécût !

ANTIGONE.

Je ne puis vous comprendre ;
Est-ce au fils d'Antipatre à pleurer Alexandre ?
Qui peut vous inspirer un remords si pressant ?
De sa mort, après tout, vous êtes innocent.

CASSANDRE.

Ah ! j'ai causé sa mort.

ANTIGONE.

Elle était légitime :
Tous les Grecs demandaient cette grande victime ;
L'univers était las de son ambition.
Athène, Athène même envoya le poison ;
Perdiccas le reçut, on en chargea Cratère ;
Il fut mis dans vos mains des mains de votre père,
Sans qu'il vous confiât cet important dessein :
Vous étiez jeune encor ; vous serviez au festin,
A ce dernier festin du tyran de l'Asie.

CASSANDRE.

Non, cessez d'excuser ce sacrilége impie.

ANTIGONE.

Ce sacrilége... Eh quoi ! vos esprits abattus
Érigent-ils en dieu l'assassin de Clitus,
Du grand Parménion le bourreau sanguinaire,
Ce superbe insensé qui, flétrissant sa mère,
Au rang du fils des dieux osa bien aspirer,
Et se déshonora pour se faire adorer ?
Seul il fut sacrilége ; et lorsqu'à Babylone
Nous avons renversé ses autels et son trône,

Quand la coupe fatale a fini son destin,
On a vengé les dieux comme le genre humain.
CASSANDRE.
J'avouerai ses défauts; mais, quoi qu'il en puisse être,
Il était un grand homme, et c'était notre maître.
ANTIGONE.
Un grand homme[2]!
CASSANDRE.
Oui, sans doute.
ANTIGONE.
Ah! c'est notre valeur,
Notre bras, notre sang qui fonda sa grandeur;
Il ne fut qu'un ingrat.
CASSANDRE.
O mes dieux tutélaires!
Quels mortels ont été plus ingrats que nos pères?
Tous ont voulu monter à ce superbe rang.
Mais de sa femme enfin pourquoi percer le flanc?
Sa femme... ses enfans... Ah! quel jour, Antigone!
ANTIGONE.
Après quinze ans entiers ce scrupule m'étonne.
Jaloux de ses amis, gendre de Darius,
Il devenait Persan; nous étions les vaincus :
Auriez-vous donc voulu que, vengeant Alexandre,
La fière Statira dans Babylone en cendre,
Soulevant ses sujets, nous eût immolés tous
Au sang de sa famille, au sang de son époux?
Elle arma tout le peuple : Antipatre avec peine
Échappa dans ce jour aux fureurs de la reine;
Vous sauvâtes un père.

CASSANDRE.
            Il est vrai; mais enfin
La femme d'Alexandre a péri par ma main.
ANTIGONE.
C'est le sort des combats; le succès de nos armes
Ne doit point nous coûter de regrets et de larmes.
CASSANDRE.
J'en versai, je l'avoue, après ce coup affreux;
Et couvert de ce sang auguste et malheureux,
Etonné de moi-même, et confus de la rage
Où mon père emporta mon aveugle courage,
J'en ai long-temps gémi.
ANTIGONE.
            Mais quels motifs secrets
Redoublent aujourd'hui de si cuisans regrets?
Dans le cœur d'un ami j'ai quelque droit de lire :
Vous dissimulez trop.
CASSANDRE.
            Ami... que puis-je dire?
Croyez... qu'il est des temps où le cœur combattu
Par un instinct secret revole à la vertu,
Où de nos attentats la mémoire passée
Revient avec horreur effrayer la pensée.
ANTIGONE.
Oubliez, croyez-moi, des meurtres expiés;
Mais que nos intérêts ne soient point oubliés :
Si quelque repentir trouble encor votre vie,
Repentez-vous surtout d'abandonner l'Asie
A l'insolente loi du traître Antiochus.
Que mes braves guerriers et vos Grecs invaincus

Une seconde fois fassent trembler l'Euphrate :
De tous ces nouveaux rois dont la grandeur éclate
Nul n'est digne de l'être, et dans ses premiers ans
N'a servi, comme nous, le vainqueur des Persans.
Tous nos chefs ont péri.

CASSANDRE.

Je le sais, et peut-être
Dieu les immola tous aux mânes de leur maître.

ANTIGONE.

Nous restons, nous vivons, nous devons rétablir
Ces débris tout sanglans qu'il nous faut recueillir :
Alexandre en mourant les laissait au plus digne ;
Si j'ose les saisir, son ordre me désigne.
Assurez ma fortune ainsi que votre sort :
Le plus digne de tous, sans doute, est le plus fort.
Relevons de nos Grecs la puissance détruite ;
Que jamais parmi nous la discorde introduite
Ne nous expose en proie à ces tyrans nouveaux,
Eux qui n'étaient pas nés pour marcher nos égaux.
Me le promettez-vous ?

CASSANDRE.

Ami, je vous le jure ;
Je suis prêt à venger notre commune injure.
Le sceptre de l'Asie est en d'indignes mains,
Et l'Euphrate et le Nil ont trop de souverains :
Je combattrai pour moi, pour vous et pour la Grèce.

ANTIGONE.

J'en crois votre intérêt, j'en crois votre promesse,
Et surtout je me fie à la noble amitié
Dont le nœud respectable avec vous m'a lié.

Mais de cette amitié je vous demande un gage;
Ne me refusez pas.

CASSANDRE.

Ce doute est un outrage.
Ce que vous demandez est-il en mon pouvoir?
C'est un ordre pour moi; vous n'avez qu'à vouloir.

ANTIGONE.

Peut-être vous verrez avec quelque surprise
Le peu qu'à demander l'amitié m'autorise :
Je ne veux qu'une esclave.

CASSANDRE.

Heureux de vous servir,
Ils sont tous à vos pieds; c'est à vous de choisir.

ANTIGONE.

Souffrez que je demande une jeune étrangère *
Qu'aux murs de Babylone enleva votre père :
Elle est votre partage; accordez-moi ce prix
De tant d'heureux travaux pour vous-même entrepris.
Votre père, dit-on, l'avait persécutée;
J'aurai soin qu'en ma cour elle soit respectée :
Son nom est... Olympie.

CASSANDRE.

Olympie!

ANTIGONE.

Oui, seigneur.

CASSANDRE, *à part.*

De quels traits imprévus il vient percer mon cœur...
Que je livre Olympie!

---

* L'acteur doit ici regarder attentivement Cassandre.

ANTIGONE.
Écoutez; je me flatte
Que Cassandre envers moi n'a point une ame ingrate :
Sur les moindres objets un refus peut blesser;
Et vous ne voulez pas, sans doute, m'offenser?

CASSANDRE.
Non; vous verrez bientôt cette jeune captive;
Vous-même jugerez s'il faut qu'elle vous suive,
S'il peut m'être permis de la mettre en vos mains.
Ce temple est interdit aux profanes humains;
Sous les yeux vigilans des dieux et des déesses,
Olympie est gardée au milieu des prêtresses.
Les portes s'ouvriront quand il en sera temps.
Dans ce parvis ouvert au reste des vivans,
Sans vous plaindre de moi, daignez au moins m'attendre,
Des mystères nouveaux pourront vous y surprendre;
Et vous déciderez si la terre a des rois
Qui puissent asservir Olympie à leurs lois.

(Il rentre dans le temple, et Sostène sort.)

SCÈNE III.

ANTIGONE, HERMAS, *dans le péristyle.*

HERMAS.
Seigneur, vous m'étonnez : quand l'Asie en alarmes
Voit cent trônes sanglans disputés par les armes,
Quand des vastes états d'Alexandre au tombeau
La fortune prépare un partage nouveau,
Lorsque vous prétendez au souverain empire,
Une esclave est l'objet où ce grand cœur aspire !

ACTE I, SCÈNE III.

ANTIGONE.

Tu dois t'en étonner. J'ai des raisons, Hermas,
Que je n'ose encor dire et qu'on ne connaît pas :
Le sort de cette esclave est important peut-être
A tous les rois d'Asie, à quiconque veut l'être,
A quiconque en son sein porte un assez grand cœur
Pour oser d'Alexandre être le successeur.
Sur le nom de l'esclave et sur ses aventures
J'ai formé dès long-temps d'étranges conjectures :
J'ai voulu m'éclaircir ; mes yeux dans ces remparts
Ont quelquefois sur elle arrêté leurs regards ;
Ses traits, les lieux, le temps où le ciel la fit naître,
Les respects étonnans que lui prodigue un maître,
Les remords de Cassandre, et ses obscurs discours,
A ces soupçons secrets ont prêté des secours.
Je crois avoir percé ce ténébreux mystère.

HERMAS.

On dit qu'il la chérit et qu'il l'élève en père.

ANTIGONE.

Nous verrons... Mais on ouvre, et ce temple sacré
Nous découvre un autel de guirlandes paré :
Je vois des deux côtés les prêtresses paraître ;
Au fond du sanctuaire est assis le grand-prêtre ;
Olympie et Cassandre arrivent à l'autel !

SCÈNE IV.

Les trois portes du temple sont ouvertes. On découvre tout l'intérieur. Les PRÊTRES d'un côté, et les PRÊTRESSES de l'autre, s'avancent lentement. Ils sont tous vêtus de robes blanches, avec des ceintures dont les bouts pendent à terre. CASSANDRE et OLYMPIE mettent la main sur l'autel ; ANTIGONE et HERMAS restent dans le péristyle avec une partie du PEUPLE, qui entre par les côtés [3].

CASSANDRE.
Dieu des rois et des dieux, être unique, éternel !
Dieu qu'on m'a fait connaître en ces fêtes augustes,
Qui punis les pervers et qui soutiens les justes,
Près de qui les remords effacent les forfaits,
Confirmez, Dieu clément, les sermens que je fais.
Recevez ces sermens, adorable Olympie ;
Je soumets à vos lois et mon trône et ma vie,
Je vous jure un amour aussi pur, aussi saint
Que ce feu de Vesta qui n'est jamais éteint [4].
Et vous, filles des cieux, vous, augustes prêtresses,
Portez avec l'encens mes vœux et mes promesses
Au trône de ces dieux qui daignent m'écouter,
Et détournez les traits que je puis mériter.

OLYMPIE.
Protégez à jamais, ô dieux en qui j'espère !
Le maître généreux qui m'a servi de père,
Mon amant adoré, mon respectable époux ;
Qu'il soit toujours chéri, toujours digne de vous !
Mon cœur vous est connu. Son rang et sa couronne
Sont les moindres des biens que son amour me donne :
Témoins des tendres feux à mon cœur inspirés,

Soyez-en les garans, vous qui les consacrez ;
Qu'il m'apprenne à vous plaire, et que votre justice
Me prépare aux enfers un éternel supplice,
Si j'oublie un moment, infidèle à vos lois,
Et l'état où je fus, et ce que je lui dois.

CASSANDRE.

Rentrons au sanctuaire où mon bonheur m'appelle.
Prêtresses, disposez la pompe solennelle
Par qui mes jours heureux vont commencer leur cours ;
Sanctifiez ma vie et nos chastes amours.
J'ai vu les dieux au temple, et je les vois en elle ;
Qu'ils me haïssent tous si je suis infidèle...
Antigone, en ces lieux vous m'avez entendu ;
Aux vœux que vous formiez ai-je assez répondu ?
Vous-même prononcez si vous deviez prétendre
A voir entre vos mains l'esclave de Cassandre :
Sachez que ma couronne et toute ma grandeur
Sont de faibles présens, indignes de son cœur.
Quelque étroite amitié qui tous deux nous unisse,
Jugez si j'ai dû faire un pareil sacrifice.

(Ils rentrent dans le temple ; les portes se ferment, le peuple sort du parvis.)

SCÈNE V.

ANTIGONE, HERMAS, *dans le péristyle.*

ANTIGONE.

Va, je n'en doute plus, et tout m'est découvert ;
Il m'a voulu braver, mais sois sûr qu'il se perd.

Je reconnais en lui la fougueuse imprudence
Qui tantôt sert les dieux, et tantôt les offense;
Ce caractère ardent qui joint la passion
Avec la politique et la religion;
Prompt, facile, superbe, impétueux et tendre,
Prêt à se repentir, prêt à tout entreprendre.
Il épouse une esclave! Ah! tu peux bien penser
Que l'amour à ce point ne saurait l'abaisser :
Cette esclave est d'un sang que lui-même il respecte.
De ses desseins cachés la trame est trop suspecte;
Il se flatte en secret qu'Olympie a des droits
Qui pourront l'élever au rang de roi des rois.
S'il n'était qu'un amant, il m'eût fait confidence
D'un feu qui l'emportait à tant de violence.
Va, tu verras bientôt succéder sans pitié
Une haine implacable à sa faible amitié.

HERMAS.

A son cœur égaré vous imputez peut-être
Des desseins plus profonds que l'amour n'en fait naître:
Dans nos grands intérêts souvent nos actions
Sont, vous le savez trop, l'effet des passions;
On se déguise en vain leur pouvoir tyrannique,
Le faible quelquefois passe pour politique;
Et Cassandre n'est pas le premier souverain
Qui chérit une esclave et lui donna la main;
J'ai vu plus d'un héros, subjugué par sa flamme,
Superbe avec les rois, faible avec une femme.

ANTIGONE.

Tu ne dis que trop vrai : je pèse tes raisons;
Mais tout ce que j'ai vu confirme mes soupçons.

Te le dirai-je enfin? les charmes d'Olympie
Peut-être dans mon cœur portent la jalousie.
Tu n'entrevois que trop mes sentimens secrets :
L'amour se joint peut-être à ces grands intérêts ;
Plus que je ne pensais leur union me blesse.
Cassandre est-il le seul en proie à la faiblesse?

HERMAS.

Mais il comptait sur vous. Les titres les plus saints
Ne pourront-ils jamais unir les souverains?
L'alliance, les dons, la fraternité d'armes,
Vos périls partagés, vos communes alarmes,
Vos sermens redoublés, tant de soins, tant de vœux,
N'auraient-ils donc servi qu'au malheur de tous deux?
De la sainte amitié n'est-il donc plus d'exemples?

ANTIGONE.

L'amitié, je le sais, dans la Grèce a des temples;
L'intérêt n'en a point, mais il est adoré.
D'ambition, sans doute, et d'amour enivré,
Cassandre m'a trompé sur le sort d'Olympie:
De mes yeux éclairés Cassandre se défie;
Il n'a que trop raison. Va, peut-être aujourd'hui
L'objet de tant de vœux n'est pas encore à lui.

HERMAS.

Il a reçu sa main... Cette enceinte sacrée
Voit déja de l'hymen la pompe préparée;

(Les initiés, les prêtres et les prêtresses traversent le fond de la scène, ayant des palmes ornées de fleurs dans les mains.)

Tous les initiés, de leurs prêtres suivis,
Les palmes dans les mains, inondent ces parvis,
Et l'amour le plus tendre en ordonne la fête.

ANTIGONE.

Non, te dis-je; on pourra lui ravir sa conquête...
Viens, je confierai tout à ton zèle, à ta foi;
J'aurai les lois, les dieux et les peuples pour moi.
Fuyons pour un moment ces pompes qui m'outragent.
Entrons dans la carrière où mes desseins m'engagent.
Arrosons, s'il le faut, ces asiles si saints
Moins du sang des taureaux que du sang des humains.

FIN DU PREMIER ACTE.

ACTE SECOND.

SCÈNE I.

Quoique cette scène et beaucoup d'autres se passent dans l'intérieur du temple, cependant, comme les theâtres sont rarement construits d'une manière favorable à la voix, les acteurs sont obligés d'avancer dans le péristyle; mais les trois portes du temple ouvertes désignent qu'on est dans le temple.

L'HIÉROPHANTE, LES PRÊTRES, LES PRÊTRESSES.

L'HIÉROPHANTE. [auguste
Quoi! dans ces jours sacrés! quoi! dans ce temple
Où Dieu pardonne au crime et console le juste,
Une seule prêtresse oserait nous priver
Des expiations qu'elle doit achever!
Quoi! d'un si saint devoir Arzane se dispense!

UNE PRÊTRESSE*.
Arzane en sa retraite, obstinée au silence,
Arrosant de ses pleurs les images des dieux,
Seigneur, vous le savez, se cache à tous les yeux;
En proie à ses chagrins, de langueurs affaiblie,
Elle implore la fin d'une mourante vie.

L'HIÉROPHANTE.
Nous plaignons son état, mais il faut obéir;
Un moment aux autels elle pourra servir.

* Ce rôle doit être joué par la prêtresse inférieure, qui est attachée à Statira.

Depuis que dans ce temple elle s'est enfermée,
Ce jour est le seul jour où le sort l'a nommée :
Qu'on la fasse venir. La volonté du ciel
Demande sa présence et l'appelle à l'autel.
(La prêtresse inférieure va chercher Arzane.)
De guirlandes de fleurs par elle couronnée,
Olympie en triomphe aux dieux sera menée.
Cassandre, initié dans nos secrets divins,
Sera purifié par ses augustes mains.
Tout doit être accompli. Nos rites, nos mystères,
Ces ordres que les dieux ont donnés à nos pères,
Ne peuvent point changer, ne sont point incertains
Comme ces faibles lois qu'inventent les humains.

SCÈNE II.

L'HIÉROPHANTE; PRÊTRES, PRÊTRESSES; STATIRA.

L'HIÉROPHANTE, à Statira.

Venez : vous ne pouvez, à vous-même contraire,
Refuser de remplir votre saint ministère.
Depuis l'instant sacré qu'en cet asile heureux
Vous avez prononcé d'irrévocables vœux,
Ce grand jour est le seul où Dieu vous a choisie
Pour annoncer ses lois aux vainqueurs de l'Asie.
Soyez digne du Dieu que vous représentez.

STATIRA, *couverte d'un voile qui accompagne son visage sans le cacher, et vêtue comme les autres prêtresses.*

O ciel! après quinze ans qu'en ces murs écartés,

Dans l'ombre du silence, au monde inaccessible,
J'avais enseveli ma destinée horrible,
Pourquoi me tires-tu de mon obscurité?
Tu veux me rendre au jour, à la calamité...
　　　(à l'hiérophante.)
Ah, seigneur! en ces lieux lorsque je suis venue,
C'était pour y pleurer, pour mourir inconnue,
Vous le savez.

　　　　　　L'HIÉROPHANTE.

　　　　　　Le ciel vous prescrit d'autres lois;
Et quand vous présidez pour la première fois
Aux pompes de l'hymen, à notre grand mystère,
Votre nom, votre rang, ne peuvent plus se taire;
Il faut parler.

　　　　　　STATIRA.

　　　　　　Seigneur, qu'importe qui je sois?
Le sang le plus abject, le sang des plus grands rois,
Ne sont-ils pas égaux devant l'Être suprême?
On est connu de lui bien plus que de soi-même.
De grands noms autrefois avaient pu me flatter;
Dans la nuit de la tombe il les faut emporter.
Laissez-moi pour jamais en perdre la mémoire.

　　　　　　L'HIÉROPHANTE.

Nous renonçons sans doute à l'orgueil, à la gloire,
Nous pensons comme vous; mais la Divinité
Exige un aveu simple, et veut la vérité.
Parlez... Vous frémissez!

　　　　　　STATIRA.

　　　　　　Vous frémirez vous-même...

(aux prêtres et aux prêtresses.)
Vous qui servez d'un Dieu la majesté suprême,
Qui partagez mon sort, à son culte attachés,
Qu'entre vous et ce Dieu mes secrets soient cachés.

L'HIÉROPHANTE.
Nous vous le jurons tous.

STATIRA.
     Avant que de m'entendre,
Dites-moi s'il est vrai que le cruel Cassandre
Soit ici dans le rang de nos initiés.

L'HIÉROPHANTE.
Oui, madame.

STATIRA.
    Il a vu ses forfaits expiés...

L'HIÉROPHANTE.
Hélas! tous les humains ont besoin de clémence.
Si Dieu n'ouvrait ses bras qu'à la seule innocence,
Qui viendrait dans ce temple encenser les autels?
Dieu fit du repentir la vertu des mortels.
Ce juge paternel voit du haut de son trône
La terre trop coupable, et sa bonté pardonne.

STATIRA.
Eh bien! si vous savez pour quel excès d'horreur
Il demande sa grace et craint un Dieu vengeur;
Si vous êtes instruit qu'il fit périr son maître,
Et quel maître, grands dieux! si vous pouvez connaître
Quel sang il répandit dans nos murs enflammés,
Quand aux yeux d'Alexandre, à peine encor fermés,
Ayant osé percer sa veuve gémissante,
Sur le corps d'un époux il la jeta mourante,

ACTE II, SCÈNE II.

Vous serez plus surpris lorsque vous apprendrez
Des secrets jusqu'ici de la terre ignorés.
Cette femme, élevée au comble de la gloire,
Dont la Perse sanglante honore la mémoire,
Veuve d'un demi-dieu, fille de Darius...
Elle vous parle ici, ne l'interrogez plus [5].

(Les prêtres et les prêtresses élèvent les mains et s'inclinent.)

L'HIÉROPHANTE.

O dieux ! qu'ai-je entendu ? dieux, que le crime outrage,
De quels coups vous frappez ceux qui sont votre image !
Statira dans ce temple ! Ah ! souffrez qu'à genoux,
Dans mes profonds respects...

STATIRA.

                      Grand-prêtre, levez-vous.
Je ne suis plus pour vous la maîtresse du monde ;
Ne respectez ici que ma douleur profonde.
Des grandeurs d'ici-bas voyez quel est le sort.
Ce qu'éprouva mon père au moment de sa mort,
Dans Babylone en sang je l'éprouvai de même.
Darius, roi des rois, privé du diadème,
Fuyant dans des déserts, errant, abandonné,
Par ses propres amis se vit assassiné ;
Un étranger, un pauvre, un rebut de la terre,
De ses derniers momens soulagea la misère.

(montrant la prêtresse inférieure.)

Voyez-vous cette femme, étrangère en ma cour ?
Sa main, sa seule main m'a conservé le jour ;
Seule elle me tira de la foule sanglante
Où mes lâches amis me laissaient expirante.
Elle est Éphésienne, elle guida mes pas

Dans cet auguste asile, au bout de mes états.
Je vis par mille mains ma dépouille arrachée,
De mourans et de morts la campagne jonchée,
Les soldats d'Alexandre érigés tous en rois,
Et les larcins publics appelés grands exploits.
J'eus en horreur le monde et les maux qu'il enfante ;
Loin de lui pour jamais je m'enterrai vivante.
Je pleure, je l'avoue, une fille, une enfant
Arrachée à mes bras sur mon corps tout sanglant.
Cette étrangère ici me tient lieu de famille.
J'ai perdu Darius, Alexandre et ma fille ;
Dieu seul me reste.

L'HIÉROPHANTE.

Hélas ! qu'il soit donc votre appui !
Du trône où vous étiez vous montez jusqu'à lui ;
Son temple est votre cour : soyez-y plus heureuse
Que dans cette grandeur auguste et dangereuse,
Sur ce trône terrible, et par vous oublié,
Devenu pour la terre un objet de pitié.

STATIRA.

Ce temple quelquefois, seigneur, m'a consolée ;
Mais vous devez sentir l'horreur qui m'a troublée
En voyant que Cassandre y parle aux mêmes dieux,
Contre sa tête impie implorés par mes vœux.

L'HIÉROPHANTE.

Le sacrifice est grand ; je sens trop ce qu'il coûte ;
Mais notre loi vous parle, et votre cœur l'écoute :
Vous l'avez embrassée.

STATIRA.

Aurais-je pu prévoir

ACTE II, SCÈNE II.

Qu'elle dût m'imposer cet horrible devoir ?
Je sens que de mes jours, usés dans l'amertume,
Le flambeau pâlissant s'éteint et se consume ;
Et ces derniers momens que Dieu veut me donner
A quoi vont-ils servir ?

L'HIÉROPHANTE.

Peut-être à pardonner.
Vous-même vous avez tracé votre carrière ;
Marchez-y sans jamais regarder en arrière.
Les mânes, affranchis d'un corps vil et mortel,
Goûtent sans passions un repos éternel ;
Un nouveau jour leur luit ; ce jour est sans nuage ;
Ils vivent pour les dieux : tel est notre partage.
Une retraite heureuse amène au fond des cœurs
L'oubli des ennemis et l'oubli des malheurs.

STATIRA.

Il est vrai, je fus reine, et ne suis que prêtresse ;
Dans mon devoir affreux soutenez ma faiblesse.
Que faut-il que je fasse ?

L'HIÉROPHANTE.

Olympie à genoux
Doit d'abord en ces lieux se jeter devant vous ;
C'est à vous de bénir cet illustre hyménée.

STATIRA.

Je vais la préparer à vivre infortunée :
C'est le sort des humains.

L'HIÉROPHANTE.

Le feu sacré, l'encens,
L'eau lustrale, les dons offerts aux dieux puissans,
Tout sera présenté par vos mains respectables.

STATIRA.

Et pour qui, malheureuse! Ah! mes jours déplorables
Jusqu'au dernier moment sont-ils chargés d'horreur?
J'ai cru dans la retraite éviter mon malheur ;
Le malheur est partout, je m'étais abusée :
Allons, suivons la loi par moi-même imposée.

L'HIEROPHANTE.

Adieu : je vous admire autant que je vous plains.
Elle vient près de vous.

(Il sort.)

SCÈNE III.

STATIRA, OLYMPIE.

Le théâtre tremble.

STATIRA.

Lieux funèbres et saints,
Vous frémissez... J'entends un horrible murmure;
Le temple est ébranlé... Quoi! toute la nature
S'émeut à son aspect! et mes sens éperdus
Sont dans le même trouble, et restent confondus!

OLYMPIE, *effrayée*.

Ah! madame...

Approchez, jeune et tendre victime;
Cet augure effrayant semble annoncer le crime;
Vos attraits semblent nés pour la seule vertu.

OLYMPIE.

Dieux justes, soutenez mon courage abattu !
Et vous, de leurs décrets auguste confidente,

ACTE II, SCÈNE III.

Daignez conduire ici ma jeunesse innocente;
Je suis entre vos mains, dissipez mon effroi.

STATIRA.

Ah! j'en ai plus que vous... Ma fille, embrassez-moi...
Du sort de votre époux êtes-vous informée?
Quel est votre pays? quel sang vous a formée?

OLYMPIE.

Humble dans mon état, je n'ai point attendu
Ce rang où l'on m'élève, et qui ne m'est pas dû.
Cassandre est roi, madame; il daigna dans la Grèce
A la cour de son père élever ma jeunesse.
Depuis que je tombai dans ses augustes mains,
J'ai vu toujours en lui le plus grand des humains.
Je chéris un époux, et je révère un maître.
Voilà mes sentimens, et voilà tout mon être.

STATIRA.

Qu'aisément, juste ciel, on trompe un jeune cœur!
De l'innocence en vous que j'aime la candeur!
Cassandre a donc pris soin de votre destinée?
Quoi! d'un prince ou d'un roi vous ne seriez pas née?

OLYMPIE.

Pour aimer la vertu, pour en suivre les lois,
Faut-il donc être né dans la pourpre des rois?

STATIRA.

Non, je ne vois que trop le crime sur le trône.

OLYMPIE.

Je n'étais qu'une esclave.

STATIRA.

    Un tel destin m'étonne.
Les dieux sur votre front, dans vos yeux, dans vos traits,

Ont placé la noblesse ainsi que les attraits.
Vous esclave !

OLYMPIE.

Antipatre, en ma première enfance,
Par le sort des combats me tint sous sa puissance :
Je dois tout à son fils.

STATIRA.

Ainsi vos premiers jours
Ont senti l'infortune et vu finir son cours !
Et la mienne a duré tout le temps de ma vie...
En quel temps, en quels lieux fûtes-vous poursuivie
Par cet affreux destin qui vous mit dans les fers ?

OLYMPIE.

On dit que d'un grand roi, maître de l'univers,
On termina la vie, on disputa le trône,
On déchira l'empire, et que dans Babylone
Cassandre conserva mes jours infortunés,
Dans l'horreur du carnage au glaive abandonnés.

STATIRA.

Quoi ! dans ces temps marqués par la mort d'Alexandre,
Captive d'Antipatre, et soumise à Cassandre ?

OLYMPIE.

C'est tout ce que j'ai su. Tant de malheurs passés
Par mon bonheur nouveau doivent être effacés.

STATIRA.

Captive à Babylone... O puissance éternelle !
Vous faites-vous un jeu des pleurs d'une mortelle !
Le lieu, le temps, son âge, ont excité dans moi
La joie et les douleurs, la tendresse et l'effroi.
Ne me trompé-je point ? Le ciel sur son visage

Du héros mon époux semble imprimer l'image...

OLYMPIE.

Que dites-vous?

STATIRA.

Hélas! tels étaient ses regards,
Quand, moins fier et plus doux, loin des sanglans
Relevant ma famille au glaive dérobée, [hasards,
Il la remit au rang dont elle était tombée,
Quand sa main se joignit à ma tremblante main.
Illusion trop chère! espoir flatteur et vain!
Serait-il bien possible... Écoutez-moi, princesse;
Ayez quelque pitié du trouble qui me presse.
N'avez-vous d'une mère aucun ressouvenir?

OLYMPIE.

Ceux qui de mon enfance ont pu m'entretenir
M'ont tous dit qu'en ce temps de trouble et de carnage,
Au sortir du berceau, je fus en esclavage.
D'une mère jamais je n'ai connu l'amour;
J'ignore qui je suis et qui m'a mise au jour...
Hélas! vous soupirez, vous pleurez, et mes larmes
Se mêlent à vos pleurs, et j'y trouve des charmes...
Eh quoi! vous me serrez dans vos bras languissans!
Vous faites pour parler des efforts impuissans!
Parlez-moi.

STATIRA.

Je ne puis... je succombe... Olympie!
Le trouble que je sens me va coûter la vie.

SCÈNE IV.

STATIRA, OLYMPIE, L'HIÉROPHANTE.

L'HIÉROPHANTE.
O prêtresse des dieux! ô reine des humains!
Quel changement nouveau dans vos tristes destins!
Que nous faudra-t-il faire, et qu'allez-vous entendre?
STATIRA.
Des malheurs : je suis prête, et je dois tout attendre.
L'HIÉROPHANTE.
C'est le plus grand des biens, d'amertume mêlé;
Mais il n'en est point d'autre. Antigone troublé,
Antigone, les siens, le peuple, les armées,
Toutes les voix enfin, par le zèle animées,
Tout dit que cet objet à vos yeux présenté,
Qui long-temps comme vous fut dans l'obscurité,
Que vos royales mains vont unir à Cassandre,
Qu'Olympie...
STATIRA.
Achevez.
L'HIÉROPHANTE.
Est fille d'Alexandre.
STATIRA, *courant embrasser Olympie.*
Ah! mon cœur déchiré me l'a dit avant vous.
O ma fille! ô mon sang! ô nom fatal et doux!
De vos embrassemens faut-il que je jouisse,
Lorsque par votre hymen vous faites mon supplice!
OLYMPIE.
Quoi! vous seriez ma mère, et vous en gémissez!

ACTE II, SCENE IV.

STATIRA.

Non, je bénis les dieux trop long-temps courroucés ;
Je sens trop la nature et l'excès de ma joie ;
Mais le ciel me ravit le bonheur qu'il m'envoie :
Il te donne à Cassandre !

OLYMPIE.

Ah ! si dans votre flanc
Olympie a puisé la source de son sang,
Si j'en crois mon amour, si vous êtes ma mère,
Le généreux Cassandre a-t-il pu vous déplaire ?

L'HIÉROPHANTE.

Oui, vous êtes son sang, vous n'en pouvez douter ;
Cassandre enfin l'avoue, il vient de l'attester.
Pourrez-vous toutes deux avec lui réunies
Concilier enfin deux races ennemies ?

OLYMPIE.

Qui, lui ? votre ennemi ! tel serait mon malheur !

STATIRA.

D'Alexandre ton père il est l'empoisonneur.
Au sein de Statira dont tu tiens la naissance,
Dans ce sein malheureux qui nourrit ton enfance,
Que tu viens d'embrasser pour la première fois,
Il plongea le couteau dont il frappa les rois.
Il me poursuit enfin jusqu'au temple d'Éphèse ;
Il y brave les dieux, et feint qu'il les apaise !
A mes bras maternels il ose te ravir ;
Et tu peux demander si je dois le haïr !

OLYMPIE.

Quoi ! d'Alexandre ici le ciel voit la famille !
Quoi ! vous êtes sa veuve ! Olympie est sa fille !

Et votre meurtrier, ma mère, est mon époux !
Je ne suis dans vos bras qu'un objet de courroux !
Quoi ! cet hymen si cher était un crime horrible !
L'HIÉROPHANTE.
Espérez dans le ciel.
OLYMPIE.
Ah ! sa haine inflexible
D'aucune ombre d'espoir ne peut flatter mes vœux ;
Il m'ouvrait un abyme en éclairant mes yeux.
Je vois ce que je suis et ce que je dois être.
Le plus grand de mes maux est donc de me connaître !
Je devais à l'autel où vous nous unissiez
Expirer en victime, et tomber à vos pieds.

SCÈNE V.

STATIRA, OLYMPIE, L'HIÉROPHANTE ; UN PRÊTRE.

LE PRÊTRE.
On menace le temple, et les divins mystères
Sont bientôt profanés par des mains téméraires ;
Les deux rois désunis disputent à nos yeux
Le droit de commander où commandent les dieux :
Voilà ce qu'annonçaient ces voûtes gémissantes,
Et sous nos pieds craintifs nos demeures tremblantes.
Il semble que le ciel veuille nous informer
Que la terre l'offense, et qu'il faut le calmer ;
Tout un peuple éperdu, que la discorde excite,
Vers les parvis sacrés vole et se précipite ;

Éphèse est divisée entre deux factions.
Nous ressemblons bientôt aux autres nations.
La sainteté, la paix, les mœurs vont disparaître ;
Les rois l'emporteront, et nous aurons un maître.

L'HIÉROPHANTE.

Ah! qu'au moins loin de nous ils portent leurs forfaits !
Qu'ils laissent sur la terre un asile de paix !
Leur intérêt l'exige... O mère auguste et tendre,
Et vous... dirai-je, hélas ! l'épouse de Cassandre ?
Au pied de ces autels vous pouvez vous jeter.
Aux rois audacieux je vais me présenter ;
Je connais le respect qu'on doit à leur couronne,
Mais ils en doivent plus à ce Dieu qui la donne.
S'ils prétendent régner, qu'ils ne l'irritent pas.
Nous sommes, je le sais, sans armes, sans soldats,
Nous n'avons que nos lois, voilà notre puissance.
Dieu seul est mon appui, son temple est ma défense ;
Et si la tyrannie osait en approcher,
C'est sur mon corps sanglant qu'il lui faudra marcher.

(L'hiérophante sort avec le prêtre inférieur.)

SCÈNE VI.

STATIRA, OLYMPIE.

STATIRA.

O destinée ! ô Dieu des autels et du trône !
Contre Cassandre au moins favorise Antigone :
Il me faut donc, ma fille, au déclin de mes jours,
De nos seuls ennemis attendre des secours,

Rechercher un vengeur, au sein de ma misère,
Chez les usurpateurs du trône de ton père!
Chez nos propres sujets, dont les efforts jaloux
Disputent cent états que j'ai possédés tous!
Ils rampaient à mes pieds, ils sont ici mes maîtres.
O trône de Cyrus! ô sang de mes ancêtres!
Dans quel profond abyme êtes-vous descendus!
Vanité des grandeurs, je ne vous connais plus.

OLYMPIE.

Ma mère, je vous suis... Ah! dans ce jour funeste,
Rendez-moi digne au moins du grand nom qui vous reste,
Le devoir qu'il prescrit est mon unique espoir.

STATIRA.

Fille du roi des rois, remplissez ce devoir.

FIN DU SECOND ACTE.

ACTE TROISIÈME.

SCÈNE I.

Le temple est fermé.

CASSANDRE, SOSTÈNE, *dans le péristyle.*

CASSANDRE.
La vérité l'emporte, il n'est plus temps de taire
Ce funeste secret qu'avait caché mon père ;
Il a fallu céder à la publique voix.
Oui, j'ai rendu justice à la fille des rois ;
Devais-je plus long-temps, par un cruel silence,
Faire encore à son sang cette mortelle offense ?
Je fus coupable assez.

SOSTÈNE.
    Mais un rival jaloux
Du grand nom d'Olympie abuse contre vous :
Il anime le peuple ; Éphèse est alarmée ;
De la religion la fureur animée,
Qu'Antigone méprise, et qu'il sait exciter,
Vous fait un crime affreux, un crime à détester,
De posséder la fille, ayant tué la mère.

CASSANDRE.
Les reproches sanglans qu'Éphèse peut me faire,
Vous le savez, grand Dieu ! n'approchent pas des miens.

J'ai calmé, grace au ciel, les cœurs des citoyens ;
Le mien sera toujours victime des furies,
Victime de l'amour et de mes barbaries.
Hélas! j'avais voulu qu'elle tînt tout de moi,
Qu'elle ignorât un sort qui me glaçait d'effroi.
De son père en ses mains je mettais l'héritage
Conquis par Antipatre, aujourd'hui mon partage.
Heureux par mon amour, heureux par mes bienfaits,
Une fois en ma vie avec moi-même en paix,
Tout était réparé, je lui rendais justice.
D'aucun crime après tout mon cœur ne fut complice :
J'ai tué Statira, mais c'est dans les combats,
C'est en sauvant mon père, en lui prêtant mon bras ;
C'est dans l'emportement du meurtre et du carnage,
Où le devoir d'un fils égarait mon courage :
C'est dans l'aveuglement que la nuit et l'horreur
Répandaient sur mes yeux troubles par la fureur.
Mon ame en frémissait avant d'être punie
Par ce fatal amour qui la tient asservie.
Je me crois innocent au jugement des dieux,
Devant le monde entier, mais non pas à mes yeux,
Non pas pour Olympie, et c'est là mon supplice,
C'est là mon désespoir. Il faut qu'elle choisisse,
Ou de me pardonner, ou de percer mon cœur,
Ce cœur désespéré, qui brûle avec fureur.

SOSTÈNE.

On prétend qu'Olympie, en ce temple amenée,
Peut retirer la main qu'elle vous a donnée.

CASSANDRE.

Oui, je le sais, Sostène : et si de cette loi

L'objet que j'idolâtre abusait contre moi,
Malheur à mon rival, et malheur à ce temple !
Du culte le plus saint je donne ici l'exemple ;
J'en donnerais bientôt de vengeance et d'horreur.
Écartons loin de moi cette vaine terreur.
Je suis aimé ; son cœur est à moi dès l'enfance,
Et l'amour est le dieu qui prendra ma défense.
Courons vers Olympie.

SCÈNE II.

CASSANDRE, SOSTÈNE ; L'HIÉROPHANTE,
sortant du temple.

CASSANDRE.

Interprète du ciel,
Ministre de clémence, en ce jour solennel,
J'ai de votre saint temple écarté les alarmes.
Contre Antigone encor je n'ai point pris les armes ;
J'ai respecté ces temps à la paix consacrés ;
Mais donnez cette paix à mes sens déchirés.
J'ai plus d'un droit ici, je saurai les défendre.
Je meurs sans Olympie, et vous devez la rendre.
Achevons cet hymen.

L'HIÉROPHANTE.

Elle remplit, seigneur,
Des devoirs bien sacrés et bien chers à son cœur.

CASSANDRE.

Tout le mien les partage. Où donc est la prêtresse
Qui doit m'offrir ma femme et bénir ma tendresse ?

L'HIÉROPHANTE.
Elle va l'amener. Puissent de si beaux nœuds
Ne point faire aujourd'hui le malheur de tous deux!
CASSANDRE.
Notre malheur... Hélas! cette seule journée
Voyait de tant de maux la course terminée.
Pour la première fois un moment de douceur
De mes affreux chagrins dissipait la noirceur.
L'HIÉROPHANTE.
Peut-être plus que vous Olympie est à plaindre.
CASSANDRE.
Comment? que dites-vous... Eh! que peut-elle craindre?
L'HIÉROPHANTE, *s'en allant.*
Vous l'apprendrez trop tôt.
CASSANDRE.
Non, demeurez. Eh quoi!
Du parti d'Antigone êtes-vous contre moi?
L'HIÉROPHANTE.
Me préservent les cieux de passer les limites
Que mon culte paisible à mon zèle a prescrites!
Les intrigues des cours, les cris des factions,
Des humains que je fuis les tristes passions,
N'ont point encor troublé nos retraites obscures[6]:
Au Dieu que nous servons nous levons des mains pures.
Les débats des grands rois prompts à se diviser
Ne sont connus de nous que pour les apaiser;
Et nous ignorerions leurs grandeurs passagères,
Sans le fatal besoin qu'ils ont de nos prières.
Pour vous, pour Olympie, et pour d'autres, seigneur,
Je vais des immortels implorer la faveur.

CASSANDRE.

Olympie...

L'HIÉROPHANTE.

En ces lieux ce moment la rappelle.
Voyez si vous avez encor des droits sur elle.
Je vous laisse.

(Il sort, et le temple s'ouvre.)

SCÈNE III.

CASSANDRE, SOSTÈNE, STATIRA, OLYMPIE.

CASSANDRE.

Elle tremble, ô ciel! et je frémis...
Quoi! vous baissez les yeux de vos larmes remplis!
Vous détournez de moi ce front où la nature
Peint l'ame la plus noble et l'ardeur la plus pure!

OLYMPIE, *se jetant dans les bras de sa mère.*

Ah! barbare... Ah! madame...

CASSANDRE.

Expliquez-vous, parlez.
Dans quels bras fuyez-vous mes regards désolés?
Que m'a-t-on dit? pourquoi me causer tant d'alarmes?
Qui donc vous accompagne et vous baigne de larmes?

STATIRA, *se dévoilant et se retournant vers
Cassandre.*

Regarde qui je suis.

CASSANDRE.

A ses traits... à sa voix...
Mon sang se glace... Où suis-je? et qu'est-ce que je vois?

STATIRA.

Tes crimes.

CASSANDRE.

Statira peut ici reparaître!

STATIRA.

Malheureux! reconnais la veuve de ton maître,
La mère d'Olympie.

CASSANDRE.

O tonnerres du ciel,
Grondez sur moi, tombez sur ce front criminel!

STATIRA.

Que n'as-tu fait plus tôt cette horrible prière?
Éternel ennemi de ma famille entière,
Si le ciel l'a voulu, si par tes premiers coups
Toi seul as fait tomber mon trône et mon époux;
Si dans ce jour de crime, au milieu du carnage,
Tu te sentis, barbare, assez peu de courage
Pour frapper une femme, et, lui perçant le flanc,
La plonger de tes mains dans les flots de son sang,
De ce sang malheureux laisse-moi ce qui reste.
Faut-il qu'en tous les temps ta main me soit funeste?
N'arrache point ma fille à mon cœur, à mes bras;
Quand le ciel me la rend, ne me l'enlève pas.
Des tyrans de la terre à jamais séparée,
Respecte au moins l'asile où je suis enterrée;
Ne viens point, malheureux, par d'indignes efforts,
Dans ces tombeaux sacrés persécuter les morts.

CASSANDRE.

Vous m'avez plus frappé que n'eût fait le tonnerre;
Et mon front à vos pieds n'ose toucher la terre.

ACTE III, SCÈNE III.

Je m'en avoue indigne après mes attentats ;
Et si je m'excusais sur l'horreur des combats,
Si je vous apprenais que ma main fut trompée,
Quand des jours d'un héros la trame fut coupée,
Que je servais mon père en m'armant contre vous,
Je ne fléchirais point votre juste courroux.
Rien ne peut m'excuser... Je pourrais dire encore
Que je sauvai ce sang que ma tendresse adore,
Que je mets à vos pieds mon sceptre et mes états.
Tout est affreux pour vous... Vous ne m'écoutez pas !
Ma main m'arracherait ma malheureuse vie,
Moins pleine de forfaits que de remords punie,
Si votre propre sang, l'objet de tant d'amour,
Malgré lui, malgré moi, ne m'attachait au jour.
Avec un saint respect j'élevai votre fille ;
Je lui tins lieu quinze ans de père et de famille ;
Elle a mes vœux, mon cœur, et peut-être les dieux
Ne nous ont assemblés dans ces augustes lieux
Que pour y réparer, par un saint hyménée,
L'épouvantable horreur de notre destinée.

STATIRA.

Quel hymen !... O mon sang ! tu recevrais la foi,
De qui ? de l'assassin d'Alexandre et de moi !

OLYMPIE.

Non... ma mère, éteignez ces flambeaux effroyables,
Ces flambeaux de l'hymen entre nos mains coupables :
Éteignez dans mon cœur l'affreux ressouvenir
Des nœuds, des tristes nœuds qui devaient nous unir.
Je préfère (et ce choix n'a rien qui vous étonne)
La cendre qui vous couvre au sceptre qu'il me donne.

Je n'ai point balancé; laissez-moi dans vos bras
Oublier tant d'amour avec tant d'attentats.
Votre fille en l'aimant devenait sa complice.
Pardonnez, acceptez mon juste sacrifice;
Séparez, s'il se peut, mon cœur de ses forfaits;
Empêchez-moi surtout de le revoir jamais.

STATIRA.

Je reconnais ma fille, et suis moins malheureuse.
Tu rends un peu de vie à ma langueur affreuse;
Je renais... Ah, grands dieux! vouliez-vous que ma main
Présentât Olympie à ce monstre inhumain?
Qu'exigiez-vous de moi? quel affreux ministère
Et pour votre prêtresse, hélas! et pour sa mère!
Vous en avez pitié; vous ne prétendiez pas
M'arrêter dans le piége où vous guidiez mes pas.
  Cruel, n'insulte plus et l'autel et le trône :
Tu souillas de mon sang les murs de Babylone;
J'aimerais mieux encore une seconde fois
Voir ce sang répandu par l'assassin des rois,
Que de voir mon sujet, mon ennemi... Cassandre,
Aimer insolemment la fille d'Alexandre.

CASSANDRE.

Je me condamne encore avec plus de rigueur;
Mais j'aime, mais cédez à l'amour en fureur.
Olympie est à moi; je sais quel fut son père;
Je suis roi comme lui, j'en ai le caractère,
J'en ai les droits, la force; elle est ma femme enfin :
Rien ne peut séparer mon sort et son destin.
Ni ses frayeurs, ni vous, ni les dieux, ni mes crimes,
Rien ne rompra jamais des nœuds si légitimes.

ACTE III, SCÈNE IV.

Le ciel de mes remords ne s'est point détourné ;
Et, puisqu'il nous unit, il a tout pardonné.
Mais si l'on veut m'ôter cette épouse adorée,
Sa main qui m'appartient, sa foi qu'elle a jurée,
Il faut verser ce sang, il faut m'ôter ce cœur,
Qui ne connaît plus qu'elle, et qui vous fait horreur.
Vos autels à mes yeux n'ont plus de privilége ;
Si je fus meurtrier, je serai sacrilége.
J'enlèverais ma femme à ce temple, à vos bras,
Aux dieux même, à nos dieux, s'ils ne m'exauçaient pas.
Je demande la mort, je la veux, je l'envie,
Mais je n'expirerai que l'époux d'Olympie.
Il faudra, malgré vous, que j'emporte au tombeau
Et l'amour le plus tendre, et le nom le plus beau,
Et les remords affreux d'un crime involontaire,
Qui fléchiront du moins les mânes de son père.

(Cassandre sort avec Sostène.)

SCÈNE IV.

STATIRA, OLYMPIE.

STATIRA.

Quel moment! quel blasphème! ô ciel! qu'ai-je entendu?
Ah, ma fille! à quel prix mon sang m'est-il rendu?
Tu ressens, je le vois, les horreurs que j'éprouve ;
Dans tes yeux effrayés ma douleur se retrouve ;
Ton cœur répond au mien ; tes chers embrassemens,
Tes soupirs enflammés consolent mes tourmens ;
Ils sont moins douloureux, puisque tu les partages.

Ma fille est mon asile en ces nouveaux naufrages.
Je puis tout supporter, puisque je vois en toi
Un cœur digne en effet d'Alexandre et de moi.

OLYMPIE.

Ah! le ciel m'est témoin si mon ame est formée
Pour imiter la vôtre, et pour être animée
Des mêmes sentimens et des mêmes vertus.
O veuve d'Alexandre! ô sang de Darius!
Ma mère... Ah! fallait-il qu'à vos bras enlevée,
Par les mains de Cassandre on me vît élevée?
Pourquoi votre assassin, prévenant mes souhaits,
A-t-il marqué pour moi ses jours par ses bienfaits?
Que sa cruelle main ne m'a-t-elle opprimée!
Bienfaits trop dangereux! pourquoi m'a-t-il aimée?

STATIRA.

Ciel! qui vois-je paraître en ces lieux retirés?
Antigone lui-même!

SCÈNE V.

STATIRA, OLYMPIE, ANTIGONE.

ANTIGONE.

O reine! demeurez.
Vous voyez un des rois formés par Alexandre,
Qui respecte sa veuve, et qui vient la défendre;
Vous pourriez remonter, du pied de cet autel,
Au premier rang du monde où vous plaça le ciel,
Y mettre votre fille, et prendre au moins vengeance
Du ravisseur altier qui tous trois nous offense.

ACTE III, SCÈNE V.

Votre sort est connu, tous les cœurs sont à vous;
Ils sont las des tyrans que votre auguste époux
Laissa par son trépas maîtres de son empire.
Pour ce grand changement votre nom peut suffire.
M'avouerez-vous ici pour votre défenseur?

STATIRA.

Oui, si c'est la pitié qui conduit votre cœur,
Si vous servez mon sang, si votre offre est sincère.

ANTIGONE.

Je ne souffrirai pas qu'un jeune téméraire
Des mains de votre fille et de tant de vertus
Obtienne un double droit au trône de Cyrus;
Il en est trop indigne; et pour un tel partage
Je n'ai pas présumé qu'il ait votre suffrage.
Je n'ai point au grand-prêtre ouvert ici mon cœur;
Je me suis présenté comme un adorateur
Qui des divinités implore la clémence.
Je me présente à vous armé de la vengeance.
La veuve d'Alexandre, oubliant sa grandeur,
De sa famille au moins n'oubliera point l'honneur.

STATIRA.

Mon cœur est détaché du trône et de la vie;
L'un me fut enlevé, l'autre est bientôt finie.
Mais si vous arrachez aux mains d'un ravisseur
Le seul bien que les dieux rendaient à ma douleur,
Si vous la protégez, si vous vengez son père,
Je ne vois plus en vous que mon dieu tutélaire.
Seigneur, sauvez ma fille, au bord de mon tombeau,
Du crime et du danger d'épouser mon bourreau.

ANTIGONE.

Digne sang d'Alexandre, approuvez-vous mon zèle ?
Acceptez-vous mon offre, et pensez-vous comme elle ?

OLYMPIE.

Je dois haïr Cassandre.

ANTIGONE.

Il faut donc m'accorder
Le prix, le noble prix que je viens demander.
Contre mon allié je prends votre défense ;
Je crois vous mériter ; soyez ma récompense.
Toute autre est un outrage, et c'est vous que je veux.
Cassandre n'est pas fait pour obtenir vos vœux :
Parlez, et je tiendrai cette gloire suprême
De mon bras, de la reine, et surtout de vous-même :
Prononcez : daignez-vous m'honorer d'un tel prix ?

STATIRA.

Décidez.

OLYMPIE.

Laissez-moi reprendre mes esprits...
J'ouvre à peine les yeux. Tremblante, épouvantée,
Du sein de l'esclavage en ce temple jetée ;
Fille de Statira, fille d'un demi-dieu,
Je retrouve une mère en cet auguste lieu,
De son rang, de ses biens, de son nom dépouillée,
Et d'un sommeil de mort à peine reveillée ;
J'épouse un bienfaiteur... il est un assassin.
Mon époux de ma mère a déchiré le sein.
Dans cet entassement d'horribles aventures,
Vous m'offrez votre main pour venger mes injures.
Que puis-je vous répondre... Ah ! dans de tels momens,

ACTE III, SCÈNE V.

(*embrassant sa mère.*)
Voyez à qui je dois mes premiers sentimens,
Voyez si les flambeaux des pompes nuptiales
Sont faits pour éclairer ces horreurs si fatales,
Quelle foule de maux m'environne en un jour,
Et si ce cœur glacé peut écouter l'amour.

STATIRA.

Ah! je vous réponds d'elle, et le ciel vous la donne.
La majesté, peut-être, ou l'orgueil de mon trône
N'avait pas destiné, dans mes premiers projets,
La fille d'Alexandre à l'un de mes sujets;
Mais vous la méritez en osant la défendre.
C'est vous qu'en expirant désignait Alexandre;
Il nomma le plus digne, et vous le devenez :
Son trône est votre bien, quand vous le soutenez.
Que des dieux immortels la faveur vous seconde!
Que leur main vous conduise à l'empire du monde!
Alexandre et sa veuve, ensevelis tous deux,
Lui dans la tombe, et moi dans ces murs ténébreux,
Vous verront sans regret au trône de mes pères;
Et puissent désormais les destins, moins sévères,
En écarter pour vous cette fatalité
Qui renversa toujours ce trône ensanglanté!

ANTIGONE.

Il sera relevé par la main d'Olympie.
Montrez-vous avec elle aux peuples de l'Asie,
Sortez de cet asile, et je vais tout presser
Pour venger Alexandre et pour le remplacer.

(*Il sort*)

SCÈNE VI.

STATIRA, OLYMPIE.

STATIRA.

Ma fille, c'est par toi que je romps la barrière
Qui me sépare ici de la nature entière;
Et je rentre un moment dans ce monde pervers,
Pour venger mon époux, ton hymen, et tes fers.
Dieu donnera la force à mes mains maternelles
De briser avec toi tes chaînes criminelles.
Viens remplir ma promesse, et me faire oublier,
Par des sermens nouveaux, le crime du premier.

OLYMPIE.

Hélas!

STATIRA.

Quoi! tu gémis?

OLYMPIE.

Cette même journée
Allumerait deux fois les flambeaux d'hyménée?

STATIRA.

Que dis-tu?

OLYMPIE.

Permettez, pour la première fois,
Que je vous fasse entendre une timide voix.
Je vous chéris, ma mère, et je voudrais répandre
Le sang que je reçus de vous et d'Alexandre,
Si j'obtenais des dieux, en le fesant couler,

De prolonger vos jours ou de les consoler.

STATIRA.

O ma chère Olympie !

OLYMPIE.

Oserai-je encor dire
Que votre asile obscur est le trône où j'aspire ?
Vous m'y verrez soumise, et foulant à vos pieds
Ces trônes malheureux, pour vous seule oubliés.
Alexandre mon père, enfermé dans la tombe,
Veut-il que de nos mains son ennemi succombe ?
Laissons là tous ces rois, dans l'horreur des combats,
Se punir l'un par l'autre, et venger son trépas ;
Mais nous, de tant de maux victimes innocentes,
A leurs bras forcenés joignant nos mains tremblantes,
Faudra-t-il nous charger d'un meurtre infructueux ?
Les larmes sont pour nous, les crimes sont pour eux.

STATIRA.

Des larmes ! Et pour qui les vois-je ici répandre ?
Dieux ! m'avez-vous rendu la fille d'Alexandre ?
Est-ce elle que j'entends ?

OLYMPIE.

Ma mère...

STATIRA.

O ciel vengeur !

OLYMPIE.

Cassandre...

STATIRA.

Explique-toi ; tu me glaces d'horreur.
Parle.

OLYMPIE.

Je ne le puis.

STATIRA.

Va, tu m'arraches l'ame,
Finis ce trouble affreux; parle, dis-je.

OLYMPIE.

Ah, madame!
Je sens trop de quels coups je viens de vous frapper :
Mais je vous chéris trop pour vouloir vous tromper.
Prête à me séparer d'un époux si coupable,
Je le fuis... mais je l'aime.

STATIRA.

O parole exécrable!
Dernier de mes momens! cruelle fille, hélas!
Puisque tu peux l'aimer, tu ne le fuiras pas.
Tu l'aimes! tu trahis Alexandre et ta mère!
Grand Dieu! j'ai vu périr mon époux et mon père;
Tu m'arrachas ma fille, et ton ordre inhumain
Me la fait retrouver pour mourir de sa main!

OLYMPIE.

Je me jette à vos pieds...

STATIRA.

Fille dénaturée!
Fille trop chère...

OLYMPIE.

Hélas! de douleurs dévorée,
Tremblante à vos genoux, je les baigne de pleurs.
Ma mère, pardonnez.

ACTE III, SCÈNE VI.

STATIRA.
Je pardonne... et je meurs.
OLYMPIE.
Vivez, écoutez-moi.
STATIRA.
Que veux-tu ?
OLYMPIE.
Je vous jure
Par les dieux, par mon nom, par vous, par la nature,
Que je m'en punirai, qu'Olympie aujourd'hui
Répandra tout son sang avant que d'être à lui.
Mon cœur vous est connu. Je vous ai dit que j'aime ;
Jugez par ma faiblesse, et par cet aveu même,
Si ce cœur est à vous, et si vous l'emportez
Sur mes sens éperdus que l'amour a domptés.
Ne considérez point ma faiblesse et mon âge ;
De mon père et de vous je me sens le courage :
J'ai pu les offenser, je ne peux les trahir ;
Et vous me connaîtrez en me voyant mourir.

STATIRA.
Tu peux mourir, dis-tu, fille inhumaine et chère,
Et tu ne peux haïr l'assassin de ton père !

OLYMPIE.
Arrachez-moi ce cœur ; vous verrez qu'un époux,
Quelque cher qu'il me fût, y régnait moins que vous ;
Vous y reconnaîtrez ce pur sang qui m'anime.
Pour me justifier prenez votre victime,
Immolez votre fille.

STATIRA.
Ah ! j'en crois tes vertus ;

Je te plains, Olympie, et ne t'accuse plus :
J'espère en ton devoir, j'espère en ton courage.
Moi-même j'ai pitié d'un amour qui m'outrage.
Tu déchires mon cœur, et tu sais l'attendrir :
Console au moins ta mère en la fesant mourir.
Va, je suis malheureuse, et tu n'es point coupable.

OLYMPIE.

Qui de nous deux, ô ciel ! est la plus misérable ?

FIN DU TROISIÈME ACTE.

ACTE QUATRIÈME.

SCÈNE I.

ANTIGONE, HERMAS, *dans le péristyle.*

HERMAS.
Vous me l'aviez bien dit, les saints lieux profanés
Aux horreurs des combats vont être abandonnés :
Vos soldats près du temple occupent ce passage :
Cassandre, ivre d'amour, de douleur et de rage,
Des dieux qu'il invoquait défiant le courroux,
Par cet autre chemin s'avance contre vous.
Le signal est donné ; mais, dans cette entreprise,
Entre Cassandre et vous le peuple se divise.
  ANTIGONE, *en sortant.*
Je le réunirai.

SCÈNE II.

ANTIGONE, HERMAS, CASSANDRE, SOSTÈNE.

  CASSANDRE, *arrêtant Antigone.*
    Demeure, indigne ami,
Infidèle allié, détestable ennemi :
M'oses-tu disputer ce que le ciel me donne ?
  ANTIGONE.
Oui. Quelle est la surprise où ton cœur s'abandonne !
La fille d'Alexandre a des droits assez grands

Pour faire armer l'Asie et trembler nos tyrans.
Babylone est sa dot, et son droit est l'empire.
Je prétends l'un et l'autre; et je veux bien te dire
Que tes pleurs, tes regrets, tes expiations,
N'en imposeront pas aux yeux des nations.
Ne crois pas qu'à présent l'amitié considère
Si tu fus innocent de la mort de son père :
L'opinion fait tout; elle t'a condamné.
Aux faiblesses d'amour ton cœur abandonné
Séduisait Olympie en cachant sa naissance;
Tu crus ensevelir dans l'éternel silence
Ce funeste secret dont je suis informé;
Ce n'est qu'en la trompant que tu pus être aimé.
Ses yeux s'ouvrent enfin, c'en est fait, et Cassandre
N'ose lever les siens, n'a plus rien à prétendre.
De quoi t'es-tu flatté? pensais-tu que ses droits
T'élèveraient un jour au rang de roi des rois?
Je peux de Statira prendre ici la défense;
Mais veux-tu conserver notre antique alliance?
Veux-tu régner en paix dans tes nouveaux états,
Me revoir ton ami, t'appuyer de mon bras?

CASSANDRE.

Eh bien?

ANTIGONE.

   Cède Olympie, et rien ne nous sépare;
Je périrai pour toi : sinon je te déclare
Que je suis le plus grand de tous les ennemis.
Connais tes intérêts, pèse-les, et choisis.

CASSANDRE.

Je n'aurai pas de peine, et je venais te faire

ACTE IV, SCÈNE II.

Une offre différente, et qui pourra te plaire.
Tu ne connais ni loi, ni remords, ni pitié,
Et c'est un jeu pour toi de trahir l'amitié.
J'ai craint le ciel du moins : tu ris de sa justice,
Tu jouis des forfaits dont tu fus le complice ;
Tu n'en jouiras pas, traître...

ANTIGONE.
     Que prétends-tu ?

CASSANDRE.
Si dans ton ame atroce il est quelque vertu,
N'employons pas les mains du soldat mercenaire
Pour assouvir ta rage et servir ma colère.
Qu'a de commun le peuple avec nos factions?
Est-ce à lui de mourir pour nos divisions?
C'est à nous, c'est à toi, si tu te sens l'audace
De braver mon courage, ainsi que ma disgrace.
Je ne fus pas admis au commerce des dieux
Pour aller égorger mon ami sous leurs yeux ;
C'est un crime nouveau, c'est toi qui le prépares.
Va, nous étions formés pour être des barbares.
Marchons; viens décider de ton sort et du mien.
T'abreuver de mon sang, ou verser tout le tien.

ANTIGONE.
J'y consens avec joie, et sois sûr qu'Olympie
Acceptera la main qui t'ôtera la vie.
     (Ils mettent l'épée à la main.

SCÈNE III.

CASSANDRE, ANTIGONE, HERMAS, SOSTÈNE;
L'HIÉROPHANTE *sort du temple précipitamment, avec les* PRÊTRES *et les* INITIÉS, *qui se jettent avec une foule de peuple entre Cassandre et Antigone, et les désarment.*

L'HIÉROPHANTE.

Profanes, c'en est trop. Arrêtez, respectez
Et le Dieu qui vous parle et ses solennités 7.
Prêtres, initiés, peuple, qu'on les sépare;
Bannissez du lieu saint la discorde barbare;
Expiez vos forfaits... Glaives, disparaissez.
Pardonne, Dieu puissant! vous, rois, obéissez.

CASSANDRE.

Je cède au ciel, à vous.

ANTIGONE.

Je persiste, et j'atteste
Les mânes d'Alexandre, et le courroux céleste,
Que tant que je vivrai, je ne souffrirai pas
Qu'Olympie à mes yeux passe ici dans ses bras,
Et que cet hyménée illégitime, impie,
Soit la honte d'Éphèse et l'horreur de l'Asie.

CASSANDRE.

Sans doute il le serait si tu l'avais formé.

L'HIÉROPHANTE.

D'un esprit plus remis, d'un cœur moins enflammé,
Rendez-vous à la loi, respectez sa justice;
Elle est commune à tous, il faut qu'on l'accomplisse.

ACTE IV, SCÈNE III.

La cabane du pauvre et le trône des rois,
Également soumis, entendent cette voix ;
Elle aide la faiblesse, elle est le frein du crime,
Et délie à l'autel l'innocente victime.
Si l'époux, quel qu'il soit, et quel que soit son rang,
Des parens de sa femme a répandu le sang,
Fût-il purifié dans nos sacrés mystères
Par le feu de Vesta, par les eaux salutaires,
Et par le repentir, plus nécessaire qu'eux,
Son épouse en ce jour peut former d'autres nœuds ;
Elle le peut sans honte, à moins que sa clémence,
A l'exemple des dieux, ne pardonne l'offense.
La loi donne un seul jour ; elle accourcit les temps
Des chagrins attachés à ces grands changemens :
Mais surtout attendez les ordres d'une mère ;
Elle a repris ses droits, le sacré caractère
Que la nature donne, et que rien n'affaiblit.
A son auguste voix Olympie obéit.
Qu'osez-vous attenter, quand c'est à vous d'attendre
Les arrêts de la veuve et du sang d'Alexandre ?

(Il sort avec sa suite.)

ANTIGONE.

C'est assez, j'y souscris, pontife ; elle est à moi.

(Antigone sort Avec Hermas.)

SCÈNE IV.

CASSANDRE, SOSTÈNE, *dans le péristyle.*

CASSANDRE.

Elle n'y sera pas, cœur barbare et sans foi.
Arrachons-la, Sostène, à ce fatal asile,
A l'espoir insolent de ce coupable habile,
Qui rit de mes remords, insulte à ma douleur,
Et tranquille et serein vient m'arracher le cœur.

SOSTÈNE.

Il séduit Statira, seigneur, il s'autorise
Et des lois qu'il viole, et des dieux qu'il méprise.

CASSANDRE.

Enlevons-la, te dis-je, aux dieux que j'ai servis,
Et par qui désormais tous mes soins sont trahis.
J'accepterais la mort, je bénirais la foudre ;
Mais qu'enfin mon épouse ose ici se résoudre
A passer en un jour à cet autel fatal
De la main de Cassandre à la main d'un rival !
Tombe en cendres ce temple avant que je l'endure !
Ciel ! tu me pardonnais. Plus tranquille et plus pure,
Mon ame à cet espoir osait s'abandonner :
Tu m'ôtes Olympie, est-ce là pardonner ?

SOSTÈNE.

Il ne vous l'ôte point : ce cœur docile et tendre,
Si soumis à vos lois, si content de se rendre,
Ne peut jusqu'à l'oubli passer en un moment.
Le cœur ne connaît point un si prompt changement.

ACTE IV, SCÈNE IV.

Elle peut vous aimer sans trahir la nature.
Vos coups dans les combats portés à l'aventure
Ont versé, je l'avoue, un sang bien précieux ;
C'est un malheur pour vous que permirent les dieux.
Vous n'avez point trempé dans la mort de son père ;
Vos pleurs ont effacé tout le sang de sa mère ;
Ses malheurs sont passés, vos bienfaits sont présens.

CASSANDRE.

Vainement cette idée apaise mes tourmens.
Ce sang de Statira, ces mânes d'Alexandre,
D'une voix trop terrible ici se font entendre.
Sostène, elle est leur fille, elle a le droit affreux
De haïr sans retour un époux malheureux.
Je sens qu'elle m'abhorre, et moi je la préfère
Au trône de Cyrus, au trône de la terre.
Ces expiations, ces mystères cachés,
Indifférens aux rois, et par moi recherchés,
Elle en était l'objet ; mon ame criminelle
Ne s'approchait des dieux que pour s'approcher d'elle.

SOSTÈNE, *apercevant Olympie.*

Hélas ! la voyez-vous en proie à ses douleurs ?
Elle embrasse un autel, et le baigne de pleurs.

CASSANDRE.

Au temple, à cet autel, il est temps qu'on l'enlève.
Va, cours, que tout soit prêt.

(Sostène sort.)

SCÈNE V.

CASSANDRE, OLYMPIE.

OLYMPIE, *courbée sur l'autel sans voir Cassandre.*
                    Que mon cœur se soulève !
Qu'il est désespéré... qu'il se condamne, hélas !
  (apercevant Cassandre.)
Que vois-je !

CASSANDRE.
        Votre époux.

OLYMPIE.
                    Non, vous ne l'êtes pas.
Non, Cassandre... jamais ne prétendez à l'être.

CASSANDRE.
Eh bien, j'en suis indigne, et je dois me connaître.
Je sais tous les forfaits que mon sort inhumain,
Pour nous perdre tous deux, a commis par ma main;
J'ai cru les expier, j'en comble la mesure;
Ma présence est un crime, et ma flamme une injure...
Mais, daignez me répondre... ai-je par mes secours
Aux fureurs de la guerre arraché vos beaux jours?

OLYMPIE.
Pourquoi les conserver?

CASSANDRE.
                    Au sortir de l'enfance
Ai-je assez respecté votre aimable innocence?
Vous ai-je idolâtrée?

OLYMPIE.
        Ah ! c'est là mon malheur.

ACTE IV, SCENE V.

CASSANDRE.

Après le tendre aveu de la plus pure ardeur,
Libre dans vos bontés, maîtresse de vous-même,
Cette voix favorable à l'époux qui vous aime,
Aux lieux où je vous parle, à ces mêmes autels,
A joint à mes sermens vos sermens solennels!

OLYMPIE.

Hélas! il est trop vrai... Que le courroux céleste
Ne me punisse pas d'un serment si funeste!

CASSANDRE.

Vous m'aimiez, Olympie!

OLYMPIE.

Ah! pour comble d'horreur,
Ne me reproche pas ma détestable erreur.
Il te fut trop aisé d'éblouir ma jeunesse;
D'un cœur qui s'ignorait tu trompas la faiblesse;
C'est un forfait de plus... Fuis-moi; ces entretiens
Sont un crime pour moi plus affreux que les tiens.

CASSANDRE.

Craignez d'en commettre un plus funeste peut-être
En acceptant les vœux d'un barbare et d'un traître;
Et si pour Antigone...

OLYMPIE.

Arrête, malheureux.
D'Antigone et de toi je rejette les vœux.
Après que cette main, lâchement abusée,
S'est pu joindre à ta main de mon sang arrosée,
Nul mortel désormais n'aura droit sur mon cœur.
J'ai l'hymen, et le monde, et la vie en horreur.

Maîtresse de mon choix, sans que je délibère,
Je choisis les tombeaux qui renferment ma mère;
Je choisis cet asile où Dieu doit posséder
Ce cœur qui se trompa quand il put te céder.
J'embrasse les autels, et déteste ton trône,
Et tous ceux de l'Asie... et surtout d'Antigone.
Va-t'en, ne me vois plus... va, laisse-moi pleurer
L'amour que j'ai promis, et qu'il faut abhorrer.

CASSANDRE.

Eh bien! de mon rival si l'amour vous offense,
Vous ne sauriez m'ôter un rayon d'espérance;
Et quand votre vertu rejette un autre époux,
Ce refus est ma grace, et je me crois à vous.
Tout souillé que je suis du sang qui vous fit naître,
Vous êtes, vous serez la moitié de mon être,
Moitié chère et sacrée, et de qui les vertus
Ont arrêté sur moi les foudres suspendus,
Ont gardé sur mon cœur un empire suprême,
Et devraient désarmer votre mère elle-même.

OLYMPIE.

Ma mère... Quoi! ta bouche a prononcé son nom!
Ah! si le repentir, si la compassion,
Si ton amour au moins peut fléchir ton audace,
Fuis les lieux qu'elle habite, et l'autel que j'embrasse;
Laisse-moi.

CASSANDRE.

   Non, sans vous je n'en saurais sortir.
A me suivre à l'instant vous devez consentir.
 (Il la prend par la main.)
Chère épouse, venez.

ACTE IV, SCÈNE V.

OLYMPIE, *la retirant avec transport.*

     Traite-moi donc comme elle;
Frappe une infortunée à son devoir fidèle;
Dans ce cœur désolé porte un coup plus certain :
Tout mon sang fut formé pour couler sous ta main;
Frappe, dis-je.

CASSANDRE.

    Ah! trop loin vous portez la vengeance;
J'eus moins de cruauté, j'eus moins de violence.
Le ciel sait faire grace, et vous savez punir;
Mais c'est trop être ingrate, et c'est trop me haïr.

OLYMPIE.

Ma haine est-elle juste, et l'as-tu méritée?
Cassandre, si ta main féroce, ensanglantée,
Ta main qui de ma mère osa percer le flanc,
N'eût frappé que moi seule, et versé que mon sang,
Je te pardonnerais, je t'aimerais... barbare.
Va, tout nous désunit.

CASSANDRE.

    Non, rien ne nous sépare.
Quand vous auriez Cassandre encor plus en horreur,
Quand vous m'épouseriez pour me percer le cœur,
Vous me suivrez... Il faut que mon sort s'accomplisse.
Laissez-moi mon amour, du moins pour mon supplice :
Ce supplice est sans terme, et j'en jure par vous.
Haïssez, punissez, mais suivez votre époux.

SCÈNE VI.

CASSANDRE, OLYMPIE, SOSTÈNE.

SOSTÈNE.

Paraissez, ou bientôt Antigone l'emporte.
Il parle à vos guerriers, il assiége la porte,
Il séduit vos amis près du temple assemblés;
Par sa voix redoutable ils semblent ébranlés :
Il atteste Alexandre, il atteste Olympie.
Tremblez pour votre amour, tremblez pour votre vie.
Venez.

CASSANDRE.

À mon rival ainsi vous m'immolez !
Je vais chercher la mort, puisque vous le voulez.

OLYMPIE.

Moi, vouloir ton trépas... va, j'en suis incapable...
Vis loin de moi.

CASSANDRE.

Sans vous le jour m'est exécrable;
Et, s'il m'est conservé, je revole en ces lieux,
Je vous arrache au temple, ou j'y meurs à vos yeux.

(Il sort avec Sostène.)

SCÈNE VII.

OLYMPIE.

Malheureuse... Et c'est lui qui cause mes alarmes !
Ah, Cassandre! est-ce à toi de me coûter des larmes?
Faut-il tant de combats pour remplir son devoir ?
Vous aurez sur mon ame un absolu pouvoir,
O sang dont je naquis! ô voix de la nature!
Je m'abandonne à vous, c'est par vous que je jure
De vous sacrifier mes plus chers sentimens...
Sur cet autel, hélas! j'ai fait d'autres sermens...
Dieux! vous les receviez; ô dieux! votre clémence
A du plus tendre amour approuvé l'innocence.
Vous avez tout changé... mais changez donc mon cœur,
Donnez-lui la vertu conforme à son malheur...
Ayez quelque pitié d'une ame déchirée,
Qui périt infidèle, ou meurt dénaturée.
Hélas! j'étais heureuse en mon obscurité,
Dans l'oubli des humains, dans la captivité;
Sans parens, sans état, à moi-même inconnue...
Le grand nom que je porte est ce qui m'a perdue.
J'en serai digne au moins... Cassandre, il faut te fuir,
Il faut t'abandonner... mais comment te haïr...
 Que peut donc sur soi-même une faible mortelle?
Je déchire en pleurant ma blessure cruelle;
Et ce trait malheureux, que ma main va chercher,
Je l'enfonce en mon cœur, au lieu de l'arracher.

SCÈNE VIII.

OLYMPIE, L'HIÉROPHANTE; prêtres, prêtresses.

OLYMPIE.

Pontife, où courez-vous? protégez ma faiblesse.
Vous tremblez.... vous pleurez...
L'HIÉROPHANTE.
                    Malheureuse princesse!
Je pleure votre état.
OLYMPIE.
        Ah! soyez-en l'appui.
L'HIÉROPHANTE.
Résignez-vous au ciel; vous n'avez plus que lui.
OLYMPIE.
Hélas! que dites-vous?
L'HIÉROPHANTE.
            O fille auguste et chère!
La veuve d'Alexandre...
OLYMPIE.
            Ah! justes dieux... ma mère!
Eh bien...
L'HIÉROPHANTE.
        Tout est perdu. Les deux rois furieux,
Foulant aux pieds les lois, armés contre les dieux,
Jusque dans les parvis de l'enceinte sacrée,
Encourageaient leur troupe au meurtre préparée.
Déja coulait le sang; déja, le fer en main,

Cassandre jusqu'à vous se frayait un chemin :
J'ai marché contre lui, n'ayant pour ma défense
Que nos lois qu'il oublie, et nos dieux qu'il offense.
Votre mère éperdue, et s'offrant à ses coups,
L'a cru maître à la fois et du temple et de vous :
Lasse de tant d'horreurs, lasse de tant de crimes,
Elle a saisi le fer qui frappe les victimes,
L'a plongé dans ce flanc où le ciel irrité
Vous fit puiser la vie et la calamité.

OLYMPIE, *tombant entre les bras d'une prêtresse.*
Je meurs... soutenez-moi... marchons... Vit-elle encore ?

L'HIÉROPHANTE.
Cassandre est à ses pieds ; il gémit, il l'implore ;
Il ose encor prêter ses funestes secours
Aux innocentes mains qui raniment ses jours ;
Il s'écrie, il s'accuse, il jette au loin ses armes.

OLYMPIE, *se relevant.*
Cassandre à ses genoux !

L'HIÉROPHANTE.
Il les baigne de larmes.
A ses cris, à nos voix elle rouvre les yeux ;
Elle ne voit en lui qu'un monstre audacieux
Qui lui vient arracher les restes de sa vie,
Par cette main funeste en tout temps poursuivie :
Faible, et se soulevant par un dernier effort,
Elle tombe, elle touche au moment de la mort ;
Elle abhorre à la fois Cassandre et la lumière ;
Et levant à regret sa débile paupière,
« Allez, m'a-t-elle dit, ministre infortuné
« D'un temple malheureux par le sang profané,

« Consolez Olympie. Elle m'aime, et j'ordonne
« Que pour venger sa mère elle épouse Antigone. »
OLYMPIE.
Allons mourir près d'elle... Exaucez-moi, grands dieux!
Venez, guidez mes pas, venez fermer nos yeux.
L'HIÉROPHANTE.
Armez-vous de courage, il doit ici paraître.
OLYMPIE.
J'en ai besoin, seigneur... et j'en aurai peut-être.

FIN DU QUATRIÈME ACTE.

ACTE CINQUIÈME.

SCÈNE I.

ANTIGONE, HERMAS, *dans le péristyle.*

HERMAS.

La pitié doit parler, et la vengeance est vaine;
Un rival malheureux n'est pas digne de haine.
Fuyez ce lieu funeste : Olympie aujourd'hui,
Seigneur, sera perdue et pour vous et pour lui.

ANTIGONE.

Quoi! Statira n'est plus?

HERMAS.

     C'est le sort de Cassandre
D'être toujours funeste au grand nom d'Alexandre :
Statira, succombant au poids de sa douleur,
Dans les bras de sa fille expire avec horreur;
La sensible Olympie, à ses pieds étendue,
Semble exhaler son ame à peine retenue.
Les ministres des dieux, les prêtresses en pleurs,
En mêlant leurs regrets accroissent leurs douleurs.
Cassandre épouvanté sent toutes leurs atteintes;
Le temple retentit de sanglots et de plaintes :
On prépare un bûcher, et ces vains ornemens
Qui rappellent la mort aux regards des vivans :
On prétend qu'Olympie, en ce lieu solitaire,

Habitera l'asile où s'enfermait sa mère ;
Qu'au monde, à l'hyménée arrachant ses beaux jours,
Elle consacre aux dieux leur déplorable cours ;
Et qu'elle doit pleurer dans l'éternel silence
Sa famille, sa mère, et jusqu'à sa naissance.

ANTIGONE.

Non, non ; de son devoir elle suivra les lois ;
J'ai sur elle à la fin d'irrévocables droits ;
Statira me la donne ; et ses ordres suprêmes
Au moment du trépas sont les lois des dieux mêmes.
Ce forcené Cassandre et sa funeste ardeur
Au sang de Statira font une juste horreur.

HERMAS.

Seigneur, le croyez-vous ?

ANTIGONE.

Elle-même déclare
Que son cœur désolé renonce à ce barbare.
S'il ose encor l'aimer, j'ai promis son trépas :
Je tiendrai ma parole, et tu n'en doutes pas.

HERMAS.

Mêleriez-vous du sang aux pleurs qu'on voit répandre ;
Aux flammes du bûcher, à cette auguste cendre ?
Frappés d'un saint respect, sachez que vos soldats
Reculeront d'horreur, et ne vous suivront pas.

ANTIGONE.

Non, je ne puis troubler la pompe funéraire ;
J'en ai fait le serment ; Cassandre la révère.
Je sais qu'il est des lois qu'il me faut respecter ;
Que pour gagner le peuple il le faut imiter :
Vengeur de Statira, protecteur d'Olympie,

Je dois ici l'exemple au reste de l'Asie.
Tout parle en ma faveur, et mes coups différés
En auront plus de force et sont plus assurés.
(Le temple s'ouvre.)

SCÈNE II.

ANTIGONE, HERMAS; L'HIÉROPHANTE,
prêtres, *s'avançant lentement;* OLYMPIE,
soutenue par les prêtresses : elle est en deuil.

HERMAS.

On amène Olympie à peine respirante :
Je vois du temple saint l'auguste hiérophante
Qui mouille de ses pleurs les traces de ses pas ;
Les prêtresses des dieux la tiennent dans leurs bras.

ANTIGONE.

Ces objets toucheraient le cœur le plus farouche,
(à Olympie.)
Je veux bien l'avouer... Permettez que ma bouche,
En mêlant mes regrets à vos tristes soupirs,
Jure encor de venger tant d'affreux déplaisirs :
L'ennemi qui deux fois vous priva d'une mère,
Nourrit dans sa fureur un espoir téméraire ;
Sachez que tout est prêt pour sa punition.
N'ajoutez point la crainte à votre affliction ;
Contre ses attentats soyez en assurance.

OLYMPIE.

Ah, seigneur ! parlez moins de meurtre et de vengeance.
Elle a vécu... je meurs au reste des humains.

ANTIGONE.

Je déplore sa perte autant que je vous plains;
Je pourrais rappeler sa volonté sacrée,
Si chère à mon espoir, et par vous révérée;
Mais je sais ce qu'on doit dans ce premier moment
A son ombre, à sa fille, à votre accablement.
Consolez-vous, madame, et gardez sa promesse.
(Il sort avec Hermas.)

SCÈNE III.

OLYMPIE, L'HIÉROPHANTE; PRÊTRES, PRÊTRESSES.

OLYMPIE.

Vous qui compatissez à l'horreur qui me presse,
Vous, ministre d'un Dieu de paix et de douceur,
Des cœurs infortunés le seul consolateur,
Ne puis-je sous vos yeux consacrer ma misère
Aux autels arrosés des larmes de ma mère?
Auriez-vous bien, seigneur, assez de dureté
Pour fermer cet asile à ma calamité?
Du sang de tant de rois c'est l'unique héritage;
Ne me l'enviez pas, laissez-moi mon partage.

L'HIÉROPHANTE.

Je pleure vos destins; mais que puis-je pour vous?
Votre mère en mourant a nommé votre époux:
Vous avez entendu sa volonté dernière,
Tandis que de nos mains nous fermions sa paupière;
Et si vous résistez à sa mourante voix,
Cassandre est votre maître, il rentre en tous ses droits.

ACTE V, SCÈNE III.

OLYMPIE.

J'ai juré, je l'avoue, à Statira mourante
De détourner ma main de cette main sanglante ;
Je garde mes sermens.

L'HIÉROPHANTE.

Libre encor dans ces lieux,
Votre main ne dépend que de vous et des dieux.
Bientôt tout va changer : vous pouvez, Olympie,
Ordonner maintenant du sort de votre vie :
On ne doit pas sans doute allumer en un jour
Et les bûchers des morts et les flambeaux d'amour.
Ce mélange est affreux ; mais un mot peut suffire,
Et j'attendrai ce mot sans oser le prescrire.
C'est à vous à sentir, dans ces extrémités,
Ce que doit votre cœur au sang dont vous sortez.

OLYMPIE.

Seigneur, je vous l'ai dit ; cet hymen, et tout autre,
Est horrible à mon cœur, et doit déplaire au vôtre.
Je ne veux point trahir ces mânes courroucés ;
J'abandonne un époux... c'est obéir assez.
Laissez-moi fuir l'hymen, et l'amour, et le trône.

L'HIÉROPHANTE.

Il faut suivre Cassandre ou choisir Antigone :
Ces deux rivaux armés, si fiers et si jaloux,
Sont forcés maintenant à s'en remettre à vous.
Vous préviendrez d'un mot le trouble et le carnage
Dont nos yeux reverraient l'épouvantable image,
Sans le respect profond qu'inspirent aux mortels
Cet appareil de mort, ce bûcher, ces autels,
Et ces derniers devoirs, et ces honneurs suprêmes,

Qui les font pour un temps rentrer tous en eux-mêmes.
La piété se lasse, et surtout chez les grands.
J'ai du sang avec peine arrêté les torrens ;
Mais ce sang dès demain va couler dans Éphèse,
Décidez-vous, princesse, et le peuple s'apaise.
Ce peuple, qui toujours est du parti des lois,
Quand vous aurez parlé, soutiendra votre choix :
Sinon, le fer en main, dans ce temple, à ma vue,
Cassandre, en réclamant la foi qu'il a reçue,
D'un bien qu'il possédait a droit de s'emparer,
Malgré la juste horreur qu'il vous semble inspirer.

OLYMPIE.

Il suffit : je conçois vos raisons et vos craintes ;
Je ne m'emporte plus en d'inutiles plaintes ;
Je subis mon destin ; vous voyez sa rigueur...
Il me faut faire un choix... il est fait dans mon cœur ;
Je suis déterminée.

L'HIÉROPHANTE.

Ainsi donc d'Antigone
Vous acceptez les vœux et la main qu'il vous donne ?

OLYMPIE.

Seigneur, quoi qu'il en soit, peut-être ce moment
N'est point fait pour conclure un tel engagement.
Vous-même l'avouez ; et cette heure dernière,
Où ma mère a vécu, doit m'occuper entière...
Au bûcher qui l'attend vous allez la porter ?

L'HIÉROPHANTE.

De ces tristes devoirs il faut nous acquitter :
Une urne contiendra sa dépouille mortelle ;
Vous la recueillerez.

ACTE V, SCÈNE III.

OLYMPIE.
Sa fille criminelle
A causé son trépas... Cette fille du moins
A ses mânes vengeurs doit encor quelques soins.

L'HIÉROPHANTE.
Je vais tout préparer.

OLYMPIE.
Par vos lois que j'ignore,
Sur ce lit embrasé puis-je la voir encore ?
Du funèbre appareil pourrai-je m'approcher ?
Pourrai-je de mes pleurs arroser son bûcher ?

L'HIÉROPHANTE.
Hélas ! vous le devez ; nous partageons vos larmes :
Vous n'avez rien à craindre ; et ces rivaux en armes
Ne pourront point troubler ces devoirs douloureux.
Présentez des parfums, vos voiles, vos cheveux,
Et des libations la triste et pure offrande.

(Les prêtresses placent tout cela sur un autel.)

OLYMPIE, *à l'hiérophante.*
C'est l'unique faveur que sa fille demande...

(à la prêtresse inférieure.)
Toi qui la conduisis dans ce séjour de mort,
Qui partageas quinze ans les horreurs de son sort,
Va, reviens m'avertir quand cette cendre aimée
Sera prête à tomber dans la fosse enflammée ;
Que mes derniers devoirs, puisqu'ils me sont permis,
Satisfassent son ombre... Il le faut.

LA PRÊTRESSE.
J'obéis.
(Elle sort.)

OLYMPIE, *à l'hiérophante.*

Allez donc : élevez cette pile fatale.
Préparez les cyprès et l'urne sépulcrale.
Faites venir ici ces deux rivaux cruels :
Je prétends m'expliquer au pied de ces autels.
A l'aspect de ma mère, aux yeux de ces prêtresses,
Témoins de mes malheurs, témoins de mes promesses.
Mes sentimens, mon choix, vont être déclarés :
Vous les plaindrez peut-être et les approuverez.

L'HIÉROPHANTE.

De vos destins encor vous êtes la maîtresse ;
Vous n'avez que ce jour ; il fuit, et le temps presse.
(*Il sort avec les prêtres.*)

SCÈNE IV.

OLYMPIE, *sur le devant ; les* PRÊTRESSES, *en demi-cercle au fond.*

OLYMPIE.

O toi qui dans mon cœur, à ce choix résolu,
Usurpas à ma honte un pouvoir absolu,
Qui triomphes encor de Statira mourante,
D'Alexandre au tombeau, de leur fille tremblante,
De la terre et des cieux contre toi conjurés !
Règne, amant malheureux, sur mes sens déchirés :
Si tu m'aimes, hélas ! si j'ose encor le croire,
Va, tu paieras bien cher ta funeste victoire.

SCÈNE V.

OLYMPIE, CASSANDRE; LES PRÊTRESSES.

CASSANDRE.

Eh bien, je viens remplir mon devoir et vos vœux;
Mon sang doit arroser ce bûcher malheureux.
Acceptez mon trépas, c'est ma seule espérance;
Que ce soit par pitié plutôt que par vengeance.

OLYMPIE.

Cassandre!

CASSANDRE.

Objet sacré! chère épouse...

OLYMPIE.

Ah, cruel!

CASSANDRE.

Il n'est plus de pardon pour ce grand criminel :
Esclave infortuné du destin qui me guide,
Mon sort en tous les temps est d'être parricide.
 (Il se jette à genoux.)
Mais je suis ton époux; mais, malgré ses forfaits,
Cet époux t'idolâtre encor plus que jamais.
Respecte en m'abhorrant cet hymen que j'atteste :
Dans l'univers entier Cassandre seul te reste;
La mort est le seul dieu qui peut nous séparer;
Je veux en périssant te voir et t'adorer.
Venge-toi, punis-moi, mais ne sois point parjure :
Va, l'hymen est encor plus saint que la nature.

OLYMPIE.

Levez-vous, et cessez de profaner du moins

Cette cendre fatale et mes funèbres soins.
Quand sur l'affreux bûcher dont les flammes s'allument
De ma mère en ces lieux les membres se consument,
Ne souillez pas ces dons que je dois présenter;
N'approchez pas, Cassandre, et sachez m'écouter.

SCÈNE VI.

OLYMPIE, CASSANDRE, ANTIGONE;
PRÊTRESSES.

ANTIGONE.

Enfin votre vertu ne peut plus s'en défendre,
Statira vous dictait l'arrêt qu'il vous faut rendre.
J'ai respecté les morts et ce jour de terreur;
Vous en pouvez juger, puisque mon bras vengeur
N'a point encor de sang inondé cet asile,
Puisqu'un moment encore à vos ordres docile,
Je vous prends en ces lieux pour son juge et le mien.
Prononcez votre arrêt, et ne redoutez rien.
On vous verra, madame, et du moins, je l'espère,
Distinguer l'assassin du vengeur d'une mère.
La nature a des droits. Statira, dans les cieux,
A côté d'Alexandre, arrête ici ses yeux.
Vous êtes dans ce temple encore ensevelie;
Mais la terre et le ciel observent Olympie.
Il faut entre nous deux que vous vous déclariez.

OLYMPIE.

J'y consens; mais je veux que vous me respectiez.
Vous voyez ces apprêts, ces dons que je dois faire
A nos dieux infernaux, aux mânes d'une mère;

Vous choisissez ce temps, impétueux rivaux,
Pour me parler d'hymen au milieu des tombeaux !
Jurez-moi seulement, soldats du roi mon père,
Rois après son trépas, que, si je vous suis chère,
Dans ce moment du moins, reconnaissant mes lois,
Vous ne troublerez point mes devoirs et mon choix.

CASSANDRE.

Je le dois, je le jure; et vous devez connaître
Combien je vous respecte et dédaigne ce traître.

ANTIGONE.

Oui, je le jure aussi, bien sûr que votre cœur
Pour ce rival barbare est pénétré d'horreur.
Prononcez; j'y souscris.

OLYMPIE.

Songez, quoi qu'il en coûte,
Vous-même l'avez dit, qu'Alexandre m'écoute.

ANTIGONE.

Décidez devant lui.

CASSANDRE.

J'attends vos volontés.

OLYMPIE.

Connaissez donc ce cœur que vous persécutez,
Et vous-même jugez du parti qui me reste.
Quelque choix que je fasse, il doit m'être funeste.
Vous sentez tout l'excès de ma calamité :
Apprenez plus; sachez que je l'ai mérité.
J'ai trahi mes parens quand j'ai pu les connaître;
J'ai porté le trépas au sein qui m'a fait naître :
Je trouvais une mère en ce séjour d'effroi;
Elle est morte en mes bras, elle est morte pour moi.

Elle a dit à sa fille, à ses pieds désolée,
« Épousez Antigone, et je meurs consolée. »
Elle était expirante; et moi, pour l'achever,
Je la refuse.

ANTIGONE.

Ainsi vous pouvez me braver,
Outrager votre mère et trahir la nature!

OLYMPIE.

A ses mânes, à vous je ne fais point d'injure;
Je rends justice à tous, et je la rends à moi...
Cassandre, devant lui je vous donnai ma foi;
Voyez si nos liens ont été légitimes;
Je vous laisse en juger : vous connaissez vos crimes;
Il serait superflu de vous les reprocher :
Réparez-les un jour.

CASSANDRE.

Je ne puis vous toucher!
Je ne puis adoucir cette horreur qui vous presse!

OLYMPIE.

Il faut vous éclairer : gardez votre promesse.

(Le temple s'ouvre; on voit le bûcher enflammé.)

SCÈNE VII.

OLYMPIE, CASSANDRE, ANTIGONE, L'HIÉROPHANTE; PRÊTRES, PRÊTRESSES.

LA PRÊTRESSE INFÉRIEURE.

Princesse, il en est temps.

OLYMPIE, *à Cassandre.*

Vois ce spectacle affreux :

ACTE V, SCÈNE VII.

Cassandre, en ce moment, plains-toi, si tu le peux ;
Contemple ce bûcher, contemple cette cendre ;
Souviens-toi de mes fers, souviens-toi d'Alexandre :
Voilà sa veuve, parle, et dis ce que je dois.

CASSANDRE.

M'immoler.

OLYMPIE.

Ton arrêt est dicté par ta voix...
Attends ici le mien*. Vous, mânes de ma mère,
Mânes à qui je rends ce devoir funéraire,
Vous, qu'un juste courroux doit encore animer,
Vous recevrez des dons qui pourront vous calmer.
De mon père et de vous ils sont dignes peut-être...
Toi, l'époux d'Olympie, et qui ne dus pas l'être ;
Toi qui me conservas par un cruel secours,
Toi par qui j'ai perdu les auteurs de mes jours,
Toi qui m'as tant chérie, et pour qui ma faiblesse
Du plus fatal amour a senti la tendresse,
Tu crois mes lâches feux de mon ame bannis...
Apprends... que je t'adore... et que je m'en punis [8].
Cendres de Statira, recevez Olympie.

(*Elle se frappe et se jette dans le bûcher.*)

TOUS ENSEMBLE.

(L'hiérophante, les prêtres et les prêtresses témoignent leur
étonnement et leur consternation.)

Ciel !

CASSANDRE, *courant au bûcher.*

Olympie !

---

* Elle monte sur l'estrade de l'autel qui est près du bûcher. Les prêtresses lui présentent les offrandes.

LES PRÊTRES.

O ciel !

ANTIGONE.

O fureur inouïe !

CASSANDRE.

Elle n'est déja plus, tous nos efforts sont vains.
(revenant dans le péristyle.)
En est-ce assez, grands dieux... Mes exécrables mains
Ont fait périr mon roi, sa veuve, et mon épouse...
Antigone, ton ame est-elle encor jalouse ?
Insensible témoin de cette horrible mort,
Envieras-tu toujours la douceur de mon sort ?
De ma félicité si ton grand cœur s'irrite,
Partage-la, crois-moi, prends ce fer, et m'imite.
(Il se tue.)

L'HIÉROPHANTE.

Arrêtez... O saint temple ! ô Dieu juste et vengeur !
Dans quel palais profane a-t-on vu plus d'horreur !

ANTIGONE.

Ainsi donc Alexandre, et sa famille entière,
Successeurs, assassins, tout est cendre et poussière !
Dieux, dont le monde entier éprouve le courroux,
Maîtres des vils humains, pourquoi les formiez-vous ?
Qu'avait fait Statira ? qu'avait fait Olympie ?
A quoi réservez-vous ma déplorable vie ?

FIN D'OLYMPIE.

NOTES SUR OLYMPIE,

PAR M. DE VOLTAIRE.

¹ Ces mystères et ces expiations sont de la plus haute antiquité, et commençaient alors à devenir communs chez les Grecs. Philippe, père d'Alexandre, se fit initier aux mystères de la Samothrace avec la jeune Olympias qu'il épousa depuis. C'est ce qu'on trouve dans Plutarque, au commencement de la vie d'Alexandre, et c'est ce qui peut servir à fonder l'initiation de Cassandre et d'Olympie.

Il est difficile de savoir chez quelle nation on inventa ces mystères. On les trouve établis chez les Perses, chez les Indiens, chez les Égyptiens, chez les Grecs. Il n'y a peut-être point d'établissement plus sage. La plupart des hommes, quand ils sont tombés dans de grands crimes, en ont naturellement des remords. Les législateurs qui établirent les mystères et les expiations voulurent également empêcher les coupables repentans de se livrer au désespoir, et de retomber dans leurs crimes.

La créance de l'immortalité de l'ame était partout le fondement de ces cérémonies religieuses. Soit que la doctrine de la métempsycose fût admise, soit qu'on reçût celle de la réunion de l'esprit humain à l'esprit universel, soit que l'on crût, comme en Égypte, que l'ame serait un jour rejointe à son propre corps; en un mot, quelle que fût l'opinion dominante, celle des peines et des récompenses après la mort était universelle chez toutes les nations policées.

Il est vrai que les Juifs ne connurent point ces mystères, quoiqu'ils eussent pris beaucoup de cérémonies des Égyptiens. La raison en est que l'immortalité de l'ame était le fondement de la doctrine égyptienne, et n'était pas celui de la doctrine mosaïque. Le peuple grossier des Juifs, auquel Dieu daignait se proportionner, n'avait même aucun corps de doctrine; il n'avait pas une seule formule de prière générale établie par ses lois. On ne trouve ni dans le Deutéronome, ni dans le Lévitique, qui sont les seules lois des Juifs, ni prière, ni dogme, ni créance de l'immortalité de l'ame, ni peines ni récompenses après la mort. C'est ce qui les distinguait des autres peuples; et c'est ce qui prouve la divinité de la mission de Moïse, selon le sentiment de M. Warburton, évêque de Worcester. Ce prélat prétend que Dieu, daignant gouverner lui-même le peuple juif, et le récompensant ou le punissant par des bénédictions ou des peines temporelles, ne devait pas lui proposer le dogme de l'immortalité de l'ame, dogme admis chez tous les voisins de ce peuple.

Les Juifs furent donc presque les seuls dans l'antiquité chez qui les mystères furent inconnus. Zoroastre les avait apportés en Perse, Orphée en Thrace, Osiris en Égypte, Minos en Crète, Cinyras en Chypre, Érechthée dans Athènes. Tous différaient, mais tous étaient fondés sur la créance d'une vie à venir, et sur celle d'un seul Dieu. C'est surtout ce dogme de l'unité de l'Être suprême qui fit donner partout le nom de mystères à ces cérémonies sacrées. On laissait le peuple adorer des dieux secondaires, des petits dieux, comme les appelle Ovide, *vulgus deorum*, c'est-à-dire les ames des héros, que l'on croyait participantes de la Divinité, et des êtres mitoyens entre Dieu et nous. Dans toutes les célébrations des mystères en Grèce, soit à Éleusis, soit à Thèbes, soit dans la Samothrace, ou dans les autres îles, on chantait l'hymne d'Orphée :

« Marchez dans la voie de la justice, contemplez le seul
« maître du monde, le Démiourgos. Il est unique, il existe
« seul par lui-même, tous les autres êtres ne sont que par lui;
« il les anime tous : il n'a jamais été vu par des yeux mortels,
« et il voit au fond de nos cœurs. »

Dans presque toutes les célébrations de ces mystères, on

représentait sur une espèce de théâtre une nuit à peine éclairée, et des hommes à moitié nus, errant dans ces ténèbres, poussant des gémissemens et des plaintes, et levant les mains au ciel. Ensuite venait la lumière, et l'on voyait le Démiourgos, qui représentait le maître et le fabricateur du monde, consolant les mortels, et les exhortant à mener une vie pure.

Ceux qui avaient commis de grands crimes les confessaient à l'hiérophante, et juraient devant Dieu de n'en plus commettre. On les appelait dans toutes les langues d'un nom qui répond à *initiatus, initié*, celui *qui commence une nouvelle vie*, et qui entre en communication avec les dieux, c'est-à-dire avec les héros et les demi-dieux qui ont mérité par leurs exploits bienfesans d'être admis après leur mort auprès de l'Être suprême.

Ce sont là les particularités principales qu'on peut recueillir des anciens mystères dans Platon, dans Cicéron, dans Porphyre, Eusèbe, Strabon, et d'autres.

Les parricides n'étaient point reçus à ces expiations; le crime était trop énorme. Suétone rapporte que Néron, après avoir assassiné sa mère, ayant voyagé en Grèce, n'osa assister aux mystères d'Éleusine. Zosime prétend que Constantin, après avoir fait mourir sa femme, son fils, son beau-père et son neveu, ne put jamais trouver d'hiérophante qui l'admît à la participation des mystères.

On pourrait remarquer ici que Cassandre est précisément dans le cas où il doit être admis au nombre des initiés. Il n'est point coupable de l'empoisonnement d'Alexandre; il n'a répandu le sang de Statira que dans l'horreur tumultueuse d'un combat, et en défendant son père. Ses remords sont plutôt d'une ame sensible et née pour la vertu, que d'un criminel qui craint la vengeance céleste.

² Il est bon d'opposer ici le jugement de Plutarque sur Alexandre à tous les paradoxes et aux lieux communs qu'il a plu à Juvénal et à ses imitateurs de débiter contre ce héros.

Plutarque, dans sa belle comparaison d'Alexandre et de César, dit que « le héros de la Macédoine semblait né pour le bon- « heur du monde, et le héros romain pour sa ruine. » En effet, rien n'est plus juste que la guerre d'Alexandre, général de la Grèce, contre les ennemis de la Grèce, et rien de plus injuste que la guerre de César contre sa patrie.

Remarquez surtout que Plutarque ne décide qu'après avoir pesé les vertus et les vices d'Alexandre et de César. J'avoue que Plutarque, qui donne toujours la préférence aux Grecs, semble avoir été trop loin. Qu'aurait-il dit de plus de Titus, de Trajan, des Antonin, de Julien même, sa religion à part? Voilà ceux qui paraissaient être nés pour le bonheur du monde, plutôt que le meurtrier de Clitus, de Callisthène et de Parménion.

3 Ce spectacle ferait peut-être un bel effet au théâtre, si jamais la pièce pouvait être représentée. Ce n'est pas qu'il y ait aucun mérite à faire paraître des prêtres et des prêtresses, un autel, des flambeaux, et toute la cérémonie d'un mariage : cet appareil, au contraire, ne serait qu'une misérable ressource, si d'ailleurs il n'excitait pas un grand intérêt, s'il ne formait pas une situation, s'il ne produisait pas de l'étonnement et de la colère dans Antigone, s'il n'était pas lié avec les desseins de Cassandre, s'il ne servait à expliquer le véritable sujet de ses expiations. C'est tout cela ensemble qui forme une situation. Tout appareil dont il ne résulte rien est puéril. Qu'importe la décoration au mérite d'un poeme? Si le succès dépendait de ce qui frappe les yeux, il n'y aurait qu'à montrer des tableaux mouvans. La partie qui regarde la pompe du spectacle est sans doute la dernière; on ne doit pas la négliger, mais il ne faut pas trop s'y attacher.

Il faut que les situations théâtrales forment des tableaux animés. Un peintre qui met sur la toile la cérémonie d'un mariage n'aura fait qu'un tableau assez commun s'il n'a peint que deux époux, un autel et des assistans; mais s'il y ajoute un homme dans l'attitude de l'étonnement et de la colère, qui contraste avec la joie des deux époux, son ouvrage aura de la vie et de la force. Ainsi, au second acte, Statira qui embrasse Olympie avec des larmes de joie, et l'hiérophante attendri et affligé; ainsi, au troisième acte, Cassandre reconnaissant Statira avec effroi, et Olympie dans l'embarras et dans la douleur; ainsi, au quatrième acte, Olympie au pied d'un autel, désespérée de sa faiblesse, et repoussant Cassandre qui se jette à ses genoux; ainsi, au cinquième, la même Olympie s'élançant dans le bûcher, aux yeux de ses amans épouvantés et des prêtres, qui tous ensemble sont dans cette attitude douloureuse, empressée, égarée, qui annonce une marche précipitée, les bras étendus, et prêts à courir au secours: toutes ces peintures vivantes, formées par des acteurs pleins d'ame et de feu, pourraient donner au moins quelque idée de l'excès où peuvent être poussées la terreur et la pitié, qui sont le seul but, la seule constitution de la tragédie. Mais il faudrait un ouvrage dramatique qui, étant susceptible de toutes ces hardiesses, eût aussi les beautés qui rendent ces hardiesses respectables.

Si le cœur n'est pas ému par la beauté des vers, par la vérité des sentimens, les yeux ne seront pas contens de ces spectacles prodigués; et, loin de les applaudir, on les tournera en ridicule, comme de vains supplémens qui ne peuvent jamais remplacer le génie de la poésie.

Il est à croire que c'est cette crainte du ridicule qui a presque toujours resserré la scène française dans le petit cercle des dialogues, des monologues et des récits. Il nous a manqué de l'action; c'est un défaut que les étrangers nous reprochent, et dont nous osons à peine nous corriger. On ne présente cette tragédie aux amateurs que comme une esquisse légère et imparfaite d'un genre absolument nécessaire.

[4] Le feu de Vesta était allumé dans presque tous les temples de la terre connue. Vesta signifiait *feu* chez les anciens Perses,,

et tous les savans en conviennent. Il est à croire que les autres nations firent une divinité de ce feu, que les Perses ne regardèrent jamais que comme le symbole de la Divinité. Ainsi une erreur de nom produisit la déesse Vesta, comme elle a produit tant d'autres choses.

⁵ Non seulement les défauts de cette tragédie ont empêché l'auteur d'oser la faire jouer sur le théâtre de Paris; mais la crainte que le peu de beautés qui peut y être ne fût exposé à la raillerie, a retenu l'auteur encore plus que ses défauts. La même légèreté qui fit condamner *Athalie* pendant plus de vingt années par ce même peuple qui applaudissait à la *Judith* de Boyer, les mêmes prétextes qui servirent à jeter du ridicule sur un prêtre et sur un enfant, peuvent subsister aujourd'hui. Il est à croire qu'on dirait: Voilà une tragédie jouée dans un couvent; Statira est religieuse, Cassandre a fait une confession générale, l'hiérophante est un directeur, etc.

Mais aussi il se trouvera des lecteurs éclairés et sensibles qui pourront être attendris de ces mêmes ressemblances, dans lesquelles d'autres ne trouveront que des sujets de plaisanterie. Il n'y a point de royaume en Europe qui n'ait vu des reines s'ensevelir, les derniers jours de leur vie, dans des monastères, après les plus horribles catastrophes. Il y avait de ces asiles chez les anciens, comme parmi nous. La Calprenède fait retrouver Statira dans un puits: ne vaut-il pas mieux la retrouver dans un temple?

Quant à la confession de ses fautes dans les cérémonies de la religion, elle est de la plus haute antiquité, et est expressément ordonnée par les lois de Zoroastre, qu'on trouve dans le Sadder. Les initiés n'étaient point admis aux mystères sans avoir exposé le secret de leurs cœurs en présence de l'Être suprême. S'il y a quelque chose qui console les hommes sur la terre, c'est de pouvoir être réconcilié avec le ciel et avec soi-même. En un mot, on a tâché de représenter ici ce que les malheurs des grands de la terre ont jamais eu de plus terrible, et ce que la religion ancienne a jamais eu de plus consolant et de plus auguste. Si ces mœurs, ces usages ont quelque conformité avec les nôtres, ils doivent porter plus de terreur et de pitié dans nos ames.

Il y a quelquefois dans le cloître je ne sais quoi d'attendrissant et d'auguste. La comparaison que fait secrètement le lecteur entre le silence de ces retraites et le tumulte du monde, entre la piété paisible qu'on suppose y régner et les discordes sanglantes qui désolent la terre, émeut et transporte une ame vertueuse et sensible.

⁶ Cet exemple d'un prêtre qui se renferme dans les bornes de son ministère de paix nous a paru d'une très grande utilité, et il serait à souhaiter qu'on ne les représentât jamais autrement sur un théâtre public, qui doit être l'école des mœurs. Il est vrai qu'un personnage qui se borne à prier le ciel et à enseigner la vertu n'est pas assez agissant pour la scène; mais aussi il ne doit pas être au nombre des personnages dont les passions font mouvoir la pièce. Les héros emportés par leurs passions agissent, et un grand-prêtre instruit. Ce mélange, heureusement employé par des mains plus habiles, pourra faire un jour un grand effet sur le théâtre.

On ose dire que le grand-prêtre Joad, dans la tragédie d'*Athalie*, semble s'éloigner trop de ce caractère de douceur et d'impartialité qui doit faire l'essence de son ministère. On pourrait l'accuser d'un fanatisme trop féroce, lorsque, rencontrant Mathan en conférence avec Josabet, au lieu de s'adresser à Mathan avec la bienséance convenable, il s'écrie:

> Quoi! fille de David, vous parlez à ce traitre!
> Vous souffrez qu'il vous parle! Et vous ne craignez pas
> Que, du fond de l'abyme entr'ouvert sous ses pas,
> Il ne sorte a l'instant des feux qui vous embrasent,
> Ou qu'en tombant sur lui ces murs ne vous écrasent!
> Que veut-il? de quel front cet ennemi de Dieu
> Vient-il infecter l'air qu'on respire en ce lieu?

Mathan semble lui répondre très pertinemment, en disant:

> On reconnoît Joad à cette violence.
> Toutefois il devroit montrer plus de prudence,
> Respecter une reine, etc.
>
> Acte III, scène v.

On ne voit pas non plus pour quelle raison Joad, ou Joïada, s'obstine à ne vouloir pas que la reine Athalie adopte le petit Joas. Elle dit en propres termes à cet enfant: «Je n'ai point « d'héritier, je prétends vous traiter comme mon propre fils.»

Athalie n'avait certainement alors aucun intérêt à faire tuer Joas. Elle pouvait lui servir de mère, et lui laisser son petit royaume. Il est très naturel qu'une vieille femme s'intéresse au seul rejeton de sa famille. Athalie en effet était dans la décrépitude de l'âge. Les Paralipomènes disent que son fils Ochozias ou Achazia avait quarante-deux ans quand il fut déclaré *melk* ou *roitelet*. Il régna environ un an. Sa mère Athalie lui survécut six ans. Supposons qu'elle fût mariée à quinze ans, il est clair qu'elle avait au moins soixante-quatre ans. Il y a bien plus; il est dit dans le quatrième livre des Rois, que Jéhu égorgea quarante-deux frères d'Ochozias, et cet Ochozias était le cadet de tous ses frères: à ce compte, pour peu qu'un des quarante-deux frères eût été majeur, Athalie devait être âgée de cent six ans quand le prêtre Joad la fit assassiner [1].

Je n'examine point ici comment le père d'Ochozias pouvait avoir quarante ans, et son fils quarante-deux quand il lui

---

[1] Voici le compte:

Athalie se marie à quinze ans	15
Elle a quarante-deux fils	42
Ochozias, le quarante-troisième, commence à régner à quarante-deux ans	42
Il règne un an	1
Athalie règne après lui six ans	6
Somme totale	106

succéda, je n'examine que la tragédie. Je demande seulement de quel droit le prêtre Joad arme ses lévites contre la reine à laquelle il a fait serment de fidélité? de quel droit trompe-t-il Athalie, en lui promettant un trésor? de quel droit fait-il massacrer sa reine dans la plus extrême vieillesse?

Athalie n'était certainement pas si coupable que Jéhu, qui avait fait mourir soixante-dix fils du roi Achab, et mis leurs têtes dans des corbeilles, à ce que dit le quatrième livre des Rois. Le même livre rapporte qu'il fit exterminer tous les amis d'Achab, tous ses courtisans et tous ses prêtres.

Cette reine avait, à la vérité, usé de représailles; mais appartenait-il à Joad de conspirer contre elle et de la tuer? Il était son sujet; et certainement, dans nos mœurs et dans nos lois, il n'est pas plus permis à Joad de faire assassiner sa reine, qu'il n'eût été permis à l'archevêque de Cantorbéry d'assassiner Élisabeth, parce qu'elle avait fait condamner Marie Stuart.

Il eût fallu, pour qu'un tel assassinat ne révoltât pas tous les esprits, que Dieu, qui est le maître de notre vie et des moyens de nous l'ôter, fût descendu lui-même sur la terre d'une manière visible et sensible, et qu'il eût ordonné ce meurtre : or c'est certainement ce qu'il n'a pas fait. Il n'est pas dit même que Joad ait consulté le Seigneur, ni qu'il lui ait fait la moindre prière avant de mettre sa reine à mort. L'Écriture dit seulement qu'il conspira avec ses lévites, qu'il leur donna des lances, et qu'il fit assassiner Athalie *à la porte aux Chevaux*, sans dire que le Seigneur approuvât cette conduite.

N'est-il donc pas clair, après cette exposition, que le rôle et le caractère de Joad, dans *Athalie*, peuvent être du plus mauvais exemple, s'ils n'excitent pas la plus violente indignation? car pourquoi l'action de Joad serait-elle consacrée?

Dieu n'approuve certainement pas tout ce que l'histoire des Juifs rapporte. L'Esprit saint a présidé à la vérité avec laquelle tous ces livres ont été écrits. Il n'a pas présidé aux actions perverses dont on y rend compte. Il ne loue ni les mensonges d'Abraham, d'Isaac et de Jacob, ni la circoncision imposée aux Sichimites pour les égorger plus aisément, ni l'inceste de Juda avec Thamar sa belle-fille, ni même le meurtre de l'Égyptien par Moïse. Il n'est point dit que le Seigneur approuve l'assassinat d'Églon, roi des Moabites, par Aod ou Eud ; il n'est point dit qu'il approuve l'assassinat de Sizara par Jaël, ni qu'il ait été content que Jephté, encore teint du sang de sa fille, fît égorger quarante-deux mille hommes d'Éphraïm au passage du Jourdain, parce qu'ils ne pouvaient pas bien prononcer *Schibboiet*. Si les Benjamites du village de Gabaa voulurent violer un lévite, si on massacra toute la tribu de Benjamin, à six cents personnes près, ces actions ne sont point citées avec éloge.

Le saint Esprit ne donne aucune louange à David pour s'être mis, avec cinq cents brigands chargés de dettes, du parti du roitelet Akis, ennemi de sa patrie, ni pour avoir égorgé les vieillards, les femmes, les enfans et les bestiaux des villages alliés du roitelet, auquel il avait juré fidélité, et qui lui avait accordé sa protection.

L'Écriture ne donne point d'éloge à Salomon pour avoir fait assassiner son frère Adonias; ni à Bahasa, pour avoir assassiné Nadab; ni à Zimri ou Zamri, pour avoir assassiné Éla et toute sa famille; ni à Amri ou Homri, pour avoir fait périr Zimri; ni à Jéhu, pour avoir assassiné Joram.

Le saint Esprit n'approuve point que les habitans de Jérusalem assassinent le roi Amasias, fils de Joas; ni que Sellum, fils de Jabès, assassine Zacharias, fils de Jéroboam; ni que Manahem assassine Sellum, fils de Jabès; ni que Facée, fils de Roméli, assassine Facéia, fils de Manahem; ni qu'Osée, fils d'Éla, assassine Facée, fils de Roméli. Il semble au contraire que ces abominations du peuple de Dieu sont punies par une suite continuelle de désastres presque aussi grands que ses forfaits.

Si donc tant de crimes et tant de meurtres ne sont point

excusés dans l'Écriture, pourquoi le meurtre d'Athalie serait-il consacré sur le théâtre ?

Certes, quand Athalie dit à l'enfant : « Je prétends vous « traiter comme mon propre fils, » Josabet pouvait lui répondre : « Et bien, madame, traitez-le donc comme votre « fils, car il l'est; vous êtes sa grand'mère; vous n'avez que « lui d'héritier : je suis sa tante; vous êtes vieille; vous n'avez « que peu de temps à vivre; cet enfant doit faire votre con- « solation. Si un étranger et un scélérat comme Jéhu, melk de « Samarie, assassina votre père et votre mère; s'il fit égorger « soixante et dix fils de vos frères, et quarante-deux de vos « enfans, il n'est pas possible que, pour vous venger de cet « abominable étranger, vous prétendiez massacrer le seul « petit-fils qui vous reste. Vous n'êtes pas capable d'une dé- « mence si exécrable et si absurde, ni mon mari ni moi ne « pourrons avoir la fureur insensée de vous en soupçonner; « ni un tel crime ni un tel soupçon ne sont dans la nature. « Au contraire, on élève ses petits-fils pour avoir un jour en « eux des vengeurs. Ni moi ni personne ne pouvons croire que « vous ayez été à la fois dénaturée et insensée. Élevez donc « le petit Joas; j'en aurai soin, moi qui suis sa tante, sous les « yeux de sa grand'mère. »

Voilà qui est naturel, voilà qui est raisonnable : mais ce qui ne l'est peut-être pas, c'est qu'un prêtre dise : « J'aime « mieux exposer le petit enfant à périr que de le confier à sa « grand'mère; j'aime mieux tromper ma reine, et lui pro- « mettre indignement de l'argent, pour l'assassiner, et risquer « la vie de tous les lévites par cette conspiration, que de « rendre à la reine son petit-fils; je veux garder cet enfant, « et égorger sa grand'mère, pour conserver plus long-temps « mon autorité. » C'est là au fond la conduite de ce prêtre.

J'admire, comme je le dois, la difficulté surmontée dans la tragédie d'*Athalie*, la force, la pompe, l'élégance de la versification, le beau contraste du guerrier Abner et du prêtre Mathan. J'excuse la faiblesse du rôle de Josabet, j'excuse quelques longueurs; mais je crois que si un roi avait dans ses états un homme tel que Joad, il ferait fort bien de l'enfermer.

⁷ Il serait à souhaiter que cette scène pût être représentée dans la place qui conduit au péristyle du temple; mais alors cette place occupant un grand espace, le vestibule un autre, et l'intérieur du temple ayant une assez grande profondeur, les personnages qui paraissent dans ce temple ne pourraient être entendus : il faut donc que le spectateur supplée à la décoration qui manque.

On a balancé long-temps si on laisserait l'idée de ce combat subsister, ou si on la retrancherait. On s'est déterminé à la conserver, parce qu'elle paraît convenir aux mœurs des personnages, à la pièce, qui est toute en spectacles, et que l'hiérophante semble y soutenir la dignité de son caractère. Les duels sont plus fréquens dans l'antiquité qu'on ne pense. Le premier combat dans Homère est un duel à la tête des deux armées, qui le regardent et qui sont oisives; et c'est précisément ce que propose Cassandre.

⁸ Le suicide est une chose très commune sur la scène française. Il n'est pas à craindre que ces exemples soient imités par les spectateurs. Cependant si on mettait sur le théâtre un homme tel que le Caton d'Addison, philosophe et citoyen, qui, ayant dans une main le *Traité de l'immortalité de l'ame*, de Platon, et une épée dans l'autre, prouve par les raisonnemens les plus forts qu'il est des conjonctures où un homme de courage doit finir sa vie, il est à croire que les grands noms de Platon et de Caton réunis, la force des raisonnemens, et la beauté des vers, pourraient faire un assez puissant effet sur les ames vigoureuses et sensibles, pour les porter à l'imitation, dans ces momens malheureux où tant d'hommes éprouvent le dégoût de la vie.

Le suicide n'est pas permis parmi nous. Il n'était autorisé ni chez les Grecs ni chez les Romains par aucune loi; mais aussi n'y en avait-il aucune qui le punît. Au contraire, ceux qui se sont donné la mort, comme Hercule, Cléomène, Brutus, Cassius, Arria, Pætus, Caton, l'empereur Othon, ont tous été regardés comme des grands hommes et comme des demi-dieux.

La coutume de finir ses jours volontairement sur un bûcher a été respectée de temps immémorial dans toute la haute Asie; et aujourd'hui même encore on en a de fréquens exemples dans les Indes orientales.

On a tant écrit sur cette matière, que je me bornerai à un petit nombre de questions.

Si le suicide fait tort à la société, je demande si ces homicides volontaires, et légitimés par toutes les lois, qui se commettent dans la guerre, ne font pas un peu plus de tort au genre humain?

Je n'entends pas par ces homicides ceux qui, s'étant voués au service de leur patrie et de leur prince, affrontent la mort dans les batailles; je parle de ce nombre prodigieux de guerriers auxquels il est indifférent de servir sous une puissance ou sous une autre, qui trafiquent de leur sang comme un ouvrier vend son travail et sa journée, qui combattront demain pour celui contre qui ils étaient armés hier, et qui, sans considérer ni leur patrie ni leur famille, tuent et se font tuer pour des étrangers. Je demande en bonne foi si cette espèce d'héroïsme est comparable à celui de Caton, de Cassius et de Brutus. Tel soldat et même tel officier a combattu tour à tour pour la France, pour l'Autriche et pour la Prusse.

Il y a un peuple sur la terre dont la maxime, non encore démentie, est de ne se jamais donner la mort, et de ne la donner à personne; ce sont les Philadelphiens, qu'on a si sottement nommés *Quakers*. Ils ont même long-temps refusé de contribuer aux frais de la dernière guerre qu'on fesait vers le Canada pour décider à quels marchands d'Europe appartiendrait un coin de terre endurci sous la glace pendant sept mois, et stérile pendant les cinq autres. Ils disaient pour leurs raisons que des vases d'argile, tels que les hommes, ne devaient pas se briser les uns contre les autres pour de si misérables intérêts.

Je passe à une seconde question.

Que pensent ceux qui parmi nous périssent par une mort volontaire? Il y en a beaucoup dans toutes les grandes villes. J'en ai connu une petite où il y avait une douzaine de suicides par an. Ceux qui sortent ainsi de la vie pensent-ils avoir une ame immortelle? espèrent-ils que cette ame sera plus heureuse dans une autre vie? croient-ils que notre entendement se réunit après notre mort à l'ame générale du monde? imaginent-ils que l'entendement est une faculté, un résultat des organes, qui périt avec les organes mêmes, comme la végétation dans les plantes est détruite quand les plantes sont arrachées; comme la sensibilité dans les animaux, lorsqu'ils ne respirent plus; comme la force, cet être métaphysique, cesse d'exister dans un ressort qui a perdu son élasticité?

Il serait à désirer que tous ceux qui prennent le parti de sortir de la vie laissassent par écrit leurs raisons, avec un petit mot de leur philosophie : cela ne serait pas inutile aux vivans et à l'histoire de l'esprit humain.

FIN DES NOTES SUR OLYMPIE.

LE TRIUMVIRAT,

TRAGÉDIE EN CINQ ACTES,

Représentée pour la première fois le 5 juillet 1764.

AVERTISSEMENT

DES ÉDITEURS DE L'ÉDITION DE KEHL.

Cette pièce, jouée en 1764, fut imprimée à Paris en 1766. « L'auteur, disait M. de Voltaire dans un Aver-
« tissement, n'avait composé cet ouvrage que pour avoir
« occasion de développer dans des notes les caractères
« des principaux Romains au temps du triumvirat, et
« pour placer convenablement l'histoire de tant d'autres
« proscriptions qui effraient et qui déshonorent la nature
« humaine, depuis la proscription de vingt-trois mille
« Hébreux en un jour, à l'occasion d'un veau d'or, et
« de vingt-quatre mille en un autre jour, pour une fille
« madianite, jusqu'aux proscriptions des Vaudois du
« Piémont. »

La pièce imprimée est très différente du manuscrit qui a servi aux représentations. C'est sur ce manuscrit que nous avons recueilli les variantes. Elle était accompagnée, dans toutes les éditions, de deux ouvrages en prose, l'un sur *le Gouvernement et la Divinité d'Auguste;* l'autre intitulé : *des Conspirations contre les peuples, et des Proscriptions.*

Nous avons cru que ces deux morceaux, purement historiques, et qui n'ont avec cette tragédie qu'un rapport éloigné, seraient mieux placés dans la partie historique des Œuvres de Voltaire.

PRÉFACE

DE L'ÉDITEUR DE PARIS. (1766.)

Cette tragédie, assez ignorée, m'étant tombée entre les mains, j'ai été étonné d'y voir l'histoire presque entièrement falsifiée, et cependant les mœurs des Romains, du temps du triumvirat, représentées avec le pinceau le plus fidèle.

Ce contraste singulier m'a engagé à la faire imprimer avec des remarques que j'ai faites sur ces temps illustres et funestes d'un empire qui, tout détruit qu'il est, attirera toujours les regards de vingt royaumes élevés sur ses débris, et dont chacun se vante aujourd'hui d'avoir été une province des Romains, et une des pièces de ce grand édifice. Il n'y a point de petite ville qui ne cherche à prouver qu'elle a eu l'honneur autrefois d'être saccagée par quelque consul romain, et on va même jusqu'à supposer des titres de cette espèce de vanité humiliante. Tout vieux château dont on ignore l'origine a été bâti par César, du fond de l'Espagne au bord du Rhin : on voit partout une tour de César, qui ne fit élever aucune tour dans les pays qu'il subjugua, et qui préférait ses camps retranchés à des ouvrages de pierres et de ciment, qu'il n'avait pas le temps de construire dans la rapidité de ses expéditions. Enfin les temps des Scipion, de Sylla, de César, d'Auguste, sont beaucoup plus présens à notre mémoire que les premiers événemens de nos propres monarchies. Il semble que nous soyons encore sujets des Romains.

J'ose dire dans mes notes ce que je pense de la plupart de ces hommes célèbres, tels que César, Pompée, Antoine, Auguste, Caton, Cicéron, en ne jugeant que par les faits, et en ne me préoccupant pour personne. Je ne prétends point juger la pièce. J'ai fait une étude particulière de l'histoire, et non pas du théâtre, que je connais assez peu, et qui me semble un objet de goût plutôt que de recherches. J'avoue que j'aime à voir dans un ouvrage dramatique les mœurs de l'antiquité, et à comparer les héros qu'on met sur le théâtre avec la conduite et le caractère que les historiens leur attribuent. Je ne demande pas qu'ils fassent sur la scène ce qu'ils ont réellement fait dans leur vie ; mais je me crois en droit d'exiger qu'ils ne fassent rien qui ne soit dans leurs mœurs : c'est là ce qu'on appelle la vérité théâtrale.

Le public semble n'aimer que les sentimens tendres et touchans, les emportemens et les craintes des amantes affligées. Une femme trahie intéresse plus que la chute d'un empire. J'ai trouvé dans cette pièce des objets qui se rapprochent plus de ma manière de penser et de celle de quelques lecteurs qui, sans exclure aucun genre, aiment les peintures des grandes révolutions, ou plutôt des hommes qui les ont faites. S'il n'avait été question que des amours d'Octave et du jeune Pompée dans cette pièce, je ne l'aurais ni commentée ni imprimée. Je m'en suis servi comme d'un sujet qui m'a fourni des réflexions sur le caractère des Romains, sur ce qui intéresse l'humanité, et sur ce qu'on peut découvrir de vérités historiques.

J'aurais désiré qu'on eût commenté ainsi les tragédies de Pompée, de Sertorius, de Cinna, des Horaces, et qu'on eût démêlé ce qui appartient à la vérité et ce qui appartient à la fable. Il est certain, par exemple, que César ne tint à Ptolémée aucun des discours que lui prête le sublime et inégal auteur de *la Mort de Pompée*, et que Cornélie ne parla point à César comme on l'a fait parler, puisque Ptolémée était un enfant de douze à treize ans, et Cornélie une femme de dix-huit, qui ne vit jamais César, qui n'aborda point en Égypte, et qui ne joua aucun rôle dans les guerres civiles. Il n'y a jamais eu d'Émilie qui ait conspiré avec Cinna; tout cela est une invention du génie du poete. La conspiration de Cinna n'est probablement qu'un sujet fabuleux de déclamation, inventé par Sénèque, comme je le dis dans mes notes.

De toutes les tragédies que nous avons, celle qui s'écarte le moins de la vérité historique, et qui peint le cœur le plus fidèlement, serait *Britannicus*, si l'intrigue n'était pas uniquement fondée sur les prétendus amours de Britannicus et de Junie, et sur la jalousie de Néron. J'espère que les éditeurs qui ont annoncé les Commentaires des ouvrages de Racine par souscription n'oublieront pas de remarquer comment ce grand homme a fondu et embelli Tacite dans sa pièce. Je pense que si Néron n'avait pas eu la puérilité de se cacher derrière une tapisserie pour écouter l'entretien de Britannicus et de Junie, et si le cinquième acte pouvait être plus animé, cette pièce serait celle qui plairait le plus aux hommes d'état et aux esprits cultivés.

En un mot, on voit assez quel est mon but dans l'édition que je donne. Le manuscrit de cette tragédie est intitulé : *Octave et le jeune Pompée* ; j'y ai ajouté le titre du *Triumvirat* : il m'a paru que ce titre réveille plus l'attention, et présente à l'esprit une image plus forte et plus grande. Je sais gré à l'auteur d'avoir supprimé Lépide, et de n'avoir parlé de cet indigne Romain que comme il le méritait.

Encore une fois je ne prétends point juger de la pièce. Il faut toujours attendre le jugement du public; mais il me semble que l'auteur écrit plus pour les lecteurs que pour les spectateurs. Sa pièce m'a paru tenir beaucoup plus du terrible que du genre qui attendrit le cœur et qui le déchire.

On m'assure même que l'auteur n'a point prétendu faire une tragédie pour le théâtre de Paris, et qu'il n'a voulu que rendre odieux la plupart des personnages de ces temps atroces : c'est en quoi il m'a paru qu'il avait réussi. La pièce est peut-être dans le goût anglais. Il est bon d'avoir des ouvrages dans tous les genres.

Il m'importe peu de connaître l'auteur : je ne me suis occupé que de faire sur cet ouvrage des notes qui peuvent être utiles. Les gens de lettres qui aiment ces recherches, et pour qui seuls j'écris, en seront les juges.

J'ai employé la nouvelle orthographe. Il m'a paru qu'on doit écrire, autant qu'on le peut, comme on parle; et quand il n'en coûte qu'un *a* au lieu d'un *o*, pour distinguer les Français de saint François d'Assise, comme dit l'auteur de *la Henriade*, et pour faire sentir qu'on prononce Anglais et Danois, ce n'est ni une grande peine ni une grande difficulté de mettre un *a* qui indique la vraie prononciation, à la place de cet *o* qui vous trompe.

PERSONNAGES.

OCTAVE, surnommé depuis Auguste.
MARC-ANTOINE.
Le jeune POMPÉE.
JULIE, fille de Lucius César.
FULVIE, femme de Marc-Antoine.
ALBINE, suivante de Fulvie.
AUFIDE, tribun militaire.
Tribuns, Centurions, Licteurs, Soldats.

LE TRIUMVIRAT,

TRAGÉDIE.

ACTE PREMIER.

SCÈNE I.

Le théâtre représente l'île où les triumvirs firent les proscriptions et le partage du monde. La scène est obscurcie; on entend le tonnerre, on voit des éclairs. La scène découvre des rochers, des précipices et des tentes dans l'éloignement.

FULVIE, ALBINE.

FULVIE.
Quelle effroyable nuit ! Que le courroux céleste
Éclate avec justice en cette île funeste[1] !

ALBINE.
Ces tremblemens soudains, ces rochers renversés,
Ces volcans infernaux jusqu'au ciel élancés,
Ce fleuve soulevé roulant sur nous son onde,
Ont fait craindre aux humains les derniers jours du [monde.
La foudre a dévoré ce détestable airain,
Ces tables de vengeance, où le fatal burin
Épouvantait nos yeux d'une liste de crimes,
De l'ordre du carnage, et des noms des victimes.
Vous voyez en effet que nos proscriptions
Sont en horreur au ciel ainsi qu'aux nations.

FULVIE.

Tombe sur nos tyrans cette foudre égarée,
Qui, frappant vainement une terre abhorrée,
A détruit dans les mains de nos maîtres cruels
Les instrumens du crime, et non les criminels !
Je voudrais avoir vu cette île anéantie
Avec l'indigne affront dont on couvre Fulvie.
Que font nos trois tyrans dans ce désordre affreux ?
Quelques remords au moins ont-ils approché d'eux ?

ALBINE.

Dans cette île tremblante aux éclats du tonnerre,
Tranquilles dans leur tente ils partageaient la terre ;
Du sénat et du peuple ils ont réglé le sort,
Et dans Rome sanglante ils envoyaient la mort.

FULVIE.

Antoine me la donne, ô jour d'ignominie !
Il me quitte, il me chasse, il épouse Octavie [2] ;
D'un divorce odieux j'attends l'infame écrit ;
Je suis répudiée, et c'est moi qu'on proscrit.

ALBINE.

Il vous brave à ce point ! il vous fait cette injure !

FULVIE.

L'assassin des Romains craint-il d'être parjure ?
Je l'ai trop bien servi : tout barbare est ingrat,
Il prétexte envers moi l'intérêt de l'état ;
Mais ce grand intérêt n'est que celui d'un traître,
Qui ménageant Octave en est trompé peut-être.

ALBINE.

Octave vous aima [3] : se peut-il qu'aujourd'hui
Vos malheurs, vos affronts ne viennent que de lui ?

ACTE I, SCÈNE I.

FULVIE.

Qui peut connaître Octave? et que son caractère
Est différent en tout du grand cœur de son père!
Je l'ai vu, dans l'erreur de ses égaremens,
Passer Antoine même en ses emportemens 4,
Je l'ai vu des plaisirs chercher la folle ivresse,
Je l'ai vu des Catons affecter la sagesse.
Après m'avoir offert un criminel amour,
Ce Protée à ma chaîne échappa sans retour.
Tantôt il est affable, et tantôt sanguinaire :
Il adore Julie, il a proscrit son père ;
Il hait, il craint Antoine, il lui donne sa sœur :
Antoine est forcené, mais Octave est trompeur.
Ce sont là les héros qui gouvernent la terre ;
Ils font en se jouant et la paix et la guerre ;
Du sein des voluptés ils nous donnent des fers.
A quels maîtres, grands dieux, livrez-vous l'univers!
Albine, les lions, au sortir des carnages,
Suivent en rugissant leurs compagnes sauvages ;
Les tigres font l'amour avec férocité :
Tels sont nos triumvirs. Antoine ensanglanté
Prépare de l'hymen la détestable fête.
Octave a de Julie entrepris la conquête ;
Et dans ce jour de sang, de tristesse et d'horreur,
L'amour de tous côtés se mêle à la fureur.
Julie abhorre Octave ; elle n'est occupée
Que de livrer son cœur au fils du grand Pompée.
Si Pompée est écrit sur ce livre fatal,
Octave en l'immolant frappe en lui son rival.
Voilà donc les ressorts du destin de l'empire,

Ces grands secrets d'état que l'ignorance admire !
Ils étonnent de loin les vulgaires esprits,
Ils inspirent de près l'horreur et le mépris.
ALBINE.
Que de bassesse, ô ciel ! et que de tyrannie !
Quoi ! les maîtres du monde en sont l'ignominie !
Je vous plains : je pensais que Lépide aujourd'hui
Contre ces deux ingrats vous servirait d'appui.
Vous unîtes vous-même Antoine avec Lépide.
FULVIE.
A peine est-il compté dans leur troupe homicide.
Subalterne tyran, pontife méprisé,
De son faible génie ils ont trop abusé ;
Instrument odieux de leurs sanglans caprices,
C'est un vil scélérat soumis à ses complices ;
Il signe leurs décrets sans être consulté,
Et pense agir encore avec autorité.
Mais si dans mes chagrins quelques douceurs me restent,
C'est que mes deux tyrans en secret se détestent [5].
Cet hymen d'Octavie et ses faibles appas
Éloignent la rupture et ne l'empêchent pas.
Ils se connaissent trop ; ils se rendent justice.
Un jour je les verrai, préparant leur supplice,
Allumer la discorde avec plus de fureur
Que leur fausse amitié n'étale ici d'horreur.

SCÈNE II.

FULVIE, ALBINE, AUFIDE.

FULVIE.
Aufide, qu'a-t-on fait? quelle est ma destinée?
A quel abaissement suis-je enfin condamnée?
AUFIDE.
Le divorce est signé de cette même main
Que l'on voit à longs flots verser le sang romain,
Et bientôt vos tyrans viendront sous cette tente
Partager des proscrits la dépouille sanglante.
FULVIE.
Puis-je compter sur vous?
AUFIDE.
Né dans votre maison,
Si je sers sous Antoine et dans sa légion,
Je ne suis qu'à vous seule. Autrefois mon épée
Aux champs thessaliens servit le grand Pompée:
Je rougis d'être ici l'esclave des fureurs
Des vainqueurs de Pompée et de vos oppresseurs.
Mais que résolvez-vous?
FULVIE.
De me venger.
AUFIDE.
Sans doute,
Vous le devez, Fulvie.
FULVIE.
Il n'est rien qui me coûte,

Il n'est rien que je craigne, et dans nos factions
On a compté Fulvie au rang des plus grands noms.
Je n'ai qu'une ressource, Aufide, en ma disgrace;
Le parti de Pompée est celui que j'embrasse;
Et Lucius César a des amis secrets [6]
Qui sauront à ma cause unir ses intérêts.
Il est, vous le savez, le père de Julie;
Il fut proscrit; enfin tout me le concilie.
Julie est-elle à Rome?

AUFIDE.

On n'a pu l'y trouver.
Octave tout-puissant l'aura fait enlever;
Le bruit en a couru.

FULVIE.

Le rapt et l'homicide,
Ce sont là ses exploits! voilà nos lois, Aufide.
Mais le fils de Pompée est-il en sûreté?
Qu'en avez-vous appris?

AUFIDE.

Son arrêt est porté;
Et l'infame avarice au pouvoir asservie [7]
Doit trancher à prix d'or une si belle vie;
Tels sont les vils Romains.

FULVIE.

Quoi! tout espoir me fuit
Non, je défie encor le sort qui me poursuit;
Les tumultes des camps ont été mes asiles :
Mon génie était né pour les guerres civiles [8],
Pour ce siècle effroyable où j'ai reçu le jour.
Je veux... Mais j'aperçois dans ce sanglant séjour

Les licteurs des tyrans, leurs lâches satellites,
Qui de ce camp barbare occupent les limites.
Vous qu'un emploi funeste attache ici près d'eux,
Demeurez; écoutez leurs complots ténébreux;
Vous m'en avertirez, et vous viendrez m'apprendre
Ce que je dois souffrir, ce qu'il faut entreprendre.
(Elle sort avec Albine.)

AUFIDE.

Moi, le soldat d'Antoine! A quoi suis-je réduit!
De trente ans de travaux quel exécrable fruit!

(Tandis qu'il parle, on avance la tente où Octave et Antoine vont se placer. Les licteurs l'entourent et forment un demi-cercle. Aufide se range à côté de la tente.)

SCÈNE III.

OCTAVE, ANTOINE, *debout dans la tente, une table derrière eux.*

ANTOINE.

Octave, c'en est fait, et je la répudie;
Je resserre nos nœuds par l'hymen d'Octavie;
Mais ce n'est pas assez pour éteindre ces feux
Qu'un intérêt jaloux allume entre nous deux.
Deux chefs toujours unis sont un exemple rare;
Pour les concilier il faut qu'on les sépare.
Vingt fois votre Agrippa, vos confidens, les miens,
Depuis que nous régnons ont rompu nos liens.
Un compagnon de plus, ou qui du moins croit l'être,
Sur le trône avec nous affectant de paraître,
Lépide, est un fantôme aisément écarté [9],

Qui rentre de lui-même en son obscurité.
Qu'il demeure pontife, et qu'il préside aux fêtes
Que Rome en gémissant consacre à nos conquêtes ;
La terre n'est qu'à nous et qu'à nos légions.
Il est temps de fixer le sort des nations ;
Réglons surtout le nôtre ; et, quand tout nous seconde,
Cessons de différer le partage du monde.
(Ils s'asseyent à la table où ils doivent signer.)

OCTAVE.

Mes desseins dès long-temps ont prévenu vos vœux ;
J'ai voulu que l'empire appartînt à tous deux.
Songez que je prétends la Gaule et l'Illyrie,
Les Espagnes, l'Afrique, et surtout l'Italie ;
L'Orient est à vous [10].

ANTOINE.

Telle est ma volonté ;
Tel est le sort du monde entre nous arrêté.
Vous l'emportez sur moi dans ce nouveau partage ;
Je ne me cache point quel est votre avantage ;
Rome va vous servir : vous aurez sous vos lois
Les vainqueurs de la terre, et je n'ai que des rois [11].
Je veux bien vous céder. J'exige en récompense
Que votre autorité, secondant ma puissance,
Extermine à jamais les restes abattus
Du parti de Pompée et du traître Brutus ;
Qu'aucun n'échappe aux lois que nous avons portées.

OCTAVE.

D'assez de sang peut-être elles sont cimentées.

ANTOINE.

Comment ! vous balancez ! je ne vous connais plus.

ACTE I, SCÈNE III.

Qui peut troubler ainsi vos vœux irrésolus ?
OCTAVE.
Le ciel même a détruit ces tables si cruelles.
ANTOINE.
Le ciel qui nous seconde en permet de nouvelles.
Craignez-vous un augure [12] ?
OCTAVE.
      Et ne craignez-vous pas
De révolter la terre à force d'attentats ?
Nous voulons enchaîner la liberté romaine,
Nous voulons gouverner ; n'excitons plus la haine.
ANTOINE.
Nommez-vous la justice une inhumanité ?
Octave, un triumvir par César adopté,
Quand je venge un ami, craint de venger un père !
Vous oublieriez son sang pour flatter le vulgaire !
A qui prétendez-vous accorder un pardon,
Quand vous m'avez vous-même immolé Cicéron ?
OCTAVE.
Rome pleure sa mort.
ANTOINE.
     Elle pleure en silence.
Cassius et Brutus, réduits à l'impuissance,
Inspireront peut-être aux autres nations
Une éternelle horreur de nos proscriptions.
Laissons-les en tracer d'effroyables images,
Et contre nos deux noms révolter tous les âges.
Assassins de leur maître et de leur bienfaiteur,
C'est leur indigne nom qui doit être en horreur :
Ce sont les cœurs ingrats qu'il est temps qu'on punisse ;

Seuls ils sont criminels, et nous fesons justice.
Ceux qui les ont servis, qui les ont approuvés,
Aux mêmes châtimens seront tous réservés.
De vingt mille guerriers, péris dans nos batailles,
D'un œil sec et tranquille on voit les funérailles;
Sur leurs corps étendus, victimes du trépas,
Nous volons sans pâlir à de nouveaux combats;
Et de la trahison cent malheureux complices
Seraient au grand César de trop chers sacrifices!

OCTAVE.

Dans Rome en ce jour même on venge encor sa mort;
Mais sachez qu'à mon cœur il en coûte un effort.
Trop d'horreur à la fin peut souiller sa vengeance;
Je serais plus son fils si j'avais sa clémence.

ANTOINE.

La clémence aujourd'hui peut nous perdre tous deux.

OCTAVE.

L'excès des cruautés serait plus dangereux.

ANTOINE.

Redoutez-vous le peuple?

OCTAVE.

Il faut qu'on le ménage;
Il faut lui faire aimer le frein de l'esclavage.
D'un œil d'indifférence il voit la mort des grands;
Mais quand il craint pour lui, malheur à ses tyrans[a]!

ANTOINE.

J'entends : à mes périls vous cherchez à lui plaire,
Vous voulez devenir un tyran populaire.

OCTAVE.

Vous m'imputez toujours quelques secrets desseins.

ACTE I, SCENE III.

Sacrifier Pompée [13] est-ce plaire aux Romains?
Mes ordres aujourd'hui renversent leur idole.
Tandis que je vous parle, on le frappe, on l'immole :
Que voulez-vous de plus?

ANTOINE.

Vous ne m'abusez pas;
Il vous en coûta peu d'ordonner son trépas :
A nos vrais intérêts sa mort fut nécessaire.
Mais d'un rival secret vous vouliez vous défaire;
Il adorait Julie, et vous étiez jaloux;
Votre amour outragé conduisait tous vos coups.
De nos engagemens remplissez l'étendue :
De Lucius César la mort est suspendue;
Oui, Lucius César contre nous conjuré...

OCTAVE.

Arrêtez.

ANTOINE.

Ce coupable est-il pour nous sacré?
Je veux qu'il meure...

OCTAVE, *se levant.*

Lui? le père de Julie?

ANTOINE.

Oui, lui-même.

OCTAVE.

Écoutez : notre intérêt nous lie;
L'hymen étreint ces nœuds; mais si vous persistez
A demander le sang que vous persécutez,
Dès ce jour entre nous je romps toute alliance.

ANTOINE.

Octave, je sais trop que notre intelligence

Produira la discorde et trompera nos vœux.
Ne précipitons point des temps si dangereux.
Voulez-vous m'offenser?

OCTAVE.

Non ; mais je suis le maître
D'épargner un proscrit qui ne devait pas l'être.

ANTOINE.

Mais vous-même avec moi vous l'aviez condamné :
De tous nos ennemis c'est le plus obstiné.
Qu'importe si sa fille un moment vous fut chère?
A notre sûreté je dois le sang du père.
Les plaisirs inconstans d'un amour passager
A nos grands intérêts n'ont rien que d'étranger.
Vous avez jusqu'ici peu connu la tendresse ;
Et je n'attendais pas cet excès de faiblesse.

OCTAVE.

De faiblesse... et c'est vous qui m'oseriez blâmer?
C'est Antoine aujourd'hui qui me défend d'aimer?

ANTOINE.

Nous avons tous les deux mêlé dans les alarmes
Les fêtes, les plaisirs à la fureur des armes :
César en fit autant [14] ; mais par la volupté
Le cours de ses exploits ne fut point arrêté.
Je le vis dans l'Égypte, amoureux et sévère,
Adorer Cléopâtre en immolant son frère.

OCTAVE.

Ce fut pour la servir. Je puis vous voir un jour
Plus aveuglé que lui, plus faible à votre tour.
Je vous connais assez ; mais, quoi qu'il en arrive,
J'ai rayé Lucius, et je prétends qu'il vive.

ANTOINE.

Je n'y consentirai qu'en vous voyant signer
L'arrêt de ces proscrits qu'on ne peut épargner.

OCTAVE.

Je vous l'ai déja dit, j'étais las du carnage
Où la mort de César a forcé mon courage.
Mais, puisqu'il faut enfin ne rien faire à demi,
Que le salut de Rome en doit être affermi,
Qu'il me faut consommer l'horreur qui nous rassemble,
(Il s'assied et signe.)
Je cède, je me rends... j'y souscris... Ma main tremble.
Allez, tribuns, portez ces malheureux édits :
(à Antoine qui s'assied et signe.)
Et nous, puissions-nous être à jamais réunis !

ANTOINE.

Vous, Aufide, demain vous conduirez Fulvie ;
Sa retraite est marquée aux champs de l'Apulie :
Que je n'entende plus ses cris séditieux.

OCTAVE.

Écoutons ce tribun qui revient en ces lieux ;
Il arrive de Rome, et pourra nous apprendre
Quel respect à nos lois le sénat a dû rendre [b].

SCÈNE IV.

OCTAVE, ANTOINE, AUFIDE ; un tribun,
licteurs.

ANTOINE, *au tribun*.

A-t-on des triumvirs accompli les desseins ?
Le sang assure-t-il le repos des humains ?

LE TRIBUN.

Rome tremble et se tait au milieu des supplices.
Il nous reste à frapper quelques secrets complices,
Quelques vils ennemis d'Antoine et des Césars,
Restes des conjurés de ces ides de Mars,
Qui, dans les derniers rangs cachant leur haine obscure.
Vont du peuple en secret exciter le murmure.
Paulus, Albin, Cotta, les plus grands sont tombés;
A la proscription peu se sont dérobés.

OCTAVE.

A-t-on de l'univers affermi la conquête?
Et du fils de Pompée apportez-vous la tête?
Pour le bien de l'état j'ai dû la demander.

LE TRIBUN.

Les dieux n'ont pas voulu, seigneur, vous l'accorder :
Trop chéri des Romains, ce jeune téméraire
Se parait à leurs yeux des vertus de son père;
Et lorsque, par mes soins, des têtes des proscrits
Aux murs du Capitole on affichait le prix,
Pompée à leur salut mettait des récompenses.
Il a par des bienfaits combattu vos vengeances;
Mais quand vos légions ont marché sur nos pas,
Alors, fuyant de Rome et cherchant les combats.
Il s'avance à Césène, et vers les Pyrénées
Doit au fils de Caton joindre ses destinées;
Tandis qu'en Orient Cassius et Brutus,
Conjurés trop fameux par leurs fausses vertus.
A leur faible parti rendant un peu d'audace,
Osent vous défier dans les champs de la Thrace.

ANTOINE.

Pompée est échappé!

OCTAVE.

Ne vous alarmez pas;
En quelques lieux qu'il soit, la mort est sur ses pas.
Si mon père a du sien triomphé dans Pharsale,
J'attends contre le fils une fortune égale;
Et le nom de César, dont je suis honoré,
De sa perte à mon bras fait un devoir sacré.

ANTOINE.

Préparons donc soudain cette grande entreprise;
Mais que notre intérêt jamais ne nous divise.
Le sang du grand César est déja joint au mien;
Votre sœur est ma femme; et ce double lien
Doit affermir le joug où nos mains triomphantes
Tiendront à nos genoux les nations tremblantes.

SCÈNE V.

OCTAVE; LE TRIBUN *éloigné*.

OCTAVE.

Que feront tous ces nœuds? nous sommes deux tyrans!
Puissances de la terre, avez-vous des parens?
Dans le sang des Césars Julie a pris naissance;
Et, loin de rechercher mon utile alliance,
Elle n'a regardé cette triste union
Que comme un des arrêts de la proscription.
   (au tribun.)
Revenez... Quoi! Pompée échappe à ma vengeance?

Quoi ! Julie avec lui serait d'intelligence ?
On ignore en quels lieux elle a porté ses pas ?
LE TRIBUN.
Son père en est instruit, et l'on n'en doute pas.
Lui-même de sa fille a préparé la fuite.
OCTAVE.
De quoi s'informe ici ma raison trop séduite ?
Quoi ! lorsqu'il faut régir l'univers consterné,
Entouré d'ennemis, du meurtre environné,
Teint du sang des proscrits, que j'immole à mon père,
Détesté des Romains, peut-être d'un beau-frère,
Au milieu de la guerre, au sein des factions,
Mon cœur serait ouvert à d'autres passions !
Quel mélange inouï ! quelle étonnante ivresse
D'amour, d'ambition, de crimes, de faiblesse !
Quels soucis dévorans viennent me consumer !
Destructeur des humains, t'appartient-il d'aimer ?

FIN DU PREMIER ACTE.

ACTE SECOND.

SCÈNE I.

FULVIE, AUFIDE.

AUFIDE.
Oui, j'ai tout entendu ; le sang et le carnage
Ne coûtaient rien, madame, à votre époux volage.
Je suis toujours surpris que ce cœur effréné,
Plongé dans la licence, au vice abandonné,
Dans les plaisirs affreux qui partagent sa vie,
Garde une cruauté tranquille et réfléchie.
Octave même, Octave en paraît indigné ;
Il regrettait le sang où son bras s'est baigné.
Il n'était plus lui-même : il semble qu'il rougisse
D'avoir eu si long-temps Antoine pour complice.
Peut-être aux yeux des siens il feint un repentir,
Pour mieux tromper la terre et mieux l'assujétir ;
Ou peut-être son ame, en secret révoltée,
De sa propre furie était épouvantée.
J'ignore s'il est né pour éprouver un jour
Vers l'humaine équité quelque faible retour [15] ;
Mais il a disputé sur le choix des victimes,
Et je l'ai vu trembler en signant tant de crimes.

FULVIE.
Qu'importe à mes affronts ce faible et vain remord ?

Chacun d'eux tour à tour me donne ici la mort.
Octave, que tu crois moins dur et moins féroce,
Sous un air plus humain cache un cœur plus atroce;
Il agit en barbare, et parle avec douceur :
Je vois de son esprit la profonde noirceur;
Le sphynx est son emblème [16], et nous dit qu'il préfère
Ce symbole du fourbe aux aigles de son père.
A tromper l'univers il mettra tous ses soins.
De vertus incapable, il les feindra du moins;
Et l'autre aura toujours dans sa vertu guerrière
Les vices forcenés de son ame grossière.
Ils osent me bannir; c'est là ce que je veux.
Je ne demandais pas à gémir auprès d'eux,
A respirer encore un air qu'ils empoisonnent.
Remplissons sans tarder les ordres qu'ils me donnent;
Partons. Dans quels pays, dans quels lieux ignorés
Ne les verrons-nous pas comme à Rome abhorrés?
Je trouverai partout l'aliment de ma haine.

SCÈNE II.

FULVIE, ALBINE, AUFIDE.

ALBINE.

Madame, espérez tout; Pompée est à Césène :
Mille Romains en foule ont devancé ses pas;
Son nom et ses malheurs enfantent des soldats;
On dit qu'à la valeur joignant la diligence,
Dans cette île barbare il porte la vengeance;
Que les trois assassins à leur tour sont proscrits,

Que de leur sang impur on a fixé le prix.
On dit que Brutus même avance vers le Tibre,
Que la terre est vengée, et qu'enfin Rome est libre.
Déja dans tout le camp ce bruit s'est répandu,
Et le soldat murmure, ou demeure éperdu.

FULVIE.

On en dit trop, Albine; un bien si désirable
Est trop prompt et trop grand pour être vraisemblable;
Mais ces rumeurs au moins peuvent me consoler,
Si mes persécuteurs apprennent à trembler.

AUFIDE.

Il est des fondemens à ce bruit populaire.
Un peu de vérité fait l'erreur du vulgaire.
Pompée a su tromper le fer des assassins,
C'est beaucoup; tout le reste est soumis aux destins.
Je sais qu'il a marché vers les murs de Césène;
De son départ au moins la nouvelle est certaine,
Et le bruit qu'on répand nous confirme aujourd'hui
Que les cœurs des Romains se sont tournés vers lui;
Mais son danger est grand; des légions entières
Marchent sur son passage, et bordent les frontières;
Pompée est téméraire, et ses rivaux prudens.

FULVIE.

La prudence est surtout nécessaire aux méchans;
Mais souvent on la trompe : un heureux téméraire
Confond, en agissant, celui qui délibère.
Enfin Pompée approche. Unis par la fureur,
Nos communs intérêts m'annoncent un vengeur.
Les révolutions, fatales ou prospères,
Du sort qui conduit tout sont les jeux ordinaires :

La fortune à nos yeux fit monter sur son char
Sylla, deux Marius, et Pompée et César;
Elle a précipité ces foudres de la guerre;
De leur sang tour à tour elle a rougi la terre.
Rome a changé de lois, de tyrans et de fers.
Déja nos triumvirs éprouvent des revers.
Cassius et Brutus menacent l'Italie.
J'irais chercher Pompée aux sables de Libye.
Après mes deux affronts, indignement soufferts,
Je me consolerais en troublant l'univers.
Rappelons et l'Espagne et la Gaule irritée
A cette liberté que j'ai persécutée;
Puissé-je, dans le sang de ces monstres heureux,
Expier les forfaits que j'ai commis pour eux!
Pardonne, Cicéron, de Rome heureux génie,
Mes destins t'ont vengé, tes bourreaux m'ont punie;
Mais je mourrai contente en des malheurs si grands,
Si je meurs comme toi le fléau des tyrans.
   (à Aufide.)
Avant que de partir, tâchez de vous instruire
Si de quelque espérance un rayon peut nous luire.
Profitez des momens où les soldats troublés
Dans le camp des tyrans paraissent ébranlés.
Annoncez-leur Pompée; à ce grand nom peut-être
Ils se repentiront d'avoir un autre maître.
Allez.
   (Ici l'on voit dans l'enfoncement Julie couchée entre les rochers.)

SCÈNE III.

FULVIE, ALBINE.

FULVIE.
Que vois-je au loin dans ces rochers déserts,
Sur ces bords escarpés d'abymes entr'ouverts,
Que présente à mes yeux la terre encor tremblante ?
ALBINE.
Je vois, ou je me trompe, une femme expirante.
FULVIE.
Est-ce quelque victime immolée en ces lieux ?
Peut-être les tyrans l'exposent à nos yeux,
Et par un tel spectacle, ils ont voulu m'apprendre
De leur triumvirat ce que je dois attendre.
Allez : j'entends d'ici ses sanglots et ses cris :
Dans son cœur oppressé rappelez ses esprits ;
Conduisez-la vers moi.

SCÈNE IV.

FULVIE, *sur le devant du théâtre* ; JULIE, *au fond,
vers un des côtés, soutenue par* ALBINE.

JULIE.
                Dieux vengeurs que j'adore,
Écoutez-moi, voyez pour qui je vous implore ;
Secourez un héros, ou faites-moi mourir.
FULVIE.
De ses plaintifs accens je me sens attendrir.

JULIE.

Où suis-je? et dans quels lieux les flots m'ont-ils jetée?
Je promène en tremblant ma vue épouvantée.
Où marcher... Quelle main m'offre ici son secours?
Et qui vient ranimer mes misérables jours?

FULVIE.

Sa gémissante voix ne m'est point inconnue.
Avançons... Ciel! que vois-je! en croirai-je ma vue?
Destins qui vous jouez des malheureux mortels,
Amenez-vous Julie en ces lieux criminels?
Ne me trompé-je point... N'en doutons plus, c'est elle.

JULIE.

Quoi! d'Antoine, grands dieux! c'est l'épouse cruelle!
Je suis perdue!

FULVIE.

Hélas! que craignez-vous de moi?
Est-ce aux infortunés d'inspirer quelque effroi?
Voyez-moi sans trembler; je suis loin d'être à craindre;
Vous êtes malheureuse, et je suis plus à plaindre.

JULIE.

Vous!

FULVIE.

Quel événement et quels dieux irrités
Ont amené Julie en ces lieux détestés?

JULIE.

Je ne sais où je suis : un déluge effroyable
Qui semblait engloutir une terre coupable,
Des tremblemens affreux, des foudres dévorans,
Dans les flots débordés ont plongé mes suivans.
Avec un seul guerrier de la mort échappée,

J'ai marché quelque temps dans cette île escarpée;
Mes yeux ont vu de loin des tentes, des soldats;
Ces rochers ont caché ma terreur et mes pas;
Celui qui me guidait a cessé de paraître.
A peine devant vous puis-je me reconnaître;
Je me meurs.

FULVIE.

Ah, Julie!

JULIE.

Eh quoi! vous soupirez!

FULVIE.

De vos maux et des miens mes sens sont déchirés.

JULIE.

Vous souffrez comme moi! quel malheur vous opprime?
Hélas! où sommes-nous?

FULVIE.

Dans le séjour du crime,
Dans cette île exécrable où trois monstres unis
Ensanglantent le monde, et restent impunis.

JULIE.

Quoi! c'est ici qu'Antoine et le barbare Octave
Ont condamné Pompée, et font la terre esclave?

FULVIE.

C'est sous ces pavillons qu'ils règlent notre sort;
De Pompée ici même ils ont signé la mort.

JULIE.

Soutenez-moi, grands dieux!

FULVIE.

De cet affreux repaire

Ces tigres sont sortis : leur troupe sanguinaire
Marche en ce même instant au rivage opposé.
L'endroit où je vous parle est le moins exposé ;
Mes tentes sont ici ; gardez qu'on ne vous voie.
Venez, calmez ce trouble où votre ame se noie.

JULIE.

Et la femme d'Antoine est ici mon appui !

FULVIE.

Graces à ses forfaits je ne suis plus à lui.
Je n'ai plus désormais de parti que le vôtre.
Le destin par pitié nous rejoint l'une à l'autre.
Qu'est devenu Pompée ?

JULIE.

Ah, que m'avez-vous dit !
Pourquoi vous informer d'un malheureux proscrit ?

FULVIE.

Est-il en sûreté ? parlez en assurance :
J'atteste ici les dieux, et Rome, et ma vengeance,
Ma haine pour Octave, et mes transports jaloux,
Que mes soins répondront de Pompée et de vous,
Que je vais vous défendre au péril de ma vie.

JULIE.

Hélas ! c'est donc à vous qu'il faut que je me fie !
Si vous avez aussi connu l'adversité,
Vous n'aurez pas, sans doute, assez de cruauté
Pour achever ma mort, et trahir ma misère.
Vous voyez où des dieux me conduit la colère.
Vous avez dans vos mains, par d'étranges hasards
Le destin de Pompée et du sang des Césars.
J'ai réuni ces noms ; l'intérêt de la terre

ACTE II, SCÈNE IV.

A formé notre hymen au milieu de la guerre.
Rome, Pompée et moi, tout est prêt à périr ;
Aurez-vous la vertu d'oser les secourir ?

FULVIE.

J'oserai plus encor. S'il est sur ce rivage,
Qu'il daigne seulement seconder mon courage.
Oui, je crois que le ciel, si long-temps inhumain,
Pour nous venger tous trois l'a conduit par la main ;
Oui, j'armerai son bras contre la tyrannie.
Parlez : ne craignez plus.

JULIE.

    Errante, poursuivie,
Je fuyais avec lui le fer des assassins
Qui de Rome sanglante inondaient les chemins ;
Nous allions vers son camp : déja sa renommée
Vers Césène assemblait les débris d'une armée ;
A travers les dangers près de nous renaissans
Il conduisait mes pas incertains et tremblans.
La mort était partout ; les sanglans satellites
Des plaines de Césène occupaient les limites.
La nuit nous égarait vers ce funeste bord
Où règnent les tyrans, où préside la mort.
Notre fatale erreur n'était point reconnue,
Quand la foudre a frappé notre suite éperdue.
La terre en mugissant s'entr'ouvre sous nos pas.
Ce séjour en effet est celui du trépas.

FULVIE.

Eh bien, est-il encore en cette île terrible ?
S'il ose se montrer, sa perte est infaillible,
Il est mort.

JULIE.

Je le sais.

FULVIE.

Où dois-je le chercher?
Dans quel secret asile a-t-il pu se cacher?

JULIE.

Ah! madame...

FULVIE.

Achevez; c'est trop de défiance;
Je pardonne à l'amour un doute qui m'offense.
Parlez, je ferai tout.

JULIE.

Puis-je le croire ainsi?

FULVIE.

Je vous le jure encore.

JULIE.

Eh bien... il est ici.

FULVIE.

C'en est assez; allons.

JULIE.

Il cherchait un passage
Pour sortir avec moi de cette île sauvage;
Et ne le voyant plus dans ces rochers déserts,
Des ombres du trépas mes yeux se sont couverts.
Je mourais, quand le ciel, une fois favorable,
M'a présenté par vous une main secourable.

SCÈNE V.

FULVIE, JULIE, ALBINE; un tribun.

UN TRIBUN, *à Fulvie.*

Madame, une étrangère est ici près de vous.
De leur autorité les triumvirs jaloux
De l'île à tout mortel ont défendu l'entrée.

JULIE.

Ah! j'atteste la foi que vous m'avez jurée!

LE TRIBUN.

Je la dois amener devant leur tribunal.

FULVIE, *à Julie.*

Gardez-vous d'obéir à cet ordre fatal.

JULIE.

Avilirais-je ainsi l'honneur de mes ancêtres?
Soldats des triumvirs, allez dire à vos maîtres
Que Julie, entraînée en se séjour affreux,
Attend pour en sortir des secours généreux;
Que partout je suis libre, et qu'ils peuvent connaître
Ce qu'on doit de respect au sang qui m'a fait naître,
A mon rang, à mon sexe, à l'hospitalité,
Aux droits des nations et de l'humanité.
Conduisez-moi chez vous, magnanime Fulvie.

FULVIE.

Votre noble fierté ne s'est point démentie,
Elle augmente la mienne, et ce n'est pas en vain

Que le sort vous conduit sur ce bord inhumain.
Puissé-je en mes desseins ne m'être point trompée!
JULIE.
O dieux! prenez ma vie, et veillez sur Pompée!
Dieux! si vous me livrez à mes persécuteurs,
Armez-moi d'un courage égal à leurs fureurs.

FIN DU SECOND ACTE.

ACTE TROISIÈME.

SCÈNE I.

SEXTUS POMPÉE.

Je ne la trouve plus : quoi ! mon destin fatal
L'amène à mes tyrans, la livre à mon rival !
Les voilà, je les vois ces pavillons horribles
Où nos trois meurtriers retirés et paisibles
Ordonnent le carnage avec des yeux sereins,
Comme on donne une fête et des jeux aux Romains.
O Pompée ! ô mon père ! infortuné grand homme !
Quel est donc le destin des défenseurs de Rome ?
O dieux ! qui des méchans suivez les étendards,
D'où vient que l'univers est fait pour les Césars ?
J'ai vu périr Caton [17], leur juge et votre image :
Les Scipion sont morts aux déserts de Carthage [18] ;
Cicéron, tu n'es plus [19], et ta tête et tes mains
Ont servi de trophée aux derniers des humains.
Mon sort va me rejoindre à ces grandes victimes.
Le fer des Achillas et celui des Septimes,
D'un vil roi de l'Égypte instrumens criminels,
Ont fait couler le sang du plus grand des mortels [20].
Ce n'est que par sa mort que son fils lui ressemble.
Des brigands réunis, que la rapine assemble,
Un prétendu César, un fils de Cépias [21],

Qui commande le meurtre et qui fuit les combats,
Dans leur tranquille rage ordonnent de ma vie;
Octave est maître enfin du monde et de Julie.
De Julie! ah, tyran! ce dernier coup du sort
Atterre mon esprit luttant contre la mort.
Détestable rival, usurpateur infame,
Tu ne m'assassinais que pour ravir ma femme!
Et c'est moi qui la livre à tes indignes feux!
Tu règnes, et je meurs, et je te laisse heureux!
Et tes flatteurs, tremblans sur un tas de victimes,
Déja du nom d'Auguste ont décoré tes crimes!
Quel est cet assassin qui s'avance vers moi?

SCÈNE II.

POMPÉE, AUFIDE.

POMPÉE, *l'épée à la main.*
Approche, et puisse Octave expirer avec toi!
AUFIDE.
Jugez mieux d'un soldat qui servit votre père.
POMPÉE.
Et tu sers un tyran!
AUFIDE.
    Je l'abjure, et j'espère
N'être pas inutile, en ce séjour affreux,
Au fils, au digne fils d'un héros malheureux.
Seigneur, je viens à vous de la part de Fulvie.
POMPÉE.
Est-ce un piége nouveau que tend la tyrannie?
A son barbare époux viens-tu pour me livrer?

AUFIDE.
Du péril le plus grand je viens pour vous tirer.
POMPÉE.
L'humanité, grands dieux! est-elle ici connue?
AUFIDE.
Sur ce billet au moins daignez jeter la vue.
(Il lui donne des tablettes.)

POMPÉE.
Julie! ô ciel! Julie! est-il bien vrai?
AUFIDE.
Lisez.

POMPÉE.
O fortune! ô mes yeux! êtes-vous abusés?
Retour inattendu de mes destins prospères!
Je mouille de mes pleurs ces divins caractères.
(Il lit.)

« Le sort paraît changer, et Fulvie est pour nous;
« Écoutez ce Romain; conservez mon époux. »
Qui que tu sois, pardonne; à toi je me confie;
Je te crois généreux sur la foi de Julie.
Quoi! Fulvie a pris soin de son sort et du mien!
Qui l'y peut engager? quel intérêt?
AUFIDE.
Le sien.

D'Antoine abandonnée avec ignominie,
Elle est des trois tyrans la plus grande ennemie.
Elle ne borne pas sa haine et ses desseins
A dérober vos jours au fer des assassins;
Il n'est point de péril que son courroux ne brave :
Elle veut vous venger.

POMPÉE.

Oui, vengeons-nous d'Octave.
Élevé dans l'Asie au milieu des combats,
Je n'ai connu de lui que ses assassinats;
Et dans les champs d'honneur, qu'il redoute peut-être,
Ses yeux, qu'il eût baissés, ne m'ont point vu paraître.
Antoine d'un soldat a du moins la vertu.
Il est vrai que mon bras ne l'a point combattu;
Et depuis que mon père expira sous un traître,
Nous fûmes ennemis sans jamais nous connaître.
Commençons par Octave; allons, et que ma main,
Au bord de mon tombeau, se plonge dans son sein.

AUFIDE.

Venez donc chez Fulvie, et sachez qu'elle est prête
D'Octave, s'il le faut, à vous livrer la tête.
De quelques vétérans je tenterai la foi;
Sous votre illustre père ils servaient comme moi.
On change de parti dans les guerres civiles :
Aux desseins de Fulvie ils peuvent être utiles.
L'intérêt, qui fait tout, les pourrait engager
A vous donner retraite, et même à vous venger.

POMPÉE.

Je pourrais arracher Julie à ce perfide?
Je pourrais des Romains immoler l'homicide?
Octave périrait?

AUFIDE.

Seigneur, n'en doutez pas.

POMPÉE.

Marchons.

SCÈNE III.

POMPÉE, AUFIDE, JULIE.

JULIE.

Que faites-vous? où portez-vous vos pas?
On vous cherche, on poursuit tous ceux que cet orage
Put jeter comme moi sur cet affreux rivage.
Votre père, en Égypte aux assassins livré,
D'ennemis plus sanglans n'était pas entouré.
L'amitié de Fulvie est funeste et cruelle;
C'est un danger de plus qu'elle traîne après elle :
On l'observe, on l'épie, et tout me fait trembler;
Dans ces horribles lieux je crains de vous parler.
Regagnons ces rochers et ces cavernes sombres
Où la nuit va porter ses favorables ombres.
Demain les trois tyrans, aux premiers traits du jour,
Partent avec la mort de ce fatal séjour;
Ils vont loin de vos yeux ensanglanter le Tibre.
Ne précipitez rien, demain vous êtes libre.

POMPÉE.

Noble et tendre moitié d'un guerrier malheureux,
O vous! ainsi que Rome, objet de tous mes vœux!
Laissez-moi m'opposer au destin qui m'outrage.
Si j'étais dans des lieux dignes de mon courage,
Si je pouvais guider nos braves légions
Dans les camps de Brutus, ou dans ceux des Catons,
Vous ne me verriez pas attendre de Fulvie
Un secours incertain contre la tyrannie.

Les dieux nous ont conduits dans ces sanglans déserts;
Marchons aux seuls sentiers que ces dieux m'ont ouverts.

JULIE.

Octave en ce moment doit entrer chez Fulvie;
Si vous êtes connu, c'est fait de votre vie.

AUFIDE.

Seigneur, craignez plutôt d'être ici découvert;
Aux tribuns, aux soldats, ce passage est ouvert;
Entre ces deux dangers que prétendez-vous faire?

JULIE.

Pompée, au nom des dieux, au nom de votre père,
Dont le malheur vous suit, et qui ne s'est perdu
Que par sa confiance et son trop de vertu,
Ayez quelque pitié d'une épouse alarmée!
Avons-nous un parti, des amis, une armée?
Trois monstres tout-puissans ont détruit les Romains,
Vous êtes seul ici contre mille assassins...
Ils viennent, c'en est fait, et je les vois paraître.

AUFIDE.

Ah! laissez-vous conduire; on peut vous reconnaître:
Le temps presse, venez; vous vous perdez sans fruit.

JULIE.

Je ne vous quitte pas.

POMPÉE.

A quoi suis-je réduit!

SCÈNE IV.

POMPÉE, JULIE, AUFIDE, *sur le devant;*
OCTAVE, LICTEURS, *au fond.*

OCTAVE.

Je prétends vous parler; ne fuyez point, Julie.

JULIE.

Aufide me ramène aux tentes de Fulvie.

OCTAVE.
(à Aufide.)

Demeurez, je le veux... Vous, quel est ce Romain?
Est-il de votre suite?

JULIE.

Ah! je succombe enfin.

AUFIDE.

C'est un de mes soldats dont l'utile courage
S'est distingué dans Rome en ces jours de carnage;
Et de Rome à mon ordre il arrive aujourd'hui.

OCTAVE, *à Pompée.*

Parle; que fait Pompée? où Pompée a-t-il fui?

POMPÉE.

Il ne fuit point, Octave, il vous cherche, et peut-être
Avant la fin du jour vous le verrez paraître.

OCTAVE.

Tu sais en quel état il faut le présenter :
C'est sa tête, en un mot, qu'il me faut apporter;
Et tu dois être instruit quelle est la récompense.

POMPEE.

Elle est publique assez.

JULIE.

O terreur!

POMPÉE.

O vengeance!

SCÈNE V.

POMPÉE, JULIE, AUFIDE, OCTAVE; UN TRIBUN.

LE TRIBUN.

Vous êtes obéi : grace à votre heureux sort,
Pompée en ce moment est ou captif ou mort.

OCTAVE.

Que dis-tu?

LE TRIBUN.

Ses suivans s'avançaient dans la plaine
Qui s'étend de Pisaure aux remparts de Césène;
Les rebelles, bientôt entourés et surpris,
De leurs témérités ont eu le digne prix.

POMPÉE.

Ah, ciel!

LE TRIBUN.

A la valeur que tous ont fait paraître,
On croit qu'ils combattaient sous les yeux de leur maître.

POMPÉE, *à part*.

Je perds tous mes amis!

LE TRIBUN.

S'il est parmi les morts,
Vos soldats à vos pieds vont apporter son corps.
S'il est vivant, s'il fuit, il va tomber sans doute

ACTE III, SCÈNE VI.

Aux piéges que nos mains ont tendus sur sa route;
Il ne peut échapper au trépas qui l'attend.

OCTAVE.

Allez, continuez ce service important.
Vous, Aufide, en tout temps j'éprouvai votre zèle;
Je sais qu'Antoine en vous trouve un guerrier fidèle :
Allez : si ce soldat peut servir aujourd'hui,
Souvenez-vous surtout de répondre de lui.
Vous, licteurs, arrêtez le premier téméraire
Qui viendrait sans mon ordre en ce lieu solitaire.

POMPÉE, *à Aufide.*

Viens guider mes fureurs.

JULIE.

     O dieux qui m'écoutez,
Dans quel péril nouveau vous nous précipitez *c* !

SCÈNE VI.

OCTAVE, JULIE.

OCTAVE, *arrêtant Julie.*

Je vous ai déja dit que vous deviez m'entendre.
Votre abord en cette île a droit de me surprendre;
Mais cessez de me craindre, et calmez votre cœur.

JULIE.

Seigneur, je ne crains rien, mais je frémis d'horreur.

OCTAVE.

Vous changerez peut-être en connaissant Octave.

JULIE.

J'ai le sort des Romains, il me traite en esclave.

Vous pouviez respecter mon nom et mon malheur.

OCTAVE.

Sachez que de tous deux je suis le protecteur.
Les respects des humains et Rome vous attendent;
Ce nom que vous portez et leurs vœux vous demandent;
Je dois vous y conduire, et le sang des Césars
Ne doit plus qu'en triomphe entrer dans ses remparts.
Pourquoi les quittez-vous? Ne pourrai-je connaître
Qui vous dérobe à Rome où le ciel vous fit naître?

JULIE.

Demandez-moi plutôt, dans ces horribles temps,
Pourquoi dans Rome encore il est des habitans.
La ruine, la mort de tous côtés s'annonce;
Mon père était proscrit; et voilà ma réponse.

OCTAVE.

Mes soins veillent sur lui; ses jours sont assurés;
Je les ai défendus, vous les rendez sacrés.

JULIE.

Ainsi je dois bénir vos lois et votre empire,
Lorsque vous permettez que mon père respire!

OCTAVE.

Il s'arma contre moi; mais tout est oublié:
Ne lui ressemblez point par son inimitié.
Mais enfin près de moi qui vous a pu conduire?

JULIE.

La colère des dieux obstinés à me nuire.

OCTAVE.

Ces dieux se calmeront. Ma sévère équité
A vengé le héros qui m'avait adopté.

Il n'appartient qu'à moi d'honorer dans Julie
Le sang, l'auguste sang dont vous êtes sortie.
Je dois compte de vous à Rome, aux demi-dieux
Que le monde à genoux révère en vos aïeux.

JULIE.

Vous !

OCTAVE.

Un fils de César ne doit jamais permettre
Qu'en d'étrangères mains on ose vous remettre.

JULIE.

Vous son fils... ô héros ! ô généreux vainqueur !
Quel fils as-tu choisi ! quel est ton successeur !
César vous a laissé son pouvoir en partage ;
Sa magnanimité n'est pas votre héritage :
S'il versa quelquefois le sang du citoyen,
Ce fut dans les combats, en répandant le sien ;
C'est par d'autres exploits que vous briguez l'empire.
Il savait pardonner, et vous savez proscrire :
Prodigue de bienfaits, et vous d'assassinats,
Vous n'êtes point son fils, je ne vous connais pas.

OCTAVE.

Il vous parle par moi, Julie ; il vous pardonne [d]
Les noms injurieux que votre erreur me donne.
Ne me reprochez plus ces arrêts rigoureux
Qu'arrache à ma justice un devoir malheureux.
La paix va succéder aux jours de la vengeance.

JULIE.

Quoi ! vous me donneriez un rayon d'espérance !

OCTAVE.

Vous pouvez tout.

JULIE.

Qui ? moi !

OCTAVE.

Vous devez présumer
Quel est le seul moyen qui peut me désarmer,
Et qui de ma clémence est la cause et le gage.

JULIE.

Vous parlez de clémence au milieu du carnage !
Hélas ! si tant de sang, de supplices, de morts,
Ont pu laisser dans vous quelque accès aux remords ;
Si vous craignez du moins cette haine publique,
Cette horreur attachée au pouvoir tyrannique ;
Ou si quelques vertus germent dans votre cœur,
En les mettant à prix n'en souillez point l'honneur ;
N'en avilissez pas le caractère auguste.
Est-ce à vos passions à vous rendre plus juste ?
Soyez grand par vous-même.

OCTAVE.

Allez, je vous entends ;
Et j'avais bien prévu vos refus insultans.
Un rival criminel, une race ennemie...

JULIE.

Qui ?

OCTAVE.

Vous le demandez ! vous savez trop, Julie,
Quel est depuis long-temps l'objet de mon courroux,
Et Pompée...

JULIE.

Ah ! cruel, quel nom prononcez-vous !
Pompée est loin de moi : qui vous dit que je l'aime ?

ACTE III, SCÈNE VI.

OCTAVE.

Qui me le dit? vos pleurs. Qui me le dit? vous-même.
Pompée est loin de vous, et vous le regrettez!
Vous pensez m'adoucir lorsque vous m'insultez!
Lorsque de Rome enfin votre imprudente fuite
Du sein de vos parens vous entraîne à sa suite!

JULIE.

Ainsi vous ajoutez l'opprobre à vos fureurs.
Ah! ce n'est pas à vous à m'enseigner les mœurs!
Je ne suis point réduite à tant d'ignominie;
Et ce n'est pas pour vous que je me justifie.
J'ai quitté mon pays que vous ensanglantez,
Mes parens et mes dieux que vous persécutez.
J'ai dû sortir de Rome où vous alliez paraître;
Mon père l'ordonnait, vous le savez peut-être;
C'est vous que je fuyais; mes funestes destins
Quand je vous évitais m'ont remise en vos mains.
Commandez, s'il le faut, à la terre asservie;
Mon cœur ne dépend point de votre tyrannie.
Vous pouvez tout sur Rome, et rien sur mon devoir.

OCTAVE.

Vous ignorez mes droits, ainsi que mon pouvoir.
Vous vous trompez, Julie, et vous pourrez apprendre
Que Lucius sans moi ne peut choisir un gendre;
Que c'est à moi surtout que l'on doit obéir.
Déja Rome m'attend; soyez prête à partir.

JULIE.

Voilà donc ce grand cœur, ce héros magnanime,
Qui du monde calmé veut mériter l'estime!
Voilà ce règne heureux de paix et de douceur!

Il fut un meurtrier, il devient ravisseur!
OCTAVE.
Il est juste envers vous ; mais, quoi qu'il en puisse être,
Sachez que le mépris n'est pas fait pour un maître.
Que vous aimiez Pompée, ou qu'un autre rival
Encouragé par vous cherche l'honneur fatal
D'oser un seul moment disputer ma conquête,
On sait si je me venge ; il y va de sa tête :
C'est un nouveau proscrit que je dois condamner ;
Et je jure par vous de ne point pardonner.
JULIE.
Moi, j'atteste ici Rome et son divin génie,
Tous ces héros armés contre la tyrannie,
Le pur sang des Césars, et dont vous n'êtes pas,
Qu'à vos proscriptions vous joindrez mon trépas,
Avant que vous forciez cette ame indépendante
A joindre une main pure à votre main sanglante.
Les meurtres que dans Rome ont commis vos fureurs,
De celui que j'attends sont les avant-coureurs.
Un nouvel Appius a trouvé Virginie ;
Son sang eut des vengeurs ; il fut une patrie ;
Rome subsiste encor. Les femmes en tout temps
Ont servi dans nos murs à punir les tyrans.
Les rois, vous le savez, furent chassés pour elles.
Nouveau Tarquin, tremblez !
(Elle sort.)

SCÈNE VII.

OCTAVE.

Que d'injures nouvelles!
Quel reproche accablant pour mon cœur oppressé!
Ce cœur m'en a dit plus qu'elle n'a prononcé.
Le cruel est haï, j'en fais l'expérience;
Je suis puni déja de ma toute-puissance;
A peine je gouverne, à peine j'ai goûté
Ce pouvoir qu'on m'envie, et qui m'a tant coûté.
Tu veux régner, Octave, et tu chéris la gloire;
Tu voudrais que ton nom vécût dans la mémoire;
Il portera ta honte à la postérité.
Être à jamais haï! quelle immortalité!
Mais l'être de Julie, et l'être avec justice!
Entendre cet arrêt qui fait seul ton supplice!
Le peux-tu supporter, ce tourment douloureux
D'un esprit emporté par de contraires vœux,
Qui fait le mal qu'il hait, et fuit le bien qu'il aime,
Qui cherche à se tromper, et qui se hait lui-même?
Faut-il donc que l'amour ajoute à mes fureurs?
Ah! l'amour était fait pour adoucir nos mœurs.
D'indignes voluptés corrompaient mon jeune âge!
L'ambition succède avec toute sa rage.
Par quel nouveau torrent je me laisse emporter!
Que d'ennemis à vaincre! et comment les dompter?
Mânes du grand César! ô mon maître! ô mon père!
Que Brutus immola, mais que Brutus révère;

Héros terrible et doux à tous tes ennemis,
Tu m'as laissé l'empire à ta valeur soumis;
La moitié de ce faix accable ma jeunesse.
Je n'ai que tes défauts, je n'ai que ta faiblesse;
Et je sens dans mon cœur, de remords combattu,
Que je n'ose avec toi disputer de vertu.

FIN DU TROISIÈME ACTE.

ACTE QUATRIÈME.

SCÈNE I.

FULVIE, ALBINE.

ALBINE.

Quand sous vos pavillons, de sa crainte occupée,
Invoquant en secret l'ombre du grand Pompée,
Les sanglots à la bouche et la mort dans les yeux,
Julie appelle en vain les enfers et les dieux,
Vous la laissez, Fulvie, à sa douleur mortelle.

FULVIE.

Qu'elle se plaigne aux dieux, je vais agir pour elle.
J'attends ici Pompée.

ALBINE.

Eh! ne pouviez-vous pas
De cette île avec eux précipiter vos pas?

FULVIE.

Non, de nos ennemis la fureur attentive
Couvre de meurtriers et l'une et l'autre rive :
Rien ne peut nous tirer de ce gouffre d'horreur,
J'y reste encor un jour, et c'est pour leur malheur.

ALBINE.

Qu'espérez-vous d'un jour?

FULVIE.

La mort, mais la vengeance.

ALBINE.

Eh! peut-on se venger de la toute-puissance?

FULVIE.

Oui, quand on ne craint rien.

ALBINE.

Dans nos vaines douleurs,
D'un sexe infortuné les armes sont les pleurs.
Le puissant foule aux pieds le faible qui menace,
Et rit, en l'écrasant, de sa débile audace.

FULVIE.

Désormais à Fulvie ils n'insulteront plus;
Ils ne se joueront pas de mes pleurs superflus.
Je sais que ces brigands, affamés de rapine,
En comblant mon opprobre ont juré ma ruine.
Prodigues ravisseurs, et bas intéressés,
Ils m'enlèvent les biens que mon père a laissés;
On les donne pour dot à ma fière rivale.
Mais, Albine, crois-moi, la pompe nuptiale
Peut se changer encore en un trop juste deuil;
Et tout usurpateur est près de son cercueil.
J'ai pris le seul parti qui reste à ma fortune.
De Pompée et de moi la querelle est commune:
Je l'attends; il suffit.

ALBINE.

Il est seul, sans secours.

FULVIE.

Il en aura dans moi.

ALBINE.

Vous hasardez ses jours.

FULVIE.
Je prodigue les miens. Va, retourne à Julie;
Soutiens son désespoir et sa force affaiblie;
Porte-lui tes conseils, son âge en a besoin;
Et de mon sort affreux laisse-moi tout le soin.

ALBINE.
L'état où je vous vois m'épouvante et m'afflige.

FULVIE.
Porte ailleurs ton effroi; va, laisse-moi, te dis-je.
Pompée arrive enfin; je le vois. Dieux vengeurs,
Ainsi que nos affronts unissez nos fureurs!

SCÈNE IIe.

POMPÉE, FULVIE.

FULVIE.
Êtes-vous affermi?

POMPÉE.
J'ai consulté ma gloire;
J'ai craint qu'elle ne vît une action trop noire
Dans le meurtre inouï qui nous tient occupés.

FULVIE.
Elle parle avec Rome; elle vous dit : Frappez.
Ils partent dès demain, ces destructeurs du monde;
Ils partent triomphans : et cette nuit profonde
Est le temps, le seul temps où nous pouvons tous deux,
Sans autre appui que nous, venger Rome sur eux.
Seriez-vous en suspens?

POMPÉE.
Non : mes mains seront prêtes.

Je voudrais de cette hydre abattre les trois têtes.
Je ne puis immoler qu'un de mes ennemis;
Octave est le plus grand; c'est lui que je choisis.

FULVIE.

Vous courez à la mort.

POMPÉE.

     Elle ennoblit ma cause.
De cet indigne sang c'est peu que je dispose;
C'est peu de me venger; je n'aurais qu'à rougir
De frapper sans péril, et sans savoir mourir *h*.

FULVIE.

Vous faites encor plus; vous vengez la patrie,
Et le sang innocent qui s'élève et qui crie;
Vous servez l'univers.

POMPÉE.

     J'y suis déterminé.
L'assassin des Romains doit être assassiné.
Ainsi mourut César; il fut clément et brave:
Et nous pardonnerions à ce lâche d'Octave!
Ce que Brutus a pu, je ne le pourrais pas!
Et j'irais pour ma cause emprunter d'autres bras!
Le sort en est jeté. Faites venir Aufide.

FULVIE.

Il veille près de nous dans ce camp homicide.
Qu'on l'appelle... Déja les feux sont presque éteints,
Et le silence règne en ces lieux inhumains.

(On voit dans l'éloignement des restes de feux faiblement allumés autour des tentes, et le theâtre représente une nuit.)

SCÈNE III.

POMPÉE, FULVIE, AUFIDE.

FULVIE, *à Aufide.*

Approchez. Que fait-on dans ces tentes coupables ?

AUFIDE.

Le sommeil y répand ses pavots favorables,
Lorsque les murs de Rome, au carnage livrés,
Retentissent au loin des cris désespérés
Que jettent vers les cieux les filles et les mères
Sur les corps étendus des enfans et des pères.
Le sang ruisselle à Rome; Octave dort en paix.

POMPÉE.

Vengeance, éveille-toi! Mort, punis ses forfaits!
Dites-moi dans quels lieux ses tentes sont dressées.

FULVIE.

Vous avez remarqué ces roches entassées
Qui laissent un passage à ces vallons secrets,
Arrosés d'un ruisseau que bordent des cyprès;
Le pavillon d'Antoine est auprès du rivage;
Passez, et dédaignez de venger mon outrage :
Vous trouverez plus loin l'enceinte et les palis
Où du clément César est le barbare fils.
Avancez, vengez-vous.

AUFIDE.

Une troupe sanglante,
Dans la nuit, à toute heure, environne sa tente.
Des plaisirs de leurs chefs affreux imitateurs,

Ils dorment auprès d'eux dans le sein des horreurs.
POMPÉE.
Vous avez préparé votre fidèle esclave ?
FULVIE.
Il vous attend : marchez jusques au lit d'Octave[1].
POMPÉE, *à Fulvie*.
Il laisse entre vos mains dans ce cruel séjour
L'objet, le seul objet pour qui j'aimais le jour,
Le seul qui pût unir deux familles fatales,
Deux races de héros en infortune égales,
Le sang des vrais Césars. Ayez soin de son sort;
Enseignez à son cœur à supporter ma mort.
Qu'elle envisage moins ma perte que ma gloire;
Que, mort pour la venger, je vive en sa mémoire :
C'est tout ce que je veux. Mais en portant mes coups
Je vous laisse exposée, et je frémis pour vous.
Antoine est en ces lieux maître de votre vie,
Il peut venger sur vous le frère d'Octavie.
FULVIE.
Qui ? lui ! qui ? ce mortel sans pudeur et sans foi !
Cet oppresseur de Rome, et du monde, et de moi!
Lui, qui m'ose exiler ! Quoi ! dans mon entreprise
Vous pensez qu'un tyran, qu'une mort me suffise ?
Aviez-vous soupçonné que je ne saurais pas
Porter ainsi que vous et souffrir le trépas;
Que je dévorerais mes douleurs impuissantes ?
Voyez de ces tyrans les demeures sanglantes;
C'est l'école du meurtre, et j'ai dû m'y former;
De leur esprit de rage ils ont su m'animer;
Leur loi devient la mienne, il faut que je la suive;

ACTE IV, SCÈNE III.

Il faut qu'Antoine meure, et non pas que je vive.
Il périra, vous dis-je.

POMPÉE.

Et par qui ?

FULVIE.

Par ma main [22].

POMPÉE.

Osez-vous bien remplir un si hardi dessein ?

FULVIE.

Osez-vous en douter ? Le destin nous rassemble
Pour délivrer la terre et pour mourir ensemble.
Que le triumvirat par nous deux aboli,
Dans la tombe avec nous demeure enseveli.
J'ai trop vécu comme eux : le terme de ma vie
Est conforme aux horreurs dont les dieux l'ont remplie ;
Et Pompée, aux enfers descendant sans effroi,
Y va traîner Octave avec Antoine et moi.

AUFIDE.

Non, espérez encore ; les soldats de ces traîtres
Ont changé quelquefois de drapeaux et de maîtres :
Ils ont trahi Lépide [23] ; ils pourront aujourd'hui
Vendre au fils de Pompée un mercenaire appui.
Pour gagner les Romains, pour forcer leur hommage,
Il ne faut qu'un grand nom, de l'or et du courage.
On a vu Marius entraîner sur ses pas [24]
Les mêmes assassins payés pour son trépas.
Nous séduirons les uns, nous combattrons le reste.
Ce coup désespéré peut vous être funeste ;
Mais il peut réussir. Brutus et Cassius [25]
N'avaient pas après tout des projets mieux conçus.

Téméraires vengeurs de la cause commune,
Ils ont frappé César et tenté la fortune.
Ils devaient mille fois périr dans le sénat;
Ils vivent cependant, ils partagent l'état;
Et dans Rome avec vous je les verrai peut-être.
Mes guerriers sur vos pas à l'instant vont paraître.
Nous vous suivrons de près; il en est temps, marchons.

POMPÉE.

Je t'invoque, Brutus! je t'imite; frappons!

(Il sort avec Aufide.)

SCÈNE IV.

FULVIE, JULIE, ALBINE.

JULIE.

Il m'échappe, il me fuit : ô ciel! m'a-t-il trompée?
Autel! fatal autel! mânes du grand Pompée!
Votre fils devant vous m'a-t-il fait prosterner
Pour trahir mes douleurs et pour m'abandonner?

FULVIE.

S'il arrive un malheur, armez-vous de courage :
Il faut s'attendre à tout.

JULIE.

        Quel horrible langage!
S'il arrive un malheur! Est-il donc arrivé?

FULVIE.

Non; mais ayez un cœur plus grand, plus élevé.

JULIE.

Il l'est, mais il gémit : vous haïssez, et j'aime.

ACTE IV, SCÈNE V.

Je crains tout pour Pompée, et non pas pour moi-même.
Que fait-il ?

FULVIE.

Il vous sert... Les flambeaux dans ces lieux
De leur faible clarté ne frappent plus mes yeux.
(Les flambeaux qui éclairent les tentes s'éteignent.)
Sommeil ! sommeil de mort, favorise ma rage !

JULIE.

Où courez-vous ?

FULVIE.

Restez; j'ai pitié de votre âge,
De vos tristes amours, et de tant de douleurs.
Gémissez, s'il le faut; laissez-moi mes fureurs !

SCÈNE V.

JULIE, ALBINE.

JULIE.

Que veut-elle me dire ? et qu'est-ce qu'on prépare ?
Séjour de meurtriers, île affreuse et barbare,
Je l'avais bien prévu, tu seras mon tombeau.
Albine, instruisez-moi de mon malheur nouveau :
Pompée est-il connu ? voit-il sa dernière heure ?
N'est-il plus d'espérance ? est-il temps que je meure ?
Je suis prête, parlez.

ALBINE.

Dans cet horrible nuit
J'ignore ainsi que vous s'il succombe ou s'il fuit,
Si Fulvie au trépas aura pu le soustraire :

Elle suit les conseils d'une aveugle colère
Qu'en ses transports soudains rien ne peut captiver;
Elle expose Pompée au lieu de le sauver.

JULIE.

Je m'y suis attendue; et quand ma destinée
Dans cet orage affreux m'a près d'elle amenée,
Je ne me flattais pas d'y rencontrer un port.
Je sais que c'est ici le séjour de la mort.
Je suis perdue, Albine, et ne suis point trompée.
La fille d'un César, la veuve d'un Pompée
Sera digne du moins, dans ces extrémités,
Du sang qu'elle a reçu, des noms qu'elle a portés.
On ne me verra point déshonorer sa cendre
Par d'inutiles cris qu'on dédaigne d'entendre,
Rougir de lui survivre, et tromper mes douleurs
Par l'espoir incertain de trouver des vengeurs.
Pour affronter la mort il échappe à ma vue:
Il a craint ma faiblesse; il m'a trop mal connue:
S'il prétend que je vive, il m'outrage en effet.
Allons.

SCÈNE VI.

JULIE, ALBINE, POMPÉE.

JULIE.

O dieux! Pompée!

POMPÉE.

Il est mort, c'en est fait.

JULIE.

Qui?

POMPÉE.

L'univers est libre.

JULIE.

O Rome! ô ma patrie!
Octave est mort par vous!

POMPÉE.

Oui, je vous ai servie.
De la terre et de vous j'ai puni l'oppresseur.

JULIE.

O succès inouï! trop heureuse fureur!

POMPÉE.

Ses gardes assoupis dans leur infame ivresse
Laissaient un accès libre à ma main vengeresse :
Un de ses favoris, un de ses assassins,
Un ministre odieux de ses affreux desseins,
Seul auprès du tyran reposait dans sa tente :
J'entre; un dieu me conduit; une idée effrayante,
De la mort que j'apporte un songe avant-coureur,
Dans son profond sommeil excitant sa terreur,
De ses proscriptions lui présentait l'image;
Quelques sons mal formés de sang et de carnage
S'échappaient de sa bouche, et son perfide cœur
Jusque dans le repos déployait sa fureur;
De funèbres accens ont prononcé *Pompée*:
Dans son cœur à ce nom j'ai plongé cette épée;
Mon rival a passé du sommeil au trépas,
Trépas encor trop doux pour tant d'assassinats;
Il aurait dû périr par un supplice insigne.
Je sais que de Pompée il eût été plus digne
D'attaquer un César au milieu des combats,

Mais un César tyran ne le méritait pas.
Le silence et la mort ont servi ma retraite.

JULIE.

Je goûte en frémissant une joie inquiète.
L'effroi qui me saisit, corrompant mon espoir,
Empoisonne en secret le bonheur de vous voir.
Pourrez-vous fuir du moins de cette île exécrable?

POMPÉE.

Moi, fuir!

JULIE.

Il reste encore un tyran redoutable.

POMPÉE.

Si le ciel nous seconde, il n'en restera plus.

JULIE.

Et comment rassurer mes esprits éperdus?
Antoine va venger la mort de son complice.

POMPÉE.

D'Antoine en ce moment les dieux vous font justice;
Et je mourrai du moins heureux dans mes malheurs
Sur les corps tout sanglans de nos deux oppresseurs.
Venez, il n'est plus temps d'écouter vos alarmes.

JULIE.

Ciel! pourquoi ces flambeaux, ces cris, ce bruit des
POMPÉE.   [armes?
Je ne vois plus l'esclave à qui j'étais remis,
Et qui, me conduisant parmi mes ennemis,
Jusques au lit d'Octave a guidé ma furie.

SCÈNE VII.

POMPÉE, JULIE, ALBINE, AUFIDE.

AUFIDE.
Tout serait-il perdu? L'esclave de Fulvie
Saisi par les soldats est déja dans les fers.
De César dans le camp le nom remplit les airs.
On marche, on est armé : le reste, je l'ignore.
J'ai des soldats. Allons.

JULIE, *à Aufide.*
　　　　　Ah! c'est toi que j'implore,
C'est toi qui de Pompée es devenu l'appui.

AUFIDE.
Je vous réponds du moins de mourir près de lui.

POMPÉE.
Mettez votre courage à supporter ma perte.
La tente de Fulvie à vos pas est ouverte;
Rentrez, attendez-y les derniers coups du sort:
Confondez vos tyrans encore après ma mort,
Conservez pour eux tous une haine éternelle;
C'est ainsi qu'à Pompée il faut être fidèle.
Pour moi, digne de vivre et mourir votre époux,
Je leur vendrai bien cher des jours qui sont à vous.
Le lâche fuit en vain, la mort vole à sa suite;
C'est en la défiant que le brave l'évite.

FIN DU QUATRIEME ACTE.

ACTE CINQUIÈME [k].

SCÈNE I.

JULIE, FULVIE; GARDES, *dans le fond.*

JULIE.
Vous me l'aviez bien dit qu'il me fallait tout craindre.
Voilà donc nos succès !

FULVIE.
     Vous êtes seule à plaindre :
Vous aviez devant vous un avenir heureux ;
Vous perdez de beaux jours, et moi des jours affreux.
Vivez, si vous l'osez : je déteste la vie ;
Ma main n'a pu suffire à mon ame hardie.
Ces monstres que le ciel veut encor protéger
Sont plus heureux que nous dans l'art de se venger.
Pompée, en s'approchant de ce perfide Octave [26],
En croyant le punir, n'a frappé qu'un esclave,
Qu'un des vils instrumens de ses sanglans complots,
Indigne de mourir sous la main d'un héros.
D'un plus grand ennemi j'allais purger le monde ;
Je marchais, j'avançais dans cette nuit profonde ;
Mon bras était levé, lorsque de toutes parts
Les flambeaux rallumés ont frappé mes regards.
Octave tout sanglant a paru dans la tente.
De leurs lâches licteurs une troupe insolente

Me conduit en ces lieux captive auprès de vous.
Fléchissez vos tyrans; je brave ici leurs coups.
Qu'on me laisse le jour, ou bien qu'on me punisse,
Ma vengeance est perdue, et voilà mon supplice.
Ciel! si tu veux encor prolonger mes destins,
Que ce soit seulement pour mieux armer mes mains,
Pour mieux servir ma haine et ma fureur trompée.

JULIE.

Hélas! avez-vous su ce que devient Pompée?
Est-il vivant ou mort en ces déserts sanglans?
Aufide aura-t-il pu dérober aux tyrans
Ce héros tant proscrit que la terre abandonne?

FULVIE.

Il n'ose m'en flatter; mais aucun ne soupçonne
Que Pompée en effet soit errant sur ces bords.
Vers Césène aujourd'hui tous ses amis sont morts;
Le bruit de son trépas commence à se répandre :
Les tyrans sont trompés; et vous pouvez comprendre
Que ce bruit peut servir encore à le sauver;
C'est un soin que mes mains n'ont pu se réserver.
Vous êtes libre au moins; son salut vous regarde :
Vous me voyez captive, on m'arrête, on me garde;
Je ne puis rien pour vous, ni pour lui, ni pour moi.
J'attends la mort.

SCÈNE II.

JULIE, FULVIE, OCTAVE, ANTOINE;
TRIBUNS, LICTEURS.

ANTOINE.
Tribuns, exécutez ma loi;
Gardez cette coupable, et répondez-moi d'elle;
Suivez de ses complots la trame criminelle,
Qu'on l'observe, et surtout que nous soyons instruits
Des complices secrets par son ordre introduits.

FULVIE.
Je n'ai point de complice; et ces noms méprisables
Sont faits pour vos suivans, sont faits pour vos semblables,
Pour ces Romains nouveaux qui, formés pour servir,
Se sont déshonorés jusqu'à vous obéir.
Traîtres, ne cherchez point la main qui vous menace;
La voici: vous deviez connaître mon audace.
L'art des proscriptions, que j'apprenais sous vous,
M'enseignait à vous perdre, et dirigeait mes coups.
Je n'ai pu sur vous deux assouvir ma vengeance;
Je l'attends de vous seuls et de votre alliance;
Je l'attends des forfaits qui vous ont faits amis;
Ils vont vous diviser comme ils vous ont unis:
Il n'est point d'amitiés entre les parricides.
L'un de l'autre jaloux, l'un vers l'autre perfides,
Vous détestant tous deux, du monde détestés,
Traînant de mers en mers vos infidélités,
L'un par l'autre écrasés, et bourreaux et victimes,

ACTE V, SCÈNE III.

Puissent vos maux sans nombre, être égaux à vos crimes!
Citoyens révoltés, prétendus souverains,
Qui vous faites un jeu du malheur des humains,
Qui, passant du carnage aux bras de la mollesse,
Du meurtre et du plaisir goûtez en paix l'ivresse,
Mon nom deviendra cher aux siècles à venir
Pour avoir seulement tenté de vous punir.

ANTOINE.

Qu'on la remène; allez.

SCÈNE III.

JULIE, OCTAVE, ANTOINE; GARDES.

JULIE, *à Octave.*

Ah! souffrez que Julie
Loin de ses oppresseurs accompagne Fulvie.
Mon bras n'est point armé; je n'ai contre vous trois
Que mon cœur, ma misère, et nos dieux, et nos lois:
Vous les méprisez tous; mais si César encore,
Ce nom sacré pour vous, ce nom que Rome honore,
Sur vos cœurs endurcis a quelque autorité,
Osez-vous à son sang ravir la liberté?
Pensait-il qu'en ces lieux sa nièce fugitive
Du fils qu'il adopta deviendrait la captive?

OCTAVE.

Pensait-il que Julie avec tant de fureur
Du sang qui la forma pourrait trahir l'honneur?
Je ne crois point votre ame encore assez hardie
Pour oser partager les crimes de Fulvie:

Mais, sans vous imputer ses forfaits insensés,
L'amante de Pompée est criminelle assez¹.
JULIE.
Oui, je l'aime, César, et vous l'avez dû croire.
Je l'aime, je le dis, j'en fais toute ma gloire.
J'ai préféré Pompée errant, abandonné,
A César tout-puissant, à César couronné.
Caton contre les dieux prit le parti du père :
Je mourrai pour le fils; cette mort m'est plus chère
Que ne l'est à vos yeux tout le sang des proscrits :
Sa main les rachetait; mon cœur en fut le prix.
Ne lui disputez pas sa noble récompense;
César, contentez-vous de la toute-puissance.
S'il honora dans Rome, et surtout aux combats,
Un nom dont il est digne et qu'il n'usurpe pas;
Si vous êtes jaloux du nom qu'il fait revivre,
Songez à l'égaler, plutôt qu'à le poursuivre.
OCTAVE.
Oui, César est jaloux comme il est irrité.
Je crois valoir Pompée, et j'en suis peu flatté.
Et vous... Mais nous allons approfondir le crime.

SCÈNE IV.

OCTAVE, ANTOINE, JULIE; un tribun, gardes.

ANTOINE.
Eh bien, qu'avez-vous fait?
LE TRIBUN.
On conduit la victime.

ACTE V, SCÈNE IV.

JULIE.

Quelle victime, ô ciel !

OCTAVE.

Quel est ce malheureux ?
Où l'a-t-on retrouvé ?

LE TRIBUN.

Vers ces antres affreux,
Au milieu des rochers qu'a frappés le tonnerre ;
Du sang de nos soldats il a rougi la terre.
Aufide, de Fulvie un secret confident,
A côté de ce traître est mort en combattant ;
Il n'a cédé qu'à peine au nombre, à ses blessures.
Nos soins multipliés dans ces roches obscures
Ont du sang qu'il perdait arrêté les torrens,
Et rappelé la vie en ses membres sanglans.
On a besoin qu'il vive, et que dans les supplices
Il vous instruise au moins du nom de ses complices.

ANTOINE.

C'est quelqu'un des proscrits, qui, frappant au hasard,
Nous rapportait la mort aux lieux dont elle part.
On l'aura pu choisir dans une foule obscure.
Casca fit à César la première blessure [27].
Je reconnais Fulvie et ses vaines fureurs,
Qui toujours contre nous armeront des vengeurs ;
Mais je la forcerai de nommer ce perfide.

LE TRIBUN.

Il n'en est pas besoin ; sa fureur intrépide
De ce grand attentat se fait encore honneur :
Il n'en cachera pas le motif et l'auteur.

OCTAVE.

Vous pâlissez, Julie!

LE TRIBUN.

Il vient.

JULIE.

Ciel implacable,
Vous nous abandonnez!

SCÈNE V.

LES PRÉCÉDENS; POMPÉE, *blessé et soutenu*; GARDES.

OCTAVE.

Quel es-tu? misérable!
A ce meurtre inouï qui pouvait t'engager?

POMPÉE.

Est-ce Octave qui parle et m'ose interroger?

LE TRIBUN.

Réponds au triumvir.

POMPÉE.

Eh bien! ce nom funeste,
Eh bien! ce titre affreux que la terre déteste,
Devait t'apprendre assez mon devoir, mes desseins.

JULIE.

Je me meurs!

OCTAVE.

Qui sont-ils?

POMPÉE.

Ceux de tous les Romains.

ACTE V, SCÈNE V.

ANTOINE.

Dans un simple soldat quelle étrange arrogance!

OCTAVE.

Sa fermeté m'étonne ainsi que sa vaillance.
Qu'es-tu donc?

POMPÉE.

Un Romain digne d'un meilleur sort.

OCTAVE.

Qui t'amenait ici?

POMPÉE.

Ton châtiment, ta mort;
Tu sais qu'elle était juste.

JULIE.

Enfin la nôtre est sûre!

POMPÉE.

Du monde entier sur toi j'ai dû venger l'injure.
Apprenez, triumvirs, oppresseurs des humains,
Qu'il est des Scévola comme il est des Tarquins.
Même erreur m'a trompé... Licteurs, qu'on me présente
Le feu qui doit punir ma main trop imprudente;
Elle est prête à tomber dans le brasier vengeur,
Ainsi qu'elle fut prête à te percer le cœur.

OCTAVE.

Lui, le soldat d'Aufide! A ce nouvel outrage,
A ces discours hardis, et surtout au courage
Que ce Romain déploie à mes yeux confondus,
A ces traits de grandeur sur son front répandus,
Si je n'étais instruit que Pompée en sa fuite
Au pied de l'Apennin brave encor ma poursuite,
Je croirais... Mais déja vous me tirez d'erreur,

Vous pleurez, vous tremblez; c'est Pompée.

JULIE.

Ah, seigneur!

POMPÉE.

Tu ne t'es pas trompé : le Romain qui te brave,
Qui vengeait sa patrie et d'Antoine et d'Octave,
Possède un nom trop beau, trop cher à l'univers,
Pour ne s'en pas vanter dans l'opprobre des fers.
De Pompée en ces lieux je t'ai promis la tête :
Frappez, maîtres du monde, elle est votre conquête.

JULIE.

Malheureuse!

OCTAVE.

O destins!

JULIE.

O pur sang des héros!

POMPÉE.

Je n'ai pu de mon père égaler les travaux :
Je cède à des tyrans ainsi que ce grand homme;
Et je meurs comme lui le défenseur de Rome.

JULIE.

Octave, es-tu content? tu tiens entre tes mains
Et Julie, et Pompée, et le sort des humains.
Prétends-tu qu'à tes pieds mes lâches pleurs s'épuisent?
Le faible les répand, les tyrans les méprisent.
Je me reprocherais jusqu'au moindre soupir
Qui serait inutile et le ferait rougir.
Je ne te parle plus du vainqueur de Pharsale.
Si ton père a du sien pleuré la mort fatale,
Celui qui des Romains n'est plus que le bourreau

N'est pas digne de suivre un exemple si beau.
Tes édits l'ont proscrit, arrache-lui la vie;
Mais commence par moi, commence par Julie:
Tandis que je vivrai tes jours sont en danger.
Va, ne me laisse point un héros à venger.
Toi qui m'osas aimer, apprends à me connaître;
Tyran, tu vois sa femme; elle est digne de l'être.

OCTAVE.

Par un crime de plus fléchit-on mon courroux?
Il n'est que plus coupable en étant votre époux.
Antoine, vous voyez ce que nos lois demandent.

ANTOINE.

Son supplice : il le faut; nos légions l'attendent.
Je ne balance point; César a pardonné;
Mais César bienfesant est mort assassiné.
Les intérêts, les temps, les hommes, tout diffère.
Je combattis long-temps, et j'honorai son père;
Il s'arma noblement pour le sénat romain :
Je ne connais son fils que pour un assassin.

POMPÉE.

Lâches! par d'autres mains vous frappez vos victimes.
J'ai fait une vertu de ce qui fait vos crimes;
Je n'ai pu vous frapper au milieu des combats;
Vous aviez vos bourreaux, je n'avais que mon bras.
J'ai sauvé cent proscrits, et je l'étais moi-même :
Vous l'êtes par les lois. Votre grandeur suprême
Fut votre premier crime, et méritait la mort.
Par le droit des brigands, arbitres de mon sort,
Vous croyez m'abaisser! vous! dans votre insolence
Sachez qu'aucun mortel n'aura cette puissance.

Le ciel même, le ciel, qui me laisse périr,
Peut accabler Pompée, et non pas l'avilir.

ANTOINE.

Vous voyez sa fureur; elle nous justifie.
Assurez notre empire, assurez votre vie.

JULIE.

Barbares!

OCTAVE.

Je connais son courage effréné;
Et Julie en l'aimant l'a déja condamné.

ANTOINE.

Sa mort depuis long-temps fut par nous préparée;
Elle est trop légitime, elle est trop différée.
C'est vous qu'il attaquait, c'est vous seul qui devez
Annoncer le destin que vous lui réservez.

OCTAVE.

Vous approuvez ainsi l'arrêt que je vais rendre?

ANTOINE.

Prononcez, j'y souscris.

POMPÉE.

Je suis prêt à l'entendre,
A le subir.

OCTAVE, *apres un long silence.*

Je suis le maître de son sort.
Si je n'étais que juge, il irait à la mort;
Je suis fils de César, j'ai son exemple à suivre;
C'est à moi d'en donner... Je pardonne; il doit vivre.
Antoine, imitez-moi : j'annonce aux nations
Que je finis le meurtre et les proscriptions;
Elles ont trop duré; je veux que Rome apprenne...

ANTOINE.

Que vous voulez sur moi laisser tomber la haine,
Ramener les esprits pour m'en mieux éloigner,
Séduire les Romains, pardonner pour régner.

OCTAVE.

Non, je veux vous apprendre à vaincre la vengeance :
L'amour est plus terrible, a plus de violence;
A mon âge, peut-être, il devait m'emporter;
Il me combat encore, et je veux le dompter.
Commençons l'un et l'autre un empire plus juste.
Que l'on oublie Octave, et qu'on chérisse Auguste [28].
Soyez jaloux de moi : mais pour mieux effacer
Jusqu'aux traces du sang qu'il nous fallut verser,
Pardonnons à Fulvie, à ces malheureux restes
Des proscrits échappés à nos ordres funestes;
Par les cris des humains laissons-nous désarmer;
Et puisse Rome un jour apprendre à nous aimer [29] !
　　(à Julie.)
Je vous rends à Pompée, en lui rendant la vie;
Il n'aurait rien reçu s'il vivait sans Julie.
　　(à Pompée.)
Sois pour ou contre nous, brave ou subis nos lois,
Sans te craindre ou t'aimer je t'en laisse le choix.
Soutenons à l'envi les grands noms de nos pères,
Ou généreux amis, ou nobles adversaires.
Si du peuple romain tu te crois le vengeur,
Ne sois mon ennemi que dans les champs d'honneur;
Loin du triumvirat va chercher un refuge.
Je prends entre nous deux la victoire pour juge.
Ne versons plus de sang qu'au milieu des hasards;
Je m'en remets aux dieux, ils sont pour les Césars.

JULIE.

Octave, est-ce bien vous? est-il vrai?

POMPÉE.

Tu m'étonnes !
En vain tu deviens grand, en vain tu me pardonnes ;
Rome, l'état, mon nom, nous rendent ennemis.
La haine qu'entre nous nos pères ont transmis
Est par eux commandée, et comme eux immortelle.
Rome par toi soumise à son secours m'appelle.
J'emploierai tes bienfaits, mais pour la délivrer :
Va, je la dois servir, mais je dois t'admirer.

FIN DU TRIUMVIRAT.

VARIANTES
DE LA TRAGÉDIE DU TRIUMVIRAT.

c Imitation de ce vers où Juvénal dit de Domitien :

> Sed periit postquam cerdonibus esse timendus
> Cœperat, hoc nocuit lamiarum cæde madenti, etc.

b Au lieu de la scène entre Auguste et Antoine, il y avait, dans le premier acte, cette scène entre Antoine et Fulvie.

La scène entre les deux triumvirs ouvrait le second acte; on la trouvera ici telle qu'elle était dans le premier manuscrit.

(Antoine parle bas à un tribun : il aperçoit Fulvie, et se détourne.)

ANTOINE.

Ah! c'est elle...

FULVIE.

   Arrêtez, ne craignez point Fulvie.
Je suis une étrangère, aucun nœud ne nous lie ;
Et je ne parle plus a mon perfide époux.
Mais après les hasards où j'ai couru pour vous,
Lorsque, pour cimenter votre grandeur suprême,
Je consens au divorce et m'immole moi-même ;
Quand j'ai sacrifié mon rang et mon amour,
Puis-je obtenir de vous une grace a mon tour ?

ANTOINE.

Le divorce à mes yeux ne vous rend pas moins chere.
Avec la sœur d'Octave un hymen nécessaire
Ne saurait vous ravir mon estime et mon cœur.

FULVIE.

Je le veux croire ainsi, du moins pour votre honneur.
Eh bien ! si de nos nœuds vous gardez la mémoire,
Je veux m'en souvenir pour sauver votre gloire.
Voyons a vous prier si je m'abaisse en vain.

ANTOINE.

Que me demandez-vous ? que faut-il ?

FULVIE.

    Être humain ?

VARIANTES

Être éclairé du moins ; savoir avec prudence
A tant de cruautés mêler quelque indulgence.
Un pardon généreux pourrait faire oublier
Des excès dont j'ai honte et qu'il faut expier.
Je demande, en un mot, la grace de Pompée.

ANTOINE.

Vous ? de quel intérêt votre ame est occupée !
Qui vous rejoint à lui ? pourquoi sauver ses jours !

FULVIE.

L'intérêt dans les cœurs domine-t-il toujours ?
A la simple pitié ne peuvent-ils se rendre ?
Apprenez que sa voix se fait encore entendre.
Quand je voulus du sang, je n'eus point de refus ;
Quand il faut pardonner, on ne m'écoute plus !
Cette grace à vous-même est utile peut-être.

ANTOINE.

Madame, il n'est plus temps : je n'en suis plus le maître
Son trépas importait à notre sûreté,
Et l'arrêt aujourd'hui doit être exécuté

FULVIE.

C'est assez, et ce trait manquait à votre outrage ;
Voilà ce que des cieux m'annonçait le présage,
Quand la foudre, trop lente à punir les mortels,
A brisé dans vos mains vos édits criminels !
C'est donc là de César cet ami magnanime !
Allez, vous n'imitez qu'Achillas et Septime.
Son nom vous était cher, et vous l'avez terni ;
Et si César vivait, il vous aurait puni.
Je rends grace à l'affront qui tous deux nous sépare :
C'est moi qui répudie un assassin barbare.
Par un divorce heureux j'ai dû vous prévenir ;
Et les nœuds des forfaits cessent de nous unir.

ANTOINE.

Je pardonne au courroux ; et le droit de vous plaindre
Doit vous être laissé quand il n'est plus à craindre.
Ce n'est pas à Fulvie à me rien reprocher ;
De nos sévérités on la vit approcher ;
Sa main pour Cicéron montra peu d'indulgence.
Elle s'est emportée à quelque violence ;
Et je n'attendais pas qu'elle pût s'offenser
Des justes châtimens qu'on la vit exercer.

FULVIE.

Il est vrai, j'ai trop loin porté votre vengeance ;
J'en obtiens aujourd'hui la digne récompense.
Je n'ai que trop rougi de l'excès d'un courroux
Dont j'écoutai la voix en faveur d'un époux.
A trop d'emportemens je me suis avilie :
Vous en étonnez-vous ? je vous étais unie ;
Un moment de fureur a fait mes cruautés.
Mais vous, toujours égal en vos atrocités,
Vous, assassin tranquille et bourreau sans colère,
Vous vous livrez sans peine à votre caractère ;
Pour être moins barbare il vous faut des efforts.
J'imitai vos fureurs, imitez mes remords.

ACTE SECOND.

SCENE I.

OCTAVE, ANTOINE.

ANTOINE.

Ainsi Pompee échappe à la mort qui le suit !

OCTAVE.

Antoine, croyez-moi, c'est en vain qu'il la fuit ;
Si mon père a du sien triomphé dans Pharsale,
J'attends contre le fils une fortune égale ;
Et ce nom de César, dont je suis honoré,
De sa perte à mon bras fait un devoir sacré :
Mon intérêt s'y joint.

ANTOINE.

Qu'il périsse ou qu'il vive,
Le Tibre dès demain nous attend sur sa rive.
Marchons au Capitole : il faut que les Romains
Apprennent a trembler devant leurs souverains.
Mais avant de partir, lorsque tout nous seconde,
Il est temps de signer le partage du monde.

OCTAVE.

Je suis prêt : mes desseins ont prévenu vos vœux,
Je consens que la terre appartienne à nous deux.
Songez que je prétends la Gaule et l'Illyrie,
Les Espagnes, l'Afrique, et surtout l'Italie.
L'Orient est à vous.

ANTOINE.

Telle est ma volonté,
Tel est le sort du monde entre nous arrêté.

OCTAVE.

Par des sermens sacrés que notre foi s'engage ;
Jurons au nom des dieux d'observer ce partage.

ANTOINE.

Des sermens entre nous ? nos armes, nos soldats,
Nos communs intérêts, le destin des combats,
Ce sont là nos sermens. Le frère d'Octavie
Devrait s'en reposer sur le nœud qui nous lie.
Nous nous connaissons trop : pourquoi cacher nos cœurs ?
Les sermens sont-ils faits pour les usurpateurs ?
Je me croirais trompé si vous en vouliez faire.
Laissons-les à Lépide, aux lâches, au vulgaire.
Je vous parle en soldat ; je ne puis vous celer
Que vous affectez trop l'art de dissimuler.
César dans ses traités invoquait la victoire ;
Agissons comme lui, si vous voulez m'en croire.

OCTAVE.

A votre audace altière il faut souvent céder ;
N'en parlons plus. Quel rang voulez-vous accorder
A cet associé, triumvir inutile,
Qui reste sans armée et bientôt sans asile ?

ANTOINE.

Qu'il abdique.

OCTAVE.

Il le doit.

ANTOINE.

On n'en a plus besoin.
De nos temples dans Rome on lui laisse le soin :
Qu'il demeure pontife, et qu'il préside aux fêtes
Que Rome en gémissant consacre à nos conquêtes.
. . . .
. . . .

OCTAVE.

La foudre avait frappé ces tables criminelles.

ANTOINE.

Le destin qui nous sert en produit de nouvelles.
Craignez-vous un augure?

OCTAVE.

Et ne craignez-vous pas
De révolter la terre à force d'attentats?

ANTOINE.

C'est le dernier arrêt, le dernier sacrifice
Qu'aux mânes de César devait notre justice.

OCTAVE.

Je n'en veux qu'à Pompée; et je vous avertis
Qu'il nous suffit du sang de nos grands ennemis:
Le reste est une foule impuissante, éperdue,
Qui sur elle en tremblant voit la mort suspendue,
Que dans Rome jamais nous ne redouterons,
Et qui nous bénira quand nous l'épargnerons.
On nous reproche assez une rage inhumaine;
Nous voulons gouverner, n'excitons plus la haine.

ANTOINE.

Nommez-vous la justice une inhumanité?
Octave, un triumvir par César adopté,
Quand je venge un ami, craint de venger un père!
Vous trahissez son sang pour flatter le vulgaire!
Sur sa cendre avec moi n'avez-vous pas promis
La mort des conjurés et de leurs vils amis?
N'avez-vous pas déja, par un zèle intrépide,
Sur nos plus chers parens vengé ce parricide?
A qui prétendez-vous accorder un pardon,
Quand vous m'avez vous-même immolé Cicéron?
Cicéron fut nommé père de la patrie,
Rome l'avait aimé jusqu'à l'idolâtrie;
Mais lorsqu'à ma vengeance un tribun l'a livré,
Rome où nous commandons, a-t-elle murmuré?
Elle a gémi tout bas et gardé le silence.
Cassius et Brutus, réduits à l'impuissance,
Inspireront peut-être à quelques nations
Une éternelle horreur de nos proscriptions;
Laissons-les en tracer d'effroyables images,
Et contre nos deux noms révolter les deux âges.

Assassins de leur maître et de leur bienfaiteur,
C'est leur indigne nom qui doit être en horreur.
Ce sont les cœurs ingrats qu'il faut que l'on punisse,
Seuls ils sont criminels, et nous fesons justice
Ceux qui les ont aidés, ceux qui les ont servis,
Qui les ont approuvés, seront tous poursuivis.
De vingt mille guerriers péris dans nos batailles,
D'un œil sec et tranquille on voit les funérailles ;
Sur leurs corps étendus, victimes du trépas,
Nous volons sans pâlir à de nouveaux combats,
Et de la trahison cent malheureux complices
Seraient au grand César de trop chers sacrifices !

OCTAVE.

Sans doute on doit punir ; mais ne comparez pas
Le danger honorable et les assassinats.
César est satisfait ; ce héros magnanime
N'aurait jamais puni le crime par le crime.
Je ne me repens point d'avoir vengé sa mort ;
Mais sachez qu'à mon cœur il en coûte un effort.
Je vois que trop de sang peut souiller la vengeance ;
Je serais plus son fils en suivant sa clémence :
Quiconque veut la gloire avec l'autorité
Ne doit verser le sang que par nécessité.
  Pourquoi de Rome encor fouiller tous les asiles ?
Je ne puis approuver des meurtres inutiles.
C'est aux chefs, c'est aux grands, aux Brutus, aux Catons,
Aux enfans de Pompée, à ceux des Scipions,
C'est à de tels proscrits que la mort se destine.
Notre sécurité dépend de leur ruine.
Épargnons un ramas de citoyens sans nom,
Qui seront subjugués par l'espoir du pardon :
C'est leur utile sang qu'il faut que l'on ménage ;
Ne forçons point le peuple à sortir d'esclavage.
D'un œil d'indifférence...

Il y avait dans ce même acte une scène entre Octave et Fulvie, qui a été retranchée.

FULVIE.

Que le frere d'Antoine et l'amant de Julie
Ne craignent point de moi de reproches honteux,

Ma tranquille fierté les épargne à tous deux.
Mon cœur, indifférent aux maux qui le remplissent,
N'a rien à regretter dans ceux qui me trahissent.
Tout ce que je prétends et d'Antoine et de vous,
C'est de fuir loin d'Octave et d'un perfide époux.
Ne me réduisez point à cette ignominie
De parer le triomphe et le char d'Octavie;
Allez : régnez dans Rome, et foulez à vos pieds
Dans des ruisseaux de sang les citoyens noyés.
Au Capitole assis, partagez votre proie,
De mes nouveaux affronts goûtez la noble joie;
Mêlez dans votre gloire et dans vos attentats
Les jeux et les plaisirs à vos assassinats.
Mais laissez-moi cacher dans d'obscures retraites,
Loin de vous, loin de lui, l'horreur que vous me faites,
Ma haine pour vous deux et mon mépris pour lui;
C'est tout ce qui me reste et me flatte aujourd'hui.
Délivrez-vous de moi, d'un témoin de vos crimes,
D'un cœur que vous mettez au rang de vos victimes;
C'est l'unique faveur que je viens demander :
Maîtres de l'univers, daignez-vous l'accorder ?

OCTAVE.

De votre sort toujours vous serez la maîtresse;
Je partage avec vous la douleur qui vous presse.
Je sais qu'Antoine et moi, forcés de vous trahir,
Devant vous désormais nous n'avons qu'à rougir;
Que nous sommes ingrats, qu'il est de votre gloire
D'oublier de nous deux l'importune mémoire.
Mais quels que soient les lieux que vous ayez choisis,
Gardez-vous de vous joindre avec nos ennemis.
C'est ce qu'exige Antoine, et la seule prière
Que ma triste amitié se hasarde à vous faire.

c Dans le premier manuscrit, Julie ne se trouve point avec Pompée au commencement de cet acte; ils ne paraissent point ensemble devant Octave; mais Pompée paraît seul devant les deux triumvirs, qui ont ensuite la scène suivante entre eux :

ANTOINE.

Dans quel chagrin votre ame est-elle ensevelie ?
Que craignez-vous ?

OCTAVE.
Mon cœur et les pleurs de Julie.
ANTOINE.
Des pleurs vous toucheraient?
OCTAVE.
Son trouble, son effroi,
Dans mon étonnement ont passé jusqu'à moi.
J'ai frémi de la voir, j'ai frémi de l'entendre,
Couvert de tout ce sang que ma main fait répandre.
Fulvie en prendra soin : ces bords ensanglantés
Effarouchent ses yeux encore épouvantés.
Mais il faut dès demain que cette fugitive
Connaisse ses devoirs, m'obéisse et me suive.
Je dois répondre d'elle; elle est de ma maison.
ANTOINE.
Vous êtes éperdu...
OCTAVE.
J'en ai trop de raison.
ANTOINE.
Vous l'aimez trop, Octave.
OCTAVE.
Il est vrai, ma jeunesse
Des plaisirs passagers connut la folle ivresse;
J'ai cherché comme vous, au sein des voluptés,
L'oubli de mes chagrins et de mes cruautés.
Plus endurci que moi, vous bravez l'amertume
De ce remords secret dont l'horreur me consume.
Vous ne connaissez pas ces tourmens douloureux
D'un esprit entraîné par de contraires vœux,
Qui fait le mal qu'il hait, et fuit le bien qu'il aime,
Qui cherche à se tromper et qui se hait lui-même.
Je passai du carnage à ces égaremens
Dont les honteux attraits flattaient en vain mes sens
J'ai cru qu'en terminant la discorde civile,
J'aurais près de Julie un destin plus tranquille·
Je suis encor trompé; l'amour, l'ambition,
L'espoir, le repentir, tout n'est qu'illusion.

ANTOINE.
Peut-être que Julie en ces lieux amenée,
Venait entre vos mains mettre sa destinée.

OCTAVE.

Non, je ne le puis croire.

ANTOINE.

Il n'appartient qu'à vous
De régler ses destins, de choisir son époux.
Elle a pu, dans ces jours de vengeance et d'alarmes,
Apporter à vos pieds ses terreurs et ses larmes ;
Vous en serez instruit.

OCTAVE.

Quoi ! dans ses jeunes ans,
S'arracher sans scrupule au sein de ses parens !
Vous savez les soupçons dont mon ame est frappée.

ANTOINE.

On dit qu'elle est promise à ce jeune Pompée.

OCTAVE.

C'est mon rival en tout. Ce redoutable nom
Sera dans tous les temps l'horreur de ma maison.
En vain notre puissance à Rome est établie ;
Il soulève la terre, il règne sur Julie ;
Et Julie en secret a peut-être aujourd'hui
L'audacieux projet de s'unir avec lui.
De son sexe autrefois la timide décence
N'aurait jamais connu cet excès d'impudence.
Mais la guerre civile, et surtout nos fureurs,
Ont corrompu les lois, les esprits et les mœurs.
Aujourd'hui rien n'effraie, et tout est légitime :
Notre fatal empire est le siècle du crime.

ANTOINE.

Je ne vous connais plus, et depuis quelques jours
Un repentir secret règne en tous vos discours ;
Je ne vous vois jamais d'accord avec vous-même.

OCTAVE.

N'en soyez point surpris, si vous savez que j'aime.

ANTOINE.

Rien ne m'a subjugué. Peut-être quelque jour
Comme César et vous je connaîtrai l'amour.
Cependant je vous laisse avec l'infortunée
Qu'on amène à vos yeux tremblante et consternée ;
Vous pouvez aisément adoucir ses douleurs ;
Gardez-vous de laisser trop d'empire à ses pleurs.
Aimez, puisqu'il le faut, mais en maître du monde.

d

OCTAVE.

Votre reproche est juste, et c'est un trait de flamme
Qui sort de votre bouche, et pénètre mon ame.
Vous pouvez tout sur moi : j'atteste à vos genoux
Le dieu qui vous envoie et qui parle par vous,
Que le monde opprimé vous devra ma clémence.
Songez que c'est par vous et par notre alliance
Que le ciel veut finir le malheur des humains.
Rome, l'empire et moi, tout est entre vos mains :
Son bonheur et le mien sur votre hymen se fonde.
Disposez de la foi d'un des maîtres du monde.
César du haut des cieux ordonne ce lien,
Et vous rendez mon nom aussi grand que le sien.

JULIE.

Je rends graces au ciel, si sa voix vous inspire,
Si le fils de César mérite son empire,
Si vous lui ressemblez, si vous n'ajoutez pas
Le crime de tromper à tous vos attentats.
Soyez juste en effet, c'est peu de le paraître;
Pour un César alors je puis vous reconnaître.
Vous êtes de mon sang et du sang des héros :
Allez à l'univers accorder le repos;
Mais sachez que ma foi n'en peut être le gage.
Ne devez qu'à vous-même un si grand avantage;
Ne cherchez la vertu qu'au fond de votre cœur;
En la mettant à prix vous en souillez l'honneur,
Vous en avilissez le caractère auguste.
Est-ce à vos passions à vous rendre plus juste?
J'en rougirais pour vous.

OCTAVE.

     Eh bien, je vous entends :
Je sais de vos refus les motifs insultans;
Et vous ne me parlez de vertu, de clémence,
Que pour voir impuni le rival qui m'offense.
Le ciel vous a trompée; il vous met dans mes mains
Pour vous sauver l'affront d'accomplir vos desseins.
Vous m'osez préférer l'ennemi de ma race !
Son sang va me payer sa honte et son audace;
Il ne peut échapper à mon juste courroux;
Et Pompée...

DU TRIUMVIRAT.

JULIE.

Ah, cruel! quel nom prononcez-vous!
Pompée est loin de moi... Qui vous dit que je l'aime?

OCTAVE.

Vos pleurs, votre mépris de ma grandeur suprême :
Lui seul à cet excès a pu vous égarer.
C'est le seul des mortels qu'on peut me préférer ;
Et c'est le seul aussi que mes coups vont poursuivre.
J'aurais pu me forcer jusqu'à le laisser vivre ;
Mais vous le condamnez quand vous suivez ses pas.
Vous l'aimez : c'est à vous qu'il devra son trépas.

JULIE, *à part.*

O Pompée

OCTAVE.

Oubliez le nom d'un téméraire
Que je dois immoler aux mânes de mon père,
A l'intérêt de Rome, à mes transports jaloux ;
Et demain soyez prête à partir avec nous.

e Il est juste envers vous : ou vous veniez vous-même
Vous soumettre à la loi d'un maître qui vous aime,
Ou vous osiez chercher au milieu des hasards
L'ennemi de mon règne et du nom des Césars ;
Je dispose de vous dans ces deux conjonctures.
Je ne souffrirai pas que les races futures
Puissent me reprocher d'avoir laissé trahir
La majesté d'un nom que je dois soutenir.
Je comblerai de bien votre infidèle père,
J'imiterai le mien, sans prétendre à vous plaire ;
Mais je perdrai le jour avant qu'aucun mortel
Dans sa témérité soit assez criminel
Pour m'oser un moment disputer ma conquête.

f Vers de Racine dans ses *Cantiques sacrés.*

g L'ordre des scènes du quatrième acte n'était pas le même dans le premier manuscrit que dans la pièce imprimée. Après une scène entre Fulvie et ses confidens, l'auteur avait placé les scènes suivantes; ensuite Fulvie et Pompée restaient seuls.

SCÈNE II.

JULIE.

Fulvie !
Soutenez mon courage et ma force affaiblie !
Pompée, absent de moi dans ce jour malheureux,
Quand j'invoque Pompée est un augure affreux !
Que fait-il ? où va-t-il ? vous connaissez ma crainte :
Elle est juste ; et l'horreur qui dans vos yeux est peinte,
Ce front pâle et glacé, redoublent mon effroi.

FULVIE.

Julie, attendez tout de Pompée et de moi.
Gardons que dans ces lieux on ne nous puisse entendre ;
Partout on nous observe, et l'on peut nous surprendre.
Veillez-y, cher Aufide ; allez : de mes suivans
Choisissez les plus prompts et les plus vigilans ;
Et qu'au moindre danger leur voix nous avertisse.

AUFIDE.

Dans leur camp retirés, Antoine et son complice
Ont fait tout préparer pour un départ soudain.
Demain du Capitole ils prendront le chemin ;
Ils vous y conduiront.

FULVIE.

Leur marche triomphante
N'est pas encor bien sûre, et peut être sanglante.

(Aufide sort)

JULIE.

Que dites-vous ?

FULVIE.

J'espère...

JULIE.

En quels dieux ? en quels bras ?

FULVIE.

J'espère en la vengeance.

JULIE.

Elle ne suffit pas.
Si je perds mon époux, que me sert la vengeance ?
Il dissimule en vain son auguste naissance ;
Sa présence trahit un nom si glorieux,
Sa grandeur mal cachée éclate dans ses yeux.

Le perfide Agrippa, Ventidius peut-être,
L'auront vu dans l'Asie, et vont le reconnaître.
Ah! périsse avec moi le détestable jour
Où l'un des triumvirs, épris d'un vain amour,
Des vrais Césars en moi voyant l'unique reste,
Osa me destiner un rang que je déteste !
Tout est funeste en lui : sa triste passion
Tient de la cruauté de sa proscription.
Sur les autels d'hymen portant ses barbaries,
Il y vient allumer le flambeau des furies.
Le sang des nations commence d'y couler ;
Et c'est Pompée enfin qu'il y doit immoler.
J'aurais moins craint de lui s'il m'avait méprisée.
Les dieux dans vos malheurs vous ont favorisée,
Quand votre indigne époux vous a ravi son cœur ;
La haine des tyrans est pour nous un bonheur.
Mais plaire pour servir, ramper sous un barbare
Qui traîne sa victime à l'autel qu'il prépare,
Et recevoir de lui pour présent nuptial
Le sang de mon amant versé par son rival !
Tombe plutôt sur moi cette foudre égarée
Qui, frappant dans la nuit cette infame contrée,
Et se perdant en vain dans ces rochers affreux,
Épargnait nos tyrans, et dut tomber sur eux !

FULVIE.

Et moi je vous prédis que du moins ce perfide
N'accomplira jamais cet hymen homicide.

JULIE.

Je le sais comme vous ; ma mort l'empêchera.

FULVIE.

Et la sienne peut-être ici la préviendra.

JULIE.

De quel espoir trompeur êtes-vous animée ?
Avez-vous un parti, des amis, une armée ?
Nous sommes deux roseaux par l'orage pliés,
L'un sur l'autre en tremblant vainement appuyés ;
Le puissant foule aux pieds le faible qui menace,
Et rit, en l'écrasant, de sa débile audace.
Tout tombe, tout gémit : qui peut vous seconder ?

FULVIE.

Croyez du moins Pompée, et laissez-vous guider.

VARIANTES

SCÈNE III.

JULIE, FULVIE, POMPÉE.

JULIE.

Héros né d'un héros, vous qu'une juste crainte
Me défend de nommer dans cette horrible enceinte,
Où portez-vous vos pas égarés, incertains?
Quel trouble vous agite? et quels sont vos desseins?
Regagnez ces rochers et ces retraites sombres
Où la nuit va porter ses favorables ombres.
Demain les trois tyrans, aux premiers traits du jour,
Partent avec la mort de ce fatal séjour;
Ils vont, loin de vos yeux, ensanglanter le Tibre.
Ne vous exposez point, demain vous serez libre.

POMPÉE.

C'est la première fois que le ciel a permis
Que mon front se cachât à des yeux ennemis.

JULIE.

Il le faut.

POMPÉE.

O Julie!

JULIE.

Eh bien?

POMPÉE.

Quoi! le barbare
Vous enlève à mes bras! ce monstre nous sépare!
Fulvie, écoutez-moi...

FULVIE.

Calmez-vous.

POMPÉE.

Ah, grands dieux!
Éloignez-la de moi, sauvez-la de ces lieux.

JULIE.

Que crains-tu? n'as-tu pas ce fer et ton courage?
Ne saurais-tu finir notre indigne esclavage?
Eh! ne peux-tu mourir en m'arrachant le jour?
Frappe.

POMPÉE.

Ah! qu'un autre sang...

JULIE.
                    Frappe, au nom de l'amour !
Frappe, au nom de l'hymen, au nom de la patrie !
          POMPÉE.
Au nom de tous les trois, accordez-moi, Julie,
Ce que j'ai demandé, ce que j'attends de vous,
Pour le salut de Rome et celui d'un époux.
Achevez, évoquez les mânes de mon père :
J'ai dû ce sacrifice à cette ombre si chère ;
Il faut une main pure ainsi que votre encens.
               JULIE.
Que serviront mes vœux et mes cris impuissans ?
De Pompée au tombeau que pouvons-nous attendre ?
Du fer des assassins il n'a pu se défendre ;
Le Phare est encor teint de son sang précieux.
             POMPÉE.
Il n'était qu'homme alors ; il est auprès des dieux.
De Pharsale et du Phare ils ont puni le crime :
Songez que César même est tombé sa victime,
Et qu'aux pieds de mon père il a fini son sort.
              JULIE.
Puisse Octave à son tour subir la même mort !
             POMPÉE.
Julie... il la mérite.
               JULIE.
                 Ah ! s'il était possible...
Mais si vous paraissez, la vôtre est infaillible.
         FULVIE, à Julie.
Si vous restez ici, c'est vous qui l'exposez ;
Bientôt les yeux jaloux seront désabusés.
On le croit un soldat qui, dans ces temps de crimes,
A l'or des trois tyrans vient vendre des victimes ;
Avec vous dans ces lieux s'il était découvert,
Je ne pourrais plus rien. Votre amour seul le perd.
             POMPÉE.
Levez au ciel les mains : la mienne se prépare
A vous tirer au moins de celles du barbare.
              JULIE.
Cruel ! pouvez-vous bien vous exposer sans moi ?
             POMPÉE.
Allez, ne craignez rien, je fais ce que je dois ;
Faites ce que je veux.

VARIANTES

JULIE.
                A vous je m'abandonne ;
Mais qu'allez-vous tenter ?
    POMPÉE.
                Ce que mon père ordonne.
    JULIE.
Peut-être comme lui vous marchez au trépas
Mais soyez sûr au moins qu'on ne me verra pas,
Par d'inutiles pleurs arrosant votre cendre,
Jeter d'indignes cris qu'on dédaigne d'entendre.
Les Romains apprendront que nous étions tous deux
Dignes de vivre ensemble, ou de mourir pour eux.

h   FULVIE.
Vengeons sur des méchans le monde qu'on opprime.
    POMPÉE.
Punir un criminel, ce n'est pas faire un crime :
C'est servir son pays ; j'y suis déterminé...

i Peut-être il est encor des yeux trop vigilans
Qui pour sa sûreté sont ouverts en tout temps.
Mes esclaves partout ont une libre entrée ;
On ne craint rien de moi.
    POMPÉE.
                Sa perte est assurée.
Mon sang sera mêlé dans les flots de son sang.
    (à Aufide)
Quel mot a-t-on donné ?
    AUFIDE.
                Seigneur, de rang en rang
La parole a couru : c'est *Pompée* et *Pharsale*.
    POMPÉE.
Elle coûtera cher, elle sera fatale ;
Et le nom de Pompée est un arrêt du sort
Qui du fils de César a prononcé la mort.
Mais je tremble pour vous, je tremble pour Julie ;
Antoine vengera le frère d'Octavie.

k Cet acte cinquième commençait par la scène suivante, entre Octave et Antoine ; on amenait ensuite successivement Fulvie avec Julie et Pompée.

DU TRIUMVIRAT.

OCTAVE.

Ainsi donc cette nuit l'implacable Fulvie
Allait nous arracher l'empire avec la vie?

ANTOINE.

Du fer qu'elle portait légèrement blessé,
Je vois avec mépris son courroux insensé.
Dans son emportement, sa main mal assurée
N'a porté dans mon sein qu'une atteinte égarée.
Son esprit, étonné de ce nouveau forfait,
Laissait son bras sans force et son crime imparfait;
Aisément à mes yeux désarmée et saisie,
Dans la tente prochaine elle est avec Julie.

OCTAVE.

Il le faut avouer, de si grands attentats
Sont dignes de nos jours, et ne m'étonnent pas.

ANTOINE.

Mais quel est le Romain qui jusque dans nos tentes
A porté, sans frémir, ses fureurs impuissantes?

OCTAVE.

D'Icile à mes côtés on a percé le sein.
. . . .
Je goûtais, je l'avoue, un sommeil bien funeste.
Il semble qu'en effet quelque pouvoir céleste
Persécute mes nuits et grave dans mon cœur
Des traits de désespoir et des tableaux d'horreur.
Je vois des morts, du sang, des tourmens qu'on apprête;
Je vois le fer vengeur suspendu sur ma tête;
On m'abreuve du sang des Romains expirans.
Ces fantômes affreux fatiguaient tous mes sens.
Mon ame succombait d'épouvante frappée,
J'entendais une voix qui me criait : *Pompée!*
Je tressaille à ce nom, je m'arrache au sommeil;
Le sang d'Icile mort me couvre à mon réveil.
Je m'arme, je m'écrie; on saisit le perfide,
On n'aperçoit en lui qu'un Africain timide,
Un malheureux sans force, interdit, désarmé,
De qui la voix tremblante et l'œil inanimé
Nous découvrait assez qu'un si lâche coupable
D'un meurtre aussi hardi n'a point été capable.
Lui-même il en ignore et la cause et l'auteur,
Et pour oser tromper il a trop de terreur.

L'indomptable Fulvie a-t-elle en sa colère
Employé pour me perdre une main mercenaire,
Tandis que de la sienne elle osait vous frapper?
ANTOINE.
L'assassin, tel qu'il soit, ne nous peut échapper.
OCTAVE.
Est-ce quelque proscrit qui, jusqu'en ces contrées,
Ose armer contre nous ses mains désespérées;
Et dans l'égarement se vengeant au hasard,
Venait porter la mort aux lieux dont elle part?
ANTOINE.
L'esclave nous a peint ce mortel téméraire;
Il ignorait, dit-il, son dessein sanguinaire.
OCTAVE.
Mais il est à Fulvie.
ANTOINE.
Une femme en fureur
Sans doute a contre nous trouvé plus d'un vengeur;
Elle a pu le choisir dans une foule obscure.
Casca fit à César la première blessure.
Les plus vils des humains, ainsi que les plus grands,
S'armeront contre nous puisqu'on nous croit tyrans.
Ne nous attendons point à des destins tranquilles,
Mais aux meurtres secrets, mais aux guerres civiles,
Aux complots renaissans, aux conspirations;
C'est le fruit éternel de nos proscriptions;
Il est semé par nous, en voilà les prémices.
Les dieux à nos desseins ne sont pas moins propices;
Notre empire absolu n'est pas moins cimenté;
On ne peut le chérir, mais il est redouté.
La terreur est la base où le pouvoir se fonde;
Et ce n'est qu'à ce prix qu'on gouverne le monde.
OCTAVE.
Que n'ai-je pu régner par des moyens plus doux!
Mais ce meurtre hardi rallume mon courroux.
Quoi! dans le même jour où Julie expirante
Par le sort est jetée en cette île sanglante,
Un meurtrier pénètre au milieu de la nuit,
A travers de ma garde, en ma tente, à mon lit!
Deux femmes, contre nous par la fureur unies,
A cet étrange excès se seront enhardies!

Julie aime Pompée, et par ce coup sanglant
Elle a voulu venger le sang de son amant.
Dans l'école du meurtre elle s'est introduite ;
Elle en a profité ; je vois qu'elle m'imite.
ANTOINE.
Nous allons démêler le fil de ces complots.
OCTAVE.
Je suis assez instruit, et trop pour mon repos !
Je me vois détesté : que savoir davantage ?
On ne m'apprendra point un plus sensible outrage.

JULIE.
Je ne m'en défends plus : oui, je suivais sa trace,
Oui, j'attachais mon sort à sa noble disgrace.
J'ai préféré Pompée abandonné des dieux,
A César fortuné, puissant, victorieux.
    Que me reprochez-vous ? cent peuples en alarmes
Ou rampent dans vos fers, ou tombent sous vos armes ;
Le monde épouvanté reconnaît votre loi ;
Au fils du grand Pompée il ne reste que moi.
Oui, mon cœur est à lui ; laissez-lui son partage ;
Respectez ses malheurs, respectez son courage.
J'ai voulu rapprocher, après tant de revers,
Deux noms aimés du ciel et chers à l'univers.
Dignes de notre race en héros si féconde,
Nous nous aimions tous deux pour le bonheur du monde.
    Voilà mon crime, Octave ; osez-vous m'en punir ?
Dans vos indignes fers m'osez-vous retenir ?
Quand César a pleuré sur la cendre du père,
Portez-vous sur le fils une main sanguinaire ?
Il l'honora dans Rome, et surtout aux combats.
. . . .
. . . .

FIN DES VARIANTES DU TRIUMVIRAT.

NOTES SUR LE TRIUMVIRAT,

PAR M. DE VOLTAIRE. (1766.)

---

¹ . . . . En cette île funeste.

Cette île, où les triumvirs commencèrent les proscriptions, est dans la rivière Réno, auprès de Bononia, que nous nommons Bologne. Elle n'est pas si grande qu'elle semble l'être dans cette tragédie, mais je crois qu'on peut très bien supposer, surtout en poésie, que l'île et la rivière étaient plus considérables autrefois qu'aujourd'hui, et surtout ce tremblement de terre, dont il est parlé dans Pline, peut avoir diminué l'une et l'autre. Il y a dans l'histoire plusieurs exemples de pareils changemens produits par des volcans et par des tremblemens de terre. Ce fut dans ce temps-là même que la nouvelle ville d'Épidaure, sur le golfe Adriatique, fut renversée de fond en comble, et le cours de la rivière sur laquelle elle était située fut changé et très diminué.

² . . . . Il épouse Octavie.

Il est bon d'observer qu'Antoine n'épousa Octavie que longtemps après; mais c'est assez qu'il ait été beau-frère d'Octave. Il ne répudia point Octavie; mais il fut sur le point de la répudier quand il fut amoureux de Cléopâtre, et elle mourut de chagrin et de colère.

³ Octave vous aima...

Les historiens disent que Fulvie fit les avances à Octave, et qu'il ne la trouva pas assez belle : ce qui paraît en effet par les vers licencieux qu'il fit contre Fulvie.

> Quod f... Glaphyram Antonius, hanc mihi pœnam
> Fulvia constituit, se quoque uti f...

Aut f... aut pugnemus, ait! quid quod mihi vita
Carior est ipsa mentula, signa canant.

Cette abominable épigramme est un des plus forts témoignages de l'infamie des mœurs d'Auguste. Peut-être l'auteur de la pièce en a-t-il inféré qu'Octave s'était dégoûté de Fulvie; ce qui arrive toujours dans ces commerces scandaleux. Octave et Fulvie étaient également ennemis des mœurs, et prouvent l'un et l'autre la dépravation de ces temps exécrables; et cependant Auguste affecta depuis des mœurs sévères.

4 Passer Antoine même en ses emportemens.

Il est très vrai qu'Auguste fut long-temps livré à des débauches de toute espèce. Suétone nous en apprend quelques unes. Ce même Sextus Pompée, dont nous parlerons, lui reprocha des faiblesses infames, *effeminatum insectatus est*. Antoine, avant le triumvirat, déclara que César, grand-oncle d'Auguste, ne l'avait adopté pour son fils que parce qu'il avait servi à ses plaisirs; *adoptionem avunculi stupro meritum*. Lucius lui fit le même reproche, et prétendit même qu'il avait poussé la bassesse jusqu'à vendre son corps à Hirtius pour une somme très considérable. Son impudence alla depuis jusqu'à arracher une femme consulaire à son mari, au milieu d'un souper : il passa quelque temps avec elle dans un cabinet voisin, et la ramena ensuite à la table; sans que lui, ni elle, ni son mari, en rougissent.

Nous avons encore une lettre d'Antoine à Auguste, conçue en ces mots : *Ita valeas uti tu hanc epistolam quum leges, non inieris Tertullam, aut Terentillam, aut Rufillam, aut Salviam, aut omnes. Anne refert ubi et in quam arrigas?* On n'ose traduire cette lettre licencieuse.

Rien n'est plus connu que ce scandaleux festin de cinq compagnons de ses plaisirs avec six principales femmes de Rome. Ils étaient habillés en dieux et en déesses, et ils en imitaient toutes les impudicités inventées dans les fables :

Dum nova divorum cœnat adulteria.

Enfin on le désigna publiquement sur le théâtre par ce fameux vers :

> Videsne ut cinædus orbem digito temperet?

Presque tous les auteurs latins qui ont parlé d'Ovide prétendent qu'Auguste n'eut l'insolence d'exiler ce chevalier romain, qui était beaucoup plus honnête homme que lui, que parce qu'il avait été surpris par lui dans un inceste avec sa propre fille Julia, et qu'il ne relégua même sa fille que par jalousie. Cela est d'autant plus vraisemblable, que Caligula publiait hautement que sa mère était née de l'inceste d'Auguste et de Julie : c'est ce que dit Suétone dans la vie de Caligula.

On sait qu'Auguste avait répudié la mère de Julie le jour même qu'elle accoucha d'elle, et il enleva le même jour Livie à son mari, grosse de Tibère, autre monstre qui lui succéda. Voilà l'homme à qui Horace disait :

> Res Italas armis tuteris, moribus ornes,
> Legibus emendes, etc.

Antoine n'était pas moins connu par ses débordemens effrénés. On le vit parcourir toute l'Apulie dans un char superbe traîné par des lions, avec la courtisane Cithéris qu'il caressait publiquement en insultant au peuple romain. Cicéron lui reproche encore un pareil voyage fait aux dépens des peuples, avec une baladine nommée Hippias et des farceurs. C'était un soldat grossier, qui jamais dans ses débauches n'avait eu de respect pour la bienséance; il s'abandonnait à la plus honteuse ivrognerie et aux plus infames excès. Le détail de toutes ces horreurs passera à la dernière postérité, dans les *Philippiques* de Cicéron : *Sed jam stupra et flagitia omittam; sunt quædam quæ honeste non possum dicere, etc. Phil.* 2. Voilà Cicéron qui n'ose dire devant le sénat ce qu'Antoine a osé faire; preuve bien évidente que la dépravation des mœurs n'était point autorisée à Rome, comme on l'a prétendu. Il y avait même des lois contre les gitons, qui ne furent jamais abrogées. Il est vrai que ces lois ne punissaient point par le feu un vice qu'il faut tâcher de prévenir, et qu'il faut souvent ignorer. Antoine et Octave, le grand César et Sylla, furent atteints de ce vice; mais on ne le reprocha jamais aux Scipion, aux Métellus, aux Caton, aux Brutus, aux Cicéron : tous étaient des gens de bien; tous périrent cruellement.

Leurs vainqueurs furent des brigands plongés dans la débauche. On ne peut pardonner aux historiens flatteurs ou séduits qui ont mis de pareils monstres au rang des grands hommes; et il faut avouer que Virgile et Horace ont montré plus de bassesse dans les éloges prodigués à Auguste, qu'ils n'ont déployé de goût et de génie dans ces tristes monumens de la plus lâche servitude.

Il est difficile de n'être pas saisi d'indignation en lisant, à la tête des *Géorgiques*, qu'Auguste est un des plus grands dieux, et qu'on ne sait quelle place il daignera occuper un jour dans le ciel, s'il régnera dans les airs, ou s'il sera le protecteur des villes; ou bien s'il acceptera l'empire des mers.

> Aut deus immensi venias maris, ac tua nautæ
> Numina sola colant : tibi serviat ultima Thule.

L'Arioste parle bien plus sensément, comme aussi avec plus de grace, quand il dit dans son admirable trente-cinquième chant :

> Non fu sì santo, nè benigno Augusto,
> Come la tuba di Virgilio suona;
> L'aver avuto in poesia buon gusto,
> La proscrizione iniqua gli perdona, ecc.
> *Ott.* XXVI.

Tacite fait aisément comprendre comment le peuple romain s'accoutuma enfin au joug de ce tyran habile et heureux, et comme les lâches fils des plus dignes républicains crurent être nés pour l'esclavage. Nul d'eux, dit-il, n'avait vu la république.

5 ... Mes deux tyrans en secret se détestent.

Non seulement Octave et Antoine se haïssaient et se craignaient l'un et l'autre, non seulement ils s'étaient déja fait la guerre auprès de Modène, mais Octave avait voulu assassiner Antoine; et quand ils conférèrent ensemble dans l'île de Réno, ils commencèrent par se fouiller réciproquement, se soupçonnant également l'un et l'autre d'être des assassins. Il est bien évident que la vengeance du meurtre de César ne fut jamais que le prétexte de leur ambition. Ils n'agirent que pour eux-mêmes, soit quand ils furent ennemis, soit quand ils furent alliés. Il me semble que l'auteur de la tragédie a bien raison de dire :

A quels mortels, grands dieux, livrez-vous l'univers!

Le monde fut ravagé, depuis l'Euphrate jusqu'au fond de l'Espagne, par deux scélérats sans pudeur, sans loi, sans honneur, sans probité, fourbes, ingrats, sanguinaires, qui, dans une république bien policée, auraient péri par le dernier supplice. Nous sommes encore éblouis de leur splendeur, et nous ne devrions être étonnés que de l'atrocité de leur conduite. Si on nous racontait de pareilles actions de deux citoyens d'une petite ville, elles nous dégoûteraient; mais l'éclat de la grandeur de Rome se répand sur eux : elle nous en impose, et nous fait presque respecter ce que nous haïssons dans le fond du cœur.

Les derniers temps de l'empire d'Auguste sont encore cités avec admiration, parce que Rome goûta sous lui l'abondance, les plaisirs et la paix. Il régna avec gloire, mais enfin il ne fut jamais cité comme un bon prince. Quand le sénat complimentait les empereurs à leur avénement, que leur souhaitait-il? d'être plus heureux qu'Auguste, meilleurs que Trajan, *felicior Augusto, melior Trajano*. L'opinion de l'empire romain fut donc qu'Auguste n'avait été qu'heureux, mais que Trajan avait été bon. En effet, comment peut-on tenir compte à un brigand enrichi d'avoir joui en paix du fruit de ses rapines et de ses cruautés? *Clementiam non voco*, dit Sénèque, *lassam crudelitatem*.

⁶ ... *Lucius César a des amis secrets.*

Ce Lucius César avait épousé une tante d'Antoine, et Antoine le proscrivit. Il fut sauvé par les soins de sa femme, qui s'appelait Julie. Je n'ai trouvé dans aucun historien qu'il ait eu une fille du même nom ; je laisse à ceux qui connaissent mieux que moi les règles du théâtre et les priviléges de la poésie, à décider s'il est permis d'introduire sur la scène un personnage important qui n'a pas réellement existé. Je crois que si cette Julie était aussi connue qu'Antoine et Octave, elle ferait un plus grand effet. Je propose cette idée moins comme une critique que comme un doute.

⁷ ... *L'infame avarice*, etc.

Le prix de chaque tête était de cent mille sesterces, qui font aujourd'hui environ vingt-deux mille livres de notre monnaie. Mais il est tres probable que le sang de Sextus Pompée, de Cicéron, et des principaux proscrits, fut mis à un prix plus haut, puisque Popilius Lænas, assassin de Cicéron, reçut la valeur de deux cent mille francs pour sa récompense.

Au reste, le prix ordinaire de cent mille sesterces pour les hommes libres qui assassineraient des citoyens, fut réduit à quarante mille pour les esclaves. L'ordonnance en fut affichée dans toutes les places publiques de Rome. Il y eut trois cents sénateurs de proscrits, deux mille chevaliers, plus de cent négocians, tous pères de famille. Mais les vengeances particulières, et la fureur de la déprédation, firent périr beaucoup plus de citoyens que les triumvirs n'en avaient condamné. Tous ces meurtres horribles furent colorés des apparences de la justice. On assassina en vertu d'un édit ; et qui osait donner cet édit ? trois citoyens qui alors n'avaient aucune prérogative que celle de la force.

L'avarice eut tant de part dans ces proscriptions, de la part même des triumvirs, qu'ils imposèrent une taxe exorbitante sur les femmes et sur les filles des proscrits, afin qu'il n'y eût aucun genre d'atrocité dont ces prétendus vengeurs de la mort de César ne souillassent leur usurpation.

Il y eut encore une autre espèce d'avarice dans Antoine et dans Octave; ce fut la rapine et la déprédation qu'ils exercèrent l'un et l'autre dans la guerre civile qui survint bientôt entre eux.

Antoine dépouilla l'Orient, et Auguste força les Romains et tous les peuples d'Occident, soumis à Rome, de donner le quart de leurs revenus, indépendamment des impôts sur le commerce. Les affranchis payèrent le huitième de leurs fonds. Les citoyens romains, depuis le triomphe de Paul Émile jusqu'à la mort de César, n'avaient été soumis à aucun tribut; ils furent vexés et pillés lorsqu'ils combattirent pour savoir de qui ils seraient esclaves, ou d'Octave ou d'Antoine.

Ces déprédateurs ne s'en tinrent pas là. Octave, immédiatement avant la guerre de Pérouse, donna à ses vétérans toutes les terres du territoire de Mantoue et de Crémone; il chassa de leurs foyers un nombre prodigieux de familles innocentes, pour enrichir les meurtriers qui étaient à ses gages. César son père n'en avait point usé ainsi; et même, quoique dans les Gaules il eût exercé tous les brigandages qui sont les suites de la guerre, on ne voit pas qu'il ait dépouillé une seule famille gauloise de son héritage. Nous ne savons pas si lorsque les Bourguignons, et après eux les Francs, vinrent dans la Gaule, ils s'approprièrent les terres des vaincus. Il est bien prouvé que Clovis et les siens pillèrent tout ce qu'ils trouvèrent de précieux, et qu'ils mirent les anciens colons dans une dépendance qui approchait de la servitude; mais enfin ils ne les chassèrent pas des terres que leurs pères avaient cultivées. Ils le pouvaient, en qualité d'étrangers, de barbares et de vainqueurs; mais Octave dépouillait ses compatriotes.

Remarquons encore que toutes ces abominations romaines sont du temps où les arts étaient perfectionnés en Italie, et que les brigandages des Francs et des Bourguignons sont d'un temps où les arts étaient absolument ignorés dans cette partie du monde, alors presque sauvage.

La philosophie morale, qui avait fait tant de progrès dans Cicéron, dans Atticus, dans Lucrèce, dans Memmius, et dans les esprits de tant d'autres dignes Romains, ne put rien contre les fureurs des guerres civiles. Il est absurde et abominable de dire que les belles lettres avaient corrompu les mœurs. Antoine, Octave, et leurs suivans, ne furent pas méchans à cause de l'étude des lettres, mais malgré cette étude. C'est ainsi que, du temps de la Ligue, les Montaigne, les Charron, les De Thou, les L'Hospital, ne purent s'opposer au torrent de crimes dont la France fut inondée.

8 Mon génie était né pour les guerres civiles.

Fulvie se rend ici une exacte justice. Elle précipita le frère d'Antoine dans sa ruine; elle cabala avec Auguste et contre Auguste; elle fut l'ennemie mortelle de Cicéron; elle était digne de ces temps funestes. Je ne connais aucune guerre civile où quelque femme n'ait joué un rôle.

9 Lépide est un fantôme...

Il était en effet tel que l'auteur le dépeint ici. Le lâche proscrivit jusqu'à son propre frère, pour s'attirer l'affection de ses deux collégues, qu'il ne put jamais obtenir. Il fut obligé de se démettre de sa place de triumvir après la bataille de Philippes : il demeura pontife, comme l'auteur le dit, mais sans crédit et sans honneurs. Octave et lui moururent paisibles, l'un tout-puissant, l'autre oublié.

10 L'Orient est à vous...

Ce ne fut point ainsi que fut fait le partage dans l'île de Réno. Ce ne fut qu'après la bataille de Philippes qu'Octave se réserva l'Italie; et ce nouveau partage même fut la source de tous les malheurs d'Antoine et de la prospérité d'Auguste. Mais n'est-on pas étonné de voir deux citoyens débauchés, dont l'un même n'était pas guerrier, partager tranquillement tout ce que possèdent aujourd'hui le sultan des Turcs, l'empereur de Maroc, la maison d'Autriche, les rois de France, d'Angleterre, d'Espagne, de Naples, de Sardaigne, les républiques de Venise, de Suisse, et de Hollande? Et ce qui est encore plus singulier, c'est que cette vaste domination fut le fruit de sept cents ans de victoires consécutives, depuis Romulus jusqu'à César.

11 . . . Et je n'ai que des rois.

On remarque en effet qu'avant la bataille d'Actium il y eut un jour quatorze rois dans l'antichambre d'Antoine; mais ces rois ne valaient ni les légions romaines, ni même le seul Agrippa, qui gagna la bataille, et qui fit triompher le peu courageux Auguste de la valeur d'Antoine. Ce maître de l'Asie fesait peu de cas des rois qui le servaient : il fit fouetter le roi de Judée, Antigone, après quoi ce petit monarque fut mis en croix. Le prétendu royaume d'Antigone se bornait au territoire pierreux de Jérusalem, et à la Galilée. Antoine avait donné le pays de Jéricho à Cléopâtre, qui jouissait de la terre promise. Il dépouillait souvent un roi d'une province pour en gratifier un favori. Il est bon de faire attention à tant d'insolence d'un côté, et à tant d'abrutissement de l'autre.

12 Craignez-vous un augure...

Auguste feignit toujours d'être superstitieux; et peut-être le fut-il quelquefois. Il eut, au rapport de Suétone, la faiblesse de croire qu'un poisson qui sautait hors de la mer sur le rivage d'Actium lui présageait le gain de la bataille. Ayant ensuite rencontré un ânier, il lui demanda le nom de son âne; l'ânier lui répondit qu'il s'appelait *Vainqueur* : Octave ne douta plus qu'il ne dût remporter la victoire. Il fit faire des statues d'airain de l'ânier, de l'âne et du poisson; il les plaça dans le Capitole. On rapporte de lui beaucoup d'autres petitesses qui, en contrastant avec tant de cruautés, forment le portrait d'un méchant méprisable, mais qui devint habile : et c'est à lui qu'on a dressé des autels de son vivant!

A quels mortels, grands dieux, livrez-vous l'univers!

13 Sacrifier Pompée...

Ce Sextus Pompéius, dont nous avons déja parlé, était fils du grand Pompée. Son caractère était noble, violent et téméraire. Il se fit une réputation immortelle dans le temps des proscriptions; il eut le courage de faire afficher dans Rome qu'il donnerait à ceux qui sauveraient les proscrits le double de ce que les triumvirs promettaient aux assassins. Il finit par être tué en Phrygie par ordre d'Antoine. Son frère Cnéius avait été tué en Espagne, à la bataille de Munda. Ainsi toute cette famille si chère aux Romains, et qui combattait pour les lois, périt malheureusement; et Auguste, si long-temps l'ennemi de toutes les lois, mourut dans la vieillesse la plus honorée.

14 César en fit autant...

Cela est incontestable, et je crois qu'on peut remarquer que presque tous les chefs de parti dans les guerres civiles ont été des voluptueux, si l'on en excepte peut-être quelques guerres fanatiques, comme celle dans laquelle Cromwell se signala. Les chefs de la Fronde, ceux de la Ligue, ceux des maisons de Bourgogne et d'Orléans, ceux de la Rose blanche, et ceux de la Rose rouge, s'abandonnèrent aux plaisirs au milieu des horreurs de la guerre. Ils insultèrent toujours aux misères publiques, en se livrant à la plus énorme licence; et les rapines les plus odieuses servirent toujours à payer leurs plaisirs. On en voit de grands exemples dans les Mémoires du cardinal de Retz. Lui-même s'abandonnait quelquefois à la plus basse débauche, et bravait les mœurs en donnant des bénédictions. Le duc de Borgia, fils du pape Alexandre VI, en usait ainsi dans le temps qu'il assassinait tous les seigneurs de la Romagne, et le peuple stupide osait à peine murmurer.

Tout cela est étonnant. La guerre civile est le théâtre de la licence, et les mœurs y sont immolées avec les citoyens.

15 Vers l'humaine équité quelque faible retour.

Il faut avouer qu'Auguste eut de ces retours heureux, quand le crime ne lui fut plus nécessaire, et qu'il vit qu'étant maître absolu, il n'avait plus d'autre intérêt que celui de paraître juste : mais il me semble qu'il fut toujours plus impitoyable que clément; car, après la bataille d'Actium, il fit égorger le fils d'Antoine au pied de la statue de César, et il eut la barbarie de faire trancher la tête au jeune Césarion, fils de César et de Cléopâtre, que lui-même avait reconnu pour roi d'Égypte.

Ayant un jour soupçonné le préteur Quintus Gallius d'être venu à l'audience avec un poignard sous sa robe, il le fit appliquer en sa présence à la torture; et, dans l'indignation où il fut de s'entendre appeler tyran par ce sénateur, il lui arracha lui-même les yeux, si on en croit Suétone.

On sait que César, son père adoptif, fut assez grand pour pardonner à presque tous ses ennemis; mais je ne vois pas qu'Auguste ait pardonné à un seul. Je doute fort de sa prétendue clémence envers Cinna. Tacite ni Suétone ne disent rien de cette aventure. Suétone, qui parle de toutes les conspirations faites contre Auguste, n'aurait pas manqué de parler de la plus célèbre. La singularité d'un consulat donné à Cinna pour prix de la plus noire perfidie n'aurait pas échappé à tous les historiens contemporains. Dion Cassius n'en parle qu'après Sénèque, et ce morceau de Sénèque ressemble plus à une déclamation qu'à une vérité historique. De plus, Sénèque met la scène en Gaule, et Dion à Rome. Il y a là une contradiction qui achève d'ôter toute vraisemblance à cette aventure. Aucune de nos histoires romaines, compilées à la hâte et sans choix, n'a discuté ce fait intéressant. L'histoire de Laurent Échard est aussi fautive que tronquée. L'esprit d'examen a rarement conduit les écrivains.

Il se peut que Cinna ait été soupçonné ou convaincu par Auguste de quelque infidélité, et qu'après l'éclaircissement, Auguste lui eût accordé le vain honneur du consulat; mais il n'est nullement probable que Cinna eût voulu, par une conspiration, s'emparer de la puissance suprême, lui qui n'avait jamais commandé d'armée, qui n'était appuyé d'aucun parti, qui n'était pas enfin un homme considérable dans l'empire. Il n'y a pas d'apparence qu'un simple courtisan ait eu la folie de vouloir succéder à un souverain affermi par un règne de vingt années, qui avait des héritiers; et il n'est nullement probable qu'Auguste l'eût fait consul immédiatement après la conspiration.

Si l'aventure de Cinna est vraie, Auguste ne pardonna que malgré lui, vaincu par les raisons ou par les importunités de Livie, qui avait pris sur lui un grand ascendant, et qui lui persuada que le pardon lui serait plus utile que le châtiment. Ce ne fut donc que par politique qu'on le vit une fois exercer la clémence; ce ne fut certainement point par générosité.

Je sais que le public n'a pu souffrir dans le Cinna de Corneille, que Livie lui inspirât la clémence qu'on a vantée. Je n'examine ici que la vérité des faits; *une tragédie n'est pas une histoire*. On reprochait à Corneille d'avoir avili son héros, en donnant à Livie tout l'honneur du pardon. Je ne déciderai point si on a eu raison ou tort de supprimer cette partie de la pièce, qui est aujourd'hui regardée comme une vérité, sur la foi de la déclamation de Sénèque.

Je crois bien qu'Auguste a pu pardonner quelquefois par politique, et affecter de la grandeur d'ame; mais je suis persuadé qu'il n'en avait pas; et, sous quelques traits héroïques qu'on puisse le représenter sur le théâtre, je ne puis avoir d'autre idée de lui que celle d'un homme uniquement occupé de son intérêt pendant toute sa vie. Heureux quand cet intérêt s'accordait avec la gloire! Après tout, un trait de clémence est toujours grand au théâtre, et surtout quand cette clémence expose à quelque danger. Il faut, dit-on, sur la scène, être plus grand que nature.

16   Le sphinx est son emblème, etc.

Il est vrai qu'Auguste porta long-temps au doigt un anneau sur lequel un sphinx était gravé. On dit qu'il voulait marquer par là qu'il était impénétrable. Pline le naturaliste rapporte que, lorsqu'il fut seul maître de la république, les applications odieuses, trop souvent faites par les Romains à l'occasion du sphinx, le déterminèrent à ne plus se servir de ce cachet, et il y substitua la tête d'Alexandre : mais il me semble que cette tête d'Alexandre devait lui attirer des railleries encore plus fortes, et que la comparaison qu'on devait faire continuellement d'Alexandre et de lui n'était pas à son avantage. Celui qui, par son courage héroïque, vengea la Grèce de la tyrannie du plus puissant roi de la terre, n'avait rien de commun avec le petit-fils d'un simple chevalier qui se servit de ses concitoyens pour asservir sa patrie. *Voyez* les remarques suivantes.

17   J'ai vu périr Caton, etc.

Je propose quelques réflexions sur la vie et sur la mort de Caton. Il ne commanda jamais d'armée; il ne fut que simple préteur; et cependant nous prononçons son nom avec plus de vénération que celui des César, des Pompée, des Brutus, des Cicéron, et des Scipion même : c'est que tous ont eu beaucoup d'ambition ou de grandes faiblesses. C'est comme citoyen vertueux, c'est comme stoïcien rigide, qu'on révère Caton malgré soi; tant l'amour de la patrie est respecté par ceux même à qui les vertus patriotiques sont inconnues! tant la philosophie stoïcienne force à l'admiration ceux même qui en sont le plus éloignés! Il est certain que Caton fit tout pour le devoir, tout pour la patrie, et jamais rien pour lui. Il est presque le seul Romain de son temps qui mérite cet éloge. Lui seul, quand il fut questeur, eut le courage non seulement de refuser aux exécuteurs des proscriptions de Sylla l'argent qu'ils redemandaient encore en vertu des rescriptions que Sylla leur avait laissées sur le trésor public, mais il les accusa de concussion et d'homicide, et les fit condamner à mort, donnant ainsi un terrible exemple aux triumvirs, qui dédaignèrent d'en profiter. Il fut ennemi de quiconque aspirait à la tyrannie. Retiré dans Utique, après la bataille de Tapsa, que César avait gagnée, il exhorte les sénateurs d'Utique à imiter son courage, à se défendre contre l'usurpateur; il les trouve intimidés; il a l'humanité de pourvoir à leur sûreté dans leur fuite. Quand il voit qu'il ne lui reste plus aucune espérance de sauver sa patrie, et que sa vie est inutile, il sort de la vie sans écouter un moment l'instinct qui nous attache à elle; il se rejoint à l'Être des êtres, loin de la tyrannie.

On trouve dans les odes de Lamotte un couplet contre Caton :

> Caton, d'une ame plus égale,
> Sous l'heureux vainqueur de Pharsale,
> Eût souffert que l'homme pliât;
> Mais, incapable de se rendre,
> Il n'eut pas la force d'attendre
> Un pardon qui l'humiliât.

On voit dans ces vers quelle est l'énorme différence d'un bourgeois de nos jours et d'un héros de Rome. Caton n'aurait pas eu une ame égale, mais très inégale, si, ayant toute sa vie soutenu la cause divine de la liberté, il l'eût enfin abandonnée. On lui reproche ici d'être incapable de se rendre, c'est-à-dire d'être incapable de lâcheté. On prétend qu'il devait attendre son pardon; on le traite comme s'il eût été un rebelle révolté contre son souverain légitime et absolu, auquel il aurait fait volontairement serment de fidélité.

Les vers de Lamotte sont d'un cœur esclave qui cherche de l'esprit. Je rougis quand je vois quels grands hommes de l'antiquité nous nous efforçons tous les jours de dégrader, et quels hommes communs nous célébrons dans notre petite sphère.

D'autres, plus méprisables, ont jugé Caton par les principes d'une religion qui ne pouvait être la sienne, puisqu'elle n'existait pas encore ; rien n'est plus injuste ni plus extravagant. Il faut le juger par les principes de Rome, de l'héroïsme et du stoïcisme, puisqu'il était Romain, héros et stoïcien.

18   Les Scipions sont morts aux déserts de Carthage.

Je ne sais pas ce que l'auteur entend par ce vers. Je ne connais que Métellus Scipion qui fit la guerre contre César en Afrique, conjointement avec le roi Juba. Il perdit la grande bataille de Tapsa ; et voulant ensuite traverser la mer d'Afrique, la flotte de César coula son vaisseau à fond. Scipion périt dans les flots, et non dans les déserts. J'aimerais mieux que l'auteur eût mis ·

Les Scipions sont morts aux syrtes de Carthage.

Il faut de la vérité autant qu'on le peut.

19   Cicéron, tu n'es plus, etc.

Je remarquerai, sur le meurtre de Cicéron, qu'il fut assassiné par un tribun militaire nommé Popilius Lænas, pour lequel il avait daigné plaider, et auquel il avait sauvé la vie. Ce meurtrier reçut d'Antoine deux cent mille livres de notre monnaie pour la tête et les deux mains de Cicéron, qu'il lui apporta dans le forum. Antoine les fit clouer à la tribune aux harangues. Les siècles suivans ont vu des assassinats, mais aucun qui fût marqué par une si horrible ingratitude, ni qui ait été payé si chèrement. Les assassins de Walstein, du maréchal d'Ancre, du duc de Guise-le-Balafré, du duc de Parme Farnèse, bâtard du pape Paul III, et de tant d'autres, étaient à la vérité des gentilshommes, ce qui rend leur attentat encore plus infame ; mais du moins ils n'avaient pas reçu de bienfaits des princes qu'ils massacrèrent : ils furent les indignes instrumens de leurs maîtres; et cela ne prouve que trop que quiconque est armé du pouvoir, et peut donner de l'argent, trouve toujours des bourreaux mercenaires quand il le veut: mais des bourreaux gentilshommes, c'est là ce qui est le comble de l'infamie.

Remarquons que cette horreur et cette bassesse ne furent jamais connues dans le temps de la chevalerie: je ne vois aucun chevalier assassin pour de l'argent.

Si l'auteur de l'*Esprit des lois* avait dit que l'honneur était autrefois le ressort et le mobile de la chevalerie, il aurait eu raison; mais prétendre que l'honneur est le mobile de la monarchie, après les assassinats à prix fait du maréchal d'Ancre et du duc de Guise, et après que tant de gentilshommes se sont faits bourreaux et archers, après tant d'autres infamies de tous les genres, cela est aussi peu convenable que de dire que la vertu est le mobile des républiques. Rome était encore république du temps des proscriptions de Sylla, de Marius et des triumvirs. Les massacres d'Irlande, la Saint-Barthélemi, les Vêpres siciliennes, les assassinats des ducs d'Orléans et de Bourgogne, le faux monnoyage, tout cela fut commis dans des monarchies.

Revenons à Cicéron. Quoique nous ayons ses ouvrages, Saint-Évremond est le premier qui nous ait avertis qu'il fallait considérer en lui l'homme d'état et le bon citoyen. Il n'est bien connu que par l'histoire excellente que Middleton nous a donnée de ce grand homme. Il était le meilleur orateur de son temps, et le meilleur philosophe. Ses *Tusculanes* et son *Traité de la Nature des dieux*, si bien traduits par l'abbé d'Olivet, et enrichis de notes savantes, sont si supérieurs dans leur genre, que rien ne les a égalés depuis, soit que nos bons auteurs n'aient pas osé prendre un tel essor, soit qu'ils n'aient pas eu les ailes assez fortes. Cicéron disait tout ce qu'il voulait; il n'en est pas ainsi parmi nous. Ajoutons encore que nous n'avons aucun traité de morale qui approche de ses *Offices*; et ce n'est pas faute de liberté que nos auteurs modernes ont été au dessous de lui en ce genre, car de Rome à Madrid on est sûr d'obtenir la permission d'ennuyer en moralités.

Je doute que Cicéron ait été un aussi grand homme en politique. Il se laissa tromper à l'âge de soixante-trois ans par le jeune Octave, qui le sacrifia bientôt au ressentiment de Marc-Antoine. On ne vit en lui ni la fermeté de Brutus, ni la circonspection d'Atticus; il n'eut d'autre fonction, dans l'armée du grand Pompée, que celle de dire des bons mots. Il courtisa ensuite César : il devait, après avoir prononcé *les Philippiques*, les soutenir les armes à la main. Mais je m'arrête; je ne veux pas faire la satire de Cicéron.

20 Ont fait couler le sang du plus grand des mortels.

Je propose ici une conjecture. Il me semble que l'intérêt des ministres du jeune Ptolémée, âgé de treize ans, n'était point du tout d'assassiner Pompée, mais de le garder en otage, comme un gage des faveurs qu'ils pouvaient obtenir du vainqueur, et comme un homme qu'ils pouvaient lui opposer s'il voulait les opprimer.

Après la victoire de Pharsale, César dépêcha des émissaires secrets à Rhodes, pour empêcher qu'on ne reçût Pompée. Il dut, ce me semble, prendre les mêmes précautions avec l'Égypte : il n'y a personne qui, en pareil cas, négligeât un intérêt si important. On peut croire que César prit cette précaution nécessaire, et que les Égyptiens allèrent plus loin qu'il ne voulait : ils crurent s'assurer de sa bienveillance en lui présentant la tête de Pompée. On a dit qu'il versa des larmes en la voyant; mais ce qui est bien plus sûr, c'est qu'il ne vengea point sa mort; il ne punit point Septime, tribun romain, qui était le plus coupable de cet assassinat; et lorsque ensuite il fit tuer Achillas, ce fut dans la guerre d'Alexandrie, et pour un sujet tout différent. Il est donc très vraisemblable que si César n'ordonna pas la mort de Pompée, il fut au moins la cause très prochaine de cette mort. L'impunité accordée à Septime est une preuve bien forte contre César. Il aurait pardonné à Pompée, je le crois, s'il l'avait eu entre ses mains; mais je crois aussi qu'il ne le regretta pas; et une preuve indubitable, c'est que la première chose qu'il fit, ce fut de confisquer tous ses biens à Rome. On vendit à l'encan la belle maison de Pompée; Antoine l'acheta, et les enfans de Pompée n'eurent aucun héritage.

21 . . . . Un fils de Cépias.

Dion Cassius nous apprend que le surnom du père d'Auguste était Cépias. Cet Octavianus Cépias fut le premier sénateur de sa branche. Le grand-père d'Auguste n'était qu'un riche chevalier qui négociait dans la petite ville de Veletri, et qui épousa la sœur aînée de César, soit qu'alors la famille des César fût pauvre, soit qu'elle voulût plaire au peuple par cette alliance disproportionnée. J'ai déja dit qu'on reprochait à Auguste que son bisaïeul avait été un petit marchand, un changeur à Veletri. Ce changeur passait même pour le fils d'un affranchi. Antoine osa appeler Octave du nom de Spartacus dans un de ses édits, en fesant allusion à sa famille, qu'on prétendait descendre d'un esclave. Vous trouverez cette anecdote dans la huitième Philippique de Cicéron : *quem Spartacum in editis appellat, etc.*

Il y a mille exemples de grandes fortunes qui ont eu une basse origine, ou que l'orgueil appelle basse : il n'y a rien de bas aux yeux du philosophe, et quiconque s'est élevé doit avoir eu cette espèce de mérite qui contribue à l'élévation. Mais on est toujours surpris de voir Auguste, né d'une famille si mince, un provincial sans nom, devenir le maître absolu de l'empire romain, et se placer au rang des dieux.

On lui donne des remords dans cette pièce; on lui attribue des sentimens magnanimes : je suis persuadé qu'il n'en eut point; mais je suis persuadé qu'il en faut au théâtre.

22 . . . . Par ma main.

Ce trait n'est pas historique, mais il ne m'étonne point

dans Fulvie : c'était une femme extrême en ses fureurs, et digne, comme elle le dit, du temps funeste où elle était née. Elle fut presque aussi sanguinaire qu'Antoine. Cicéron rapporte, dans sa troisième Philippique, que Fulvie étant à Brindes avec son mari, quelques centurions, mêlés à des citoyens, voulurent faire passer trois légions dans le parti opposé ; qu'il les fit venir chez lui l'un après l'autre sous divers prétextes, et les fit tous égorger. Fulvie y était présente ; son visage était tout couvert de leur sang : *Os uxoris sanguine respersum constabat.* Elle fut accusée d'avoir arraché la langue à Cicéron après sa mort, et de l'avoir percée de son aiguille de tête.

23 Ils ont trahi Lépide, etc.

Cette réflexion de Fulvie est très convenable, puisqu'elle est fondée sur la vérité : car, après la bataille de Modène, qu'Antoine avait perdue, il eut la confiance de se présenter presque seul devant le camp de Lépide ; plus de la moitié des légions passa de son côté. Lépide fut obligé de s'unir avec lui ; et cette aventure même fut l'origine du triumvirat.

24 On a vu Marius entraîner sur ses pas
   Les mêmes assassins payés pour son trépas.

Non-seulement ceux de Minturne, qui avaient ordre de tuer Marius, se déclarèrent en sa faveur ; mais étant encore proscrit en Afrique, il alla droit à Rome avec quelques Africains, et leva des troupes dès qu'il y fut arrivé.

25 . . . . Brutus et Cassius
   N'avaient pas, après tout, des projets mieux conçus.

Il est constant que Brutus et Cassius n'avaient pris aucune mesure pour se maintenir contre la faction de César. Ils ne s'étaient pas assurés d'une seule cohorte ; et même après avoir commis le meurtre, ils furent obligés de se réfugier au Capitole. Brutus harangua le peuple du haut de cette forteresse, et on ne lui répondit que par des injures et des outrages; on fut près de l'assiéger. Les conjurés eurent beaucoup de peine à ramener les esprits; et lorsque Antoine eut montré aux Romains le corps de César sanglant, le peuple, animé par ce spectacle, et furieux de douleur et de colère, courut le fer et la flamme à la main vers les maisons de Brutus et de Cassius; ils furent obligés de sortir de Rome : le peuple déchira un citoyen nommé Cinna, qu'il crut être un des meurtriers. Ainsi il est clair que l'entreprise de Brutus, de Cassius et de leurs associés fut soudaine et téméraire. Ils résolurent de tuer le tyran à quelque prix que ce fût, quoi qu'il en pût arriver.

Il y a vingt exemples d'assassinats produits par la vengeance ou par l'enthousiasme de la liberté, qui furent l'effet d'un mouvement violent plutôt que d'une conspiration bien réfléchie et prudemment méditée. Tel fut l'assassinat du duc de Parme Farnèse, bâtard du pape Paul III; telle fut même la conspiration des Pazzi, qui n'étaient point sûrs des Florentins en assassinant les Médicis, et qui se confièrent à la fortune.

26 Pompée, en s'approchant de ce perfide Octave,
En croyant le punir, n'a frappé qu'un esclave.

Il y eut quelques exemples de pareille méprise dans les guerres civiles de Rome. L'esprit de vertige qui animait alors les Romains est presque inconcevable. Lucius Terentius, voulant tuer le père du grand Pompée, pénétra seul jusque dans sa tente, et crut long-temps l'avoir percé de coups; il ne reconnut son erreur que lorsqu'il voulut faire soulever les troupes, et qu'il vit paraître à leur tête celui qu'il croyait avoir égorgé. On dit que la même chose arriva depuis à Maximien Hercule, quand il voulut se venger de Constantin son gendre. Vous voyez aussi, dans la tragédie de Venceslas, que Ladislas assassine son propre frère, quand il croit assassiner le duc son rival.

²⁷ Casca fit à César la première blessure.

L'auteur se trompe ici. Casca n'était point un homme du peuple. Il est vrai qu'il n'y eut en lui rien de recommandable; mais enfin c'était un sénateur, et on ne devait pas le traiter d'homme obscur, à moins qu'on n'entende par ce mot un homme sans gloire; ce qui me semble un peu forcé.

²⁸ . . . . Et qu'on chérisse Auguste.

C'est de bonne heure qu'Octave prend ici le nom d'Auguste. Suétone nous dit qu'Octave ne fut surnommé *Auguste*, par un décret du sénat, qu'après la bataille d'Actium. On balança si on lui donnerait le titre d'*Augustus* ou de *Romulus*. Celui d'Augustus fut préféré; il signifie vénérable, et même quelque chose de plus, qui répond au grec σεβαστός. Il est bien plaisant de voir aujourd'hui quelles gens prennent le titre de *vénérables*.

Il paraît pourtant qu'Octave avait déja osé s'arroger le surnom d'*Auguste* à son premier consulat, qu'il se fit donner à l'âge de vingt ans, contre toutes les lois, ou plutôt qu'Agrippa et les légions lui firent donner. Ce fut cet Agrippa qui fit sa fortune; mais Octave sut ensuite la conserver et l'accroître.

²⁹ Et puisse Rome un jour apprendre à nous aimer!

Il est constant que ce fut à la fin le but d'Octave, après tant de crimes. Il vécut assez long-temps pour que la génération qu'il vit naître oubliât presque les malheurs de ses pères. Il y eut toujours des cœurs romains qui détestèrent la tyrannie, non seulement sous lui, mais sous ses successeurs: on regretta la république, mais on ne put la rétablir; les empereurs avaient l'argent et les troupes. Ces troupes enfin furent les maîtresses de l'état; car les tyrans ne peuvent se maintenir que par les soldats : tôt ou tard les soldats connaissent leurs forces; ils assassinent le maître qui les paye, et vendent l'empire à d'autres. Cette Rome si superbe, si amoureuse de la liberté, fut gouvernée comme Alger; elle n'eut pas même l'honneur de l'être comme Constantinople, où du moins la race des Ottomans est respectée. L'empire romain eut très rarement trois empereurs de suite de la même famille, depuis Néron. Rome n'eut jamais d'autre consolation que celle de voir les empereurs égorgés par les soldats. Saccagée enfin plusieurs fois par les Barbares, elle est réduite à l'état où nous la voyons aujourd'hui.

Je finirai par remarquer ici que l'entreprise désespérée que le poëte attribue à Sextus Pompée et à Fulvie est un trait de furieux qui veulent se venger à quelque prix que ce soit, sûrs de perdre la vie en se vengeant; car si l'auteur leur donne quelque espérance de pouvoir faire déclarer les soldats en leur faveur, c'est plutôt une illusion qu'une espérance. Mais enfin ce n'est pas un trait d'ingratitude lâche comme la conspiration de Cinna. Fulvie est criminelle, mais le jeune Pompée ne l'est pas. Il est proscrit, on lui enlève sa femme; il se résout à mourir, pourvu qu'il punisse le tyran et le ravisseur. Auguste fait ici une belle action en le laissant aller comme un brave ennemi qu'il veut combattre les armes à la main. Cette générosité même est préparée dans la pièce par les remords qu'Octave éprouve dès le premier acte. Mais assurément cette magnanimité n'était pas alors dans le caractère d'Octave: le poëte lui fait ici un honneur qu'il ne méritait pas.

Le rôle qu'on fait jouer à Antoine est peu de chose, quoique assez conforme à son caractère: il n'agit point dans la pièce; il y est sans passion; c'est une figure dans l'ombre, qui ne sert, à mon avis, qu'à faire sortir le personnage d'Octave. Je pense que c'est pour cette raison que le manuscrit porte seulement pour titre: *Octave et le jeune Pompée*, et non pas *le Triumvirat*; mais j'y ai ajouté ce nouveau titre, comme je le dis dans ma préface, parce que les triumvirs étaient dans l'île, et que les proscriptions furent ordonnées par eux.

J'aurais beaucoup de choses à dire sur le caractère barbare des Romains depuis Sylla jusqu'à la bataille d'Actium, et sur leur bassesse après qu'Auguste les eut assujétis. Ce contraste est bien frappant : on vit des tigres changés en chiens de chasse qui lèchent les pieds de leurs maîtres.

On prétend que Caligula désigna consul un cheval de son écurie; que Domitien consulta les sénateurs sur la sauce d'un turbot; et il est certain que le sénat romain rendit en faveur de Pallas, affranchi de Claude, un décret qu'à peine on eût porté, du temps de la république, en faveur de Paul Émile et des Scipion.

FIN DES NOTES DU TRIUMVIRAT.

LES SCYTHES,

TRAGÉDIE EN CINQ ACTES,

Représentée pour la première fois le 16 mars 1767.

ÉPITRE DÉDICATOIRE.

Il y avait autrefois en Perse un bon vieillard qui cultivait son jardin, car il faut finir par là; et ce jardin était accompagné de vignes et de champs, *et paulum silvæ super his erat;* et ce jardin n'était pas auprès de Persépolis, mais dans une vallée immense entourée des montagnes du Caucase, couvertes de neiges éternelles; et ce vieillard n'écrivait ni sur la population ni sur l'agriculture, comme on fesait par passe-temps à Babylone, ville qui tire son nom de Babil; mais il avait défriché des terres incultes, et triplé le nombre des habitans autour de sa cabane.

Ce bon homme vivait sous Artaxercès, plusieurs années après l'aventure d'Obéide et d'Indatire; et il fit une tragédie en vers persans, qu'il fit représenter par sa famille et par quelques bergers du mont Caucase; car il s'amusait à faire des vers persans assez passablement, ce qui lui avait attiré de violens ennemis dans Babylone, c'est-à-dire une demi-douzaine de gredins qui aboyaient sans cesse après lui, et qui lui imputaient les plus grandes platitudes et les plus impertinens livres qui eussent jamais déshonoré la Perse; et il les laissait aboyer, et griffonner, et calomnier; et c'était pour être loin de cette racaille qu'il s'était retiré avec sa famille auprès du Caucase, où il cultivait son jardin.

Mais, comme dit le poète persan Horace, *Principibus placuisse viris, non ultima laus est.* Il y avait à la cour d'Artaxercès un principal satrape, et son nom était Élochivis*, comme qui dirait habile, généreux et plein d'esprit, tant la langue persane a d'énergie. Non seulement le grand satrape Élochivis versa sur le jardin de ce bon homme les douces influences de la cour, mais il fit rendre à ce territoire les libertés et franchises dont il avait joui du temps de Cyrus; et de plus, il favorisa une famille adoptive du vieillard. La nation surtout lui avait une très grande obligation de ce qu'ayant le département des meurtres, il avait travaillé avec le même zèle et la même ardeur que Nalrisp, ministre de paix, à donner à la Perse cette paix tant désirée, ce qui n'était jamais arrivé qu'à lui.

Ce satrape avait l'ame aussi grande que Giafar le Barmécide, et Aboulcasem; car il est dit dans les annales de Babylone, recueillies par Mir Kond, que lorsque l'argent manquait dans le trésor du roi, appelé l'*oreiller,* Élochivis en donnait souvent du sien; et qu'en une année il distribua ainsi dix mille dariques, que dom Calmet évalue à une pistole la pièce. Il payait quelquefois trois cents dariques ce qui ne valait pas trois aspres; et Babylone craignait qu'il ne se ruinât en bienfaits.

Le grand satrape Nalrisp joignait aussi au goût le plus sûr et à l'esprit le plus naturel l'équité et la bienfesance; il fesait les délices de ses amis; et son commerce était enchanteur : de sorte que les Babyloniens, tout malins qu'ils étaient, respectaient et aimaient ces deux satrapes; ce qui était assez rare en Perse.

Il ne fallait pas les louer en face; *recalcitrabant undique tuti :* c'était la coutume autrefois, mais c'était une mauvaise coutume, qui exposait l'encenseur et l'encensé aux méchantes langues.

---

* L'auteur désignait par cette anagramme M. le duc de Choiseul, et par Nalrisp M. le duc de Praslin.

Le bon vieillard fut assez heureux pour que ces deux illustres Babyloniens daignassent lire sa tragédie persane, intitulée *les Scythes*. Ils en furent assez contens. Ils dirent qu'avec le temps ce campagnard pourrait se former; qu'il y avait dans sa rapsodie du naturel et de l'extraordinaire, et même de l'intérêt, et que pour peu qu'on corrigeât seulement trois cents vers à chaque acte, la pièce pourrait être à l'abri de la censure des malintentionnés; mais les malintentionnés prirent la chose à la lettre.

Cette indulgence ragaillardit le bon homme, qui leur était bien respectueusement dévoué, et qui avait le cœur bon, quoiqu'il se permît de rire quelquefois aux dépens des méchans et des orgueilleux. Il prit la liberté de faire une Épître dédicatoire à ses deux patrons, en grand style qui endormit toute la cour et toutes les académies de Babylone, et que je n'ai jamais pu retrouver dans les annales de la Perse.

PRÉFACE

DE L'ÉDITION DE PARIS.

On sait que chez les nations polies et ingénieuses, dans de grandes villes comme Paris et Londres, il faut absolument des spectacles dramatiques : on a peu besoin d'élégies, d'odes, d'églogues ; mais les spectacles étant devenus nécessaires, toute tragédie, quoique médiocre, porte son excuse avec elle, parce qu'on en peut donner quelques représentations au public, qui se délasse par des nouveautés passagères des chefs-d'œuvre immortels dont il est rassasié.

La pièce qu'on présente ici aux amateurs peut du moins avoir un caractère de nouveauté, en ce qu'elle peint des mœurs qu'on n'avait point encore exposées sur le théâtre tragique. Brumoy s'imaginait, comme on l'a déja remarqué ailleurs, qu'on ne pouvait traiter que des sujets historiques. Il cherchait les raisons pour lesquelles les sujets d'invention n'avaient point réussi ; mais la véritable raison est que les pièces de Scudéri et de Bois-Robert, qui sont dans ce goût, manquent en effet d'invention, et ne sont que des fables insipides, sans mœurs et sans caractères. Brumoy ne pouvait deviner le génie.

Ce n'est pas assez, nous l'avouons, d'inventer un sujet dans lequel, sous des noms nouveaux, on traite des passions usées et des événemens communs ; *omnia jam vulgata*. Il est vrai que les spectateurs s'intéressent toujours pour une amante abandonnée, pour une mère dont on immole le fils, pour un héros aimable en danger, pour une grande passion malheureuse : mais s'il n'est rien de neuf dans ces peintures, les auteurs alors ont le malheur de n'être regardés que comme des imitateurs. La place de Campistron est triste; le lecteur dit : Je connaissais tout cela, et je l'avais vu bien mieux exprimé.

Pour donner au public un peu de ce neuf qu'il demande toujours, et que bientôt il sera impossible de trouver, un amateur du théâtre a été forcé de mettre sur la scène l'ancienne chevalerie, le contraste des mahométans et des chrétiens, celui des Américains et des Espagnols, celui des Chinois et des Tartares. Il a été forcé de joindre à des passions si souvent traitées des mœurs que nous ne connaissions pas sur la scène.

On hasarde aujourd'hui le tableau contrasté des anciens Scythes et des anciens Persans, qui peut-être est la peinture de quelques nations modernes. C'est une entreprise un peu téméraire d'introduire des pasteurs, des laboureurs avec des princes, et de mêler les mœurs champêtres avec celles des cours. Mais enfin cette invention théâtrale (heureuse ou non) est puisée entièrement dans la nature. On peut même rendre héroïque cette nature si simple; on peut faire parler des pâtres guerriers et libres avec une fierté qui s'élève au dessus de la bassesse que nous attribuons très injustement à leur état, pourvu que cette fierté ne soit jamais boursouflée; car qui doit l'être? Le boursouflé, l'ampoulé ne convient pas même à César. Toute grandeur doit être simple.

C'est ici en quelque sorte l'état de nature mis en opposition avec l'état de l'homme artificiel, tel qu'il est dans les grandes villes. On peut enfin étaler dans des cabanes des sentimens aussi touchans que dans des palais.

On avait souvent traité en burlesque cette opposition

si frappante des citoyens des grandes villes avec les habitans des campagnes; tant le burlesque est aisé, tant les choses se présentent en ridicule à certaines nations!

On trouve beaucoup de peintres qui réussissent dans le grotesque, et peu dans le grand. Un homme de beaucoup d'esprit, et qui a un nom dans la littérature, s'étant fait expliquer le sujet d'*Alzire*, qui n'avait pas encore été représentée, dit à celui qui lui exposait ce plan : « J'entends, c'est Arlequin sauvage. »

Il est certain qu'*Alzire* n'aurait pas réussi, si l'effet théâtral n'avait convaincu les spectateurs que ces sujets peuvent être aussi propres à la tragédie que les aventures des héros les plus connus et les plus imposans.

La tragédie des *Scythes* est un plan beaucoup plus hasardé. Qui voit-on paraître d'abord sur la scène? deux vieillards auprès de leurs cabanes, des bergers, des laboureurs. De qui parle-t-on? d'une fille qui prend soin de la vieillesse de son père, et qui fait le service le plus pénible. Qui épouse-t-elle? un pâtre qui n'est jamais sorti des champs paternels. Les deux vieillards s'asseyent sur un banc de gazon. Mais que des acteurs habiles pourraient faire valoir cette simplicité!

Ceux qui se connaissent en déclamation et en expression de la nature sentiront surtout quel effet pourraient faire deux vieillards, dont l'un tremble pour son fils, et l'autre pour son gendre, dans le temps que le jeune pasteur est aux prises avec la mort; un père affaibli par l'âge et par la crainte, qui chancelle, qui tombe sur un siége de mousse, qui se relève avec peine, qui crie d'une voix entrecoupée qu'on coure aux armes, qu'on vole au secours de son fils; un ami éperdu qui partage ses douleurs et sa faiblesse, qui l'aide d'une main tremblante à se relever : ce même père qui, dans ces momens de saisissement et d'angoisse, apprend que son fils est tué, et qui le moment d'après apprend que son fils est vengé; ce sont là, si je ne me trompe, de ces peintures vivantes et animées qu'on ne connaissait pas autrefois, et dont M. Le Kain a donné des leçons terribles qu'on doit imiter désormais.

C'est là le véritable art de l'acteur. On ne savait guère auparavant que réciter proprement des couplets, comme nos maîtres de musique apprenaient à chanter proprement. Qui aurait osé, avant mademoiselle Clairon, jouer dans *Oreste* la scène de l'urne comme elle l'a jouée? qui aurait imaginé de peindre ainsi la nature, de tomber évanouie tenant l'urne d'une main, en laissant l'autre descendre immobile et sans vie? Qui aurait osé, comme M. Le Kain, sortir les bras ensanglantés du tombeau de Ninus, tandis que l'admirable actrice qui représentait Sémiramis se traînait mourante sur les marches du tombeau même? Voilà ce que les petits-maîtres et les petites-maîtresses appelèrent d'abord des postures, et ce que les connaisseurs, étonnés de la perfection inattendue de l'art, ont appelé des tableaux de Michel-Ange. C'est là en effet la véritable action théâtrale. Le reste était une conversation quelquefois passionnée.

C'est dans ce grand art de parler aux yeux qu'excelle le plus grand acteur qu'ait jamais eu l'Angleterre, M. Garrick, qui a effrayé et attendri parmi nous ceux même qui ne savaient pas sa langue.

Cette magie a été fortement recommandée il y a quelques années par un philosophe, qui, à l'exemple d'Aristote, a su joindre aux sciences abstraites l'éloquence, la connaissance du cœur humain, et l'intelligence du théâtre. Il a été en tout de l'avis de l'auteur de *Sémiramis*, qui a toujours voulu qu'on animât la scène par un plus grand appareil, par plus de pittoresque, par des mouvemens plus passionnés qu'elle ne semblait en comporter auparavant. Ce philosophe sensible a même proposé des choses que l'auteur de *Sémiramis*, d'*Oreste* et de *Tancrède* n'oserait jamais hasarder. C'est bien assez qu'il ait fait entendre les cris et les paroles de Clytemnestre qu'on égorge derrière la scène, paroles qu'une actrice doit prononcer d'une voix aussi terrible que douloureuse, sans quoi tout est manqué. Ces paroles fesaient dans Athènes un effet prodigieux; tout le monde frémissait quand il entendait : ὦ τέκνον, τέκνον, οἴκτειρε τὴν τεκοῦσαν. Ce n'est que par degrés qu'on peut accoutumer notre théâtre à ce grand pathétique.

> Mais il est des objets que l'art judicieux
> Doit offrir à l'oreille et reculer des yeux.

Souvenons-nous toujours qu'il ne faut pas pousser le terrible jusqu'à l'horrible. On peut effrayer la nature, mais non pas la révolter et la dégoûter.

Gardons-nous surtout de chercher dans un grand appareil, et dans un vain jeu de théâtre, un supplément à l'intérêt et à l'éloquence. Il vaut cent fois mieux sans doute savoir faire parler ses acteurs que de se borner à les faire agir. Nous ne pouvons trop répéter que quatre beaux vers de sentiment valent mieux que quarante belles attitudes. Malheur à qui croirait plaire par des pantomimes avec des solécismes ou avec des vers froids et durs, pires que toutes les fautes contre la langue ! Il n'est rien de beau en aucun genre que ce qui soutient l'examen attentif de l'homme de goût.

PRÉFACE.

L'appareil, l'action, le pittoresque, font un grand effet sans doute : mais ne mettons jamais le bizarre et le gigantesque à la place de la nature, et le forcé à la place du simple; que le décorateur ne l'emporte point sur l'auteur, car alors, au lieu de tragédies, on aurait la rareté, la curiosité.

La pièce qu'on soumet ici aux lumières des connaisseurs est simple, mais très difficile à bien jouer : on ne la donne point au théâtre, parce qu'on ne la croit point assez bonne; d'ailleurs, presque tous les rôles étant principaux, il faudrait un concert et un jeu de théâtre parfait pour faire supporter la pièce à la représentation. Il y a plusieurs tragédies dans ce cas, telles que *Brutus, Rome sauvée, la Mort de César,* qu'il est impossible de bien jouer dans l'état de médiocrité où on laisse tomber le théâtre, faute d'avoir des écoles de déclamation, comme il y en eut chez les Grecs et chez les Romains leurs imitateurs.

Le concert unanime des acteurs est très rare dans la tragédie. Ceux qui sont chargés des seconds rôles ne prennent jamais de part à l'action; ils craignent de contribuer à former un grand tableau; ils redoutent le parterre, trop enclin à donner du ridicule à tout ce qui n'est pas d'usage. Très peu savent distinguer le familier du naturel. D'ailleurs, la misérable habitude de débiter des vers comme de la prose, de méconnaître le rhythme et l'harmonie, a presque anéanti l'art de la déclamation.

L'auteur, n'osant donc pas donner *les Scythes* au théâtre, ne présente cet ouvrage que comme une très faible esquisse que quelqu'un des jeunes gens qui s'élèvent aujourd'hui pourra finir un jour.

PRÉFACE.

On verra alors que tous les états de la vie humaine peuvent être représentés sur la scène tragique, en observant toujours toutefois les bienséances, sans lesquelles il n'y a point de vraies beautés chez les nations policées, et surtout aux yeux des cours éclairées.

Enfin, l'auteur des *Scythes* s'est occupé pendant quarante ans du soin d'étendre la carrière de l'art. S'il n'y a pas réussi, il aura du moins dans sa vieillesse la consolation de voir son objet rempli par des jeunes gens qui marcheront d'un pas plus ferme que lui dans une route qu'il ne peut plus parcourir.

PRÉFACE DES ÉDITEURS

QUI ONT PRÉCÉDÉ IMMÉDIATEMENT CEUX DE 1775.

L'édition que nous donnons de la tragédie des *Scythes* est la plus ample et la plus correcte qu'on ait faite jusqu'à présent. Nous pouvons assurer qu'elle est entièrement conforme au manuscrit d'après lequel la pièce a été jouée sur le théâtre de Ferney, et sur celui de M. le marquis de Langallerie; car nous savons qu'elle n'avait été composée que comme un amusement de société, pour exercer les talens de quelques personnes de mérite qui ont du goût pour le théâtre.

L'édition de Paris ne pouvait être aussi fidèle que la nôtre, puisqu'elle ne fut entreprise que sur la première édition de Genève, à laquelle l'auteur changea plus de cent vers, que le théâtre de Paris ni celui de Lyon n'eurent pas le temps de se procurer. Pierre Pellet imprima depuis la pièce à Genève; mais il y manque quelques morceaux qui jusqu'à présent n'ont été qu'entre nos mains. D'ailleurs il a omis l'épître dédicatoire, qui est dans un goût aussi nouveau que la pièce, et la préface, que les amateurs ne veulent pas perdre.

Pour l'édition de Hollande, on croira sans peine qu'elle n'approche pas de la nôtre, les éditeurs hollandais n'étant pas à portée de consulter l'auteur.

Ceux qui ont fait l'édition de Bordeaux sont dans le même cas; enfin, de huit éditions qui ont paru, la nôtre est la plus complète.

Il faut de plus considérer que, dans presque toutes

les pièces nouvelles, il y a des vers qu'on ne récite point d'abord sur la scène, soit par des convenances qui n'ont qu'un temps, soit par crainte de fournir un prétexte à des allusions malignes. Nous trouvons, par exemple, dans notre exemplaire, ces vers de Sozame à la troisième scène du premier acte :

> . . . . . . Ah ! crois-moi, tous ces exploits affreux,
> Ce grand art d'opprimer, trop indigne du brave,
> D'être esclave d'un roi pour faire un peuple esclave,
> De ramper par fierté pour se faire obéir,
> M'ont égaré long-temps, et font mon repentir.

Il y a dans l'édition de Paris :

> . . . . . . Ah ! crois-moi, tous ces lauriers affreux,
> Les exploits des tyrans, des peuples les misères,
> Ces états dévastés par des mains mercenaires,
> Ces honneurs, cet éclat, par le meurtre achetés,
> Dans le fond de mon cœur je les ai détestés.

Ce n'est pas à nous à décider lesquels sont les meilleurs ; nous présentons seulement ces deux leçons différentes aux amateurs qui sont en état d'en juger : mais sûrement il n'y a personne qui puisse avec raison faire la moindre application des conquêtes des Perses et du despotisme de leurs rois avec les monarchies et les mœurs de l'Europe telle qu'elle est aujourd'hui.

L'auteur des *Scythes* nous apprend qu'on retrancha à Paris, dans *l'Orphelin de la Chine*, des vers de *Gengis-Kan*, que l'on récite aujourd'hui sur tous les théâtres.

On sait que ce fut bien pis à *Mahomet*, et ce qu'il fallut de peines, de temps et de soins, pour rétablir sur la scène française cette tragédie unique en son genre, dédiée à un des plus vertueux papes que l'église ait eus jamais.

Ce qui occasionne quelquefois des variantes que les éditeurs ont peine à démêler, c'est la mauvaise humeur des critiques de profession qui s'attachent à des mots, surtout dans des pièces simples, lesquelles exigent un style naturel, et bannissent cette pompe majestueuse dont les esprits sont subjugués aux premières représentations dans des sujets plus importans.

C'est ainsi que la *Bérénice* de l'illustre Racine essuya tant de reproches sur mille expressions familières que son sujet semblait permettre :

> Belle reine, et pourquoi vous offenseriez-vous?
> Arsace, entrerons-nous?... Et pourquoi donc partir?
> A-t-on vu de ma part le roi de Comagène?
> Il suffit. Et que fait la reine Bérénice?
> On sait qu'elle est charmante, et de si belles mains...
> Cet amour est ardent, il le faut confesser.
> Encore un coup, allons; il n'y faut plus penser.
> Comme vous je m'y perds d'autant plus que j'y pense.
> Si Titus est jaloux, Titus est amoureux.
> Adieu, ne quittez point ma princesse, ma reine.
> . . . . Eh quoi, seigneur! vous n'êtes point parti*!
> Remettez-vous, madame, et rentrez en vous-même;
> Car enfin, ma princesse, il faut nous séparer.
> Dites, parlez... Hélas! que vous me déchirez!
> Pourquoi suis-je empereur? pourquoi suis-je amoureux?
> Allons : Rome en dira ce qu'elle en voudra dire.
> Quoi! seigneur... Je ne sais, Paulin, ce que je dis.

Environ cinquante vers dans ce goût furent les armes que les ennemis de Racine tournèrent contre lui : on les parodia à la farce italienne. Des gens qui n'avaient

---

* C'est Bérénice qui dit ce vers à Antiochus. Visé, qui était dans le parterre, cria : « Qu'il parte. »

pu faire quatre vers supportables dans leur vie ne manquèrent pas de décider dans vingt brochures que le plus éloquent, le plus exact, le plus harmonieux de nos poëtes ne savait pas faire des vers tragiques. On ne voulait pas voir que ces petites négligences, ou plutôt ces naïvetés, qu'on appelait négligences, étaient liées à des beautés réelles, à des sentimens vrais et délicats que ce grand homme savait seul exprimer. Aussi, quand il s'est trouvé des actrices capables de jouer *Bérénice*, elle a toujours été représentée avec de grands applaudissemens : elle a fait verser des larmes : mais la nature accorde presque aussi rarement les talens nécessaires pour bien déclamer, qu'elle accorde le don de faire des tragédies dignes d'être représentées. Les esprits justes et désintéressés les jugent dans le cabinet, mais les acteurs seuls les font réussir au théâtre.

Racine eut le courage de ne céder à aucune des critiques que l'on fit de *Bérénice* ; il s'enveloppa dans la gloire d'avoir fait une pièce touchante d'un sujet dont aucun de ses rivaux, quel qu'il pût être, n'aurait pu tirer deux ou trois scènes; que dis-je! une seule qui eût pu contenter la délicatesse de la cour de Louis XIV.

Ce qui fait bien connaître le cœur humain, c'est que personne n'écrivit contre la *Bérénice* de Corneille qu'on jouait en même temps, et que cent critiques se déchaînaient contre la *Bérénice* de Racine. Quelle en était la raison? c'est qu'on sentait dans le fond de son cœur la supériorité de ce style naturel, auquel personne ne pouvait atteindre; on sentait que rien n'est plus aisé que de coudre ensemble des scènes ampoulées, et rien de plus difficile que de bien parler le langage du cœur.

Racine, tant critiqué, tant poursuivi par la médio-

PRÉFACE.

crité et par l'envie, a gagné à la longue tous les suffrages. Le temps seul a vengé sa mémoire.

Nous avons vu des exemples non moins frappans de ce que peuvent la malignité et le préjugé. *Adelaïde Duguesclin* fut rebutée dès le premier acte jusqu'au dernier. On s'est avisé, après plus de trente années, de la remettre au théâtre, sans y changer un seul mot, et elle y a eu le succès le plus constant.

Dans toutes les actions publiques, la réussite dépend beaucoup plus des accessoires que de la chose même. Ce qui entraîne tous les suffrages dans un temps aliène tous les esprits dans un autre. Il n'est qu'un seul genre pour lequel le jugement du public ne varie jamais; c'est celui de la satire grossière, qu'on méprise, même en s'en amusant quelques momens; c'est cette critique acharnée et mercenaire d'ignorans qui insultent à prix fait aux arts qu'ils n'ont jamais pratiqués, qui dénigrent les tableaux du salon, sans avoir su dessiner, qui s'élèvent contre la musique de Rameau, sans savoir solfier : misérables bourdons qui vont de ruche en ruche se faire chasser par les abeilles laborieuses!

PERSONNAGES.

HERMODAN, père d'Indatire, habitant d'un canton scythe.
INDATIRE.
ATHAMARE, prince d'Ecbatane.
SOZAME, ancien général persan, retiré en Scythie.
OBÉIDE, fille de Sozame.
SULMA, compagne d'Obéide.
HIRCAN, officier d'Athamare.
Scythes et Persans.

LES SCYTHES,

TRAGÉDIE.

ACTE PREMIER.

Le théâtre représente un bocage et un berceau, avec un banc de gazon : on voit dans le lointain des campagnes et des cabanes.

SCÈNE I.

HERMODAN, INDATIRE, et deux scythes, *couverts de peaux de tigres ou de lions.*

HERMODAN.

Indatire, mon fils, quelle est donc cette audace ?
Qui sont ces étrangers ? quelle insolente race
A franchi les sommets des rochers d'Immaüs ?
Apportent-ils la guerre aux rives de l'Oxus ?
Que viennent-ils chercher dans nos forêts tranquilles ?

INDATIRE.

Mes braves compagnons, sortis de leurs asiles,
Avec rapidité se sont rejoints à moi,
Ainsi qu'on les voit tous s'attrouper sans effroi
Contre les fiers assauts des tigres d'Hircanie.
Notre troupe assemblée est faible, mais unie,
Instruite à défier le péril et la mort.
Elle marche aux Persans, elle avance ; et d'abord

Sur un coursier superbe à nos yeux se présente
Un jeune homme entouré d'une pompe éclatante;
L'or et les diamans brillent sur ses habits;
Son turban disparaît sous les feux des rubis :
Il voudrait, nous dit-il, parler à notre maître.
Nous le saluons tous, en lui fesant connaître
Que ce titre de maître, aux Persans si sacré,
Dans l'antique Scythie est un titre ignoré :
« Nous sommes tous égaux sur ces rives si chères,
« Sans rois et sans sujets, tous libres et tous frères.
« Que veux-tu dans ces lieux? viens-tu pour nous traiter
« En hommes, en amis, ou pour nous insulter? »
Alors il me répond, d'une voix douce et fière,
Que, des états persans visitant la frontière,
Il veut voir à loisir ce peuple si vanté
Pour ses antiques mœurs et pour sa liberté.
Nous avons avec joie entendu ce langage;
Mais j'observais pourtant je ne sais quel nuage,
L'empreinte des ennuis ou d'un dessein profond,
Et les sombres chagrins répandus sur son front.
Nous offrons cependant à sa troupe brillante
Des hôtes de nos bois la dépouille sanglante,
Nos utiles toisons, tout ce qu'en nos climats
La nature indulgente a semé sous nos pas;
Mais surtout des carquois, des flèches, des armures,
Ornemens des guerriers, et nos seules parures.
Ils présentent alors à nos regards surpris
Des chefs-d'œuvre d'orgueil sans mesure et sans prix,
Instrumens de mollesse, où sous l'or et la soie
Des inutiles arts tout l'effort se déploie.

Nous avons rejeté ces présens corrupteurs,
Trop étrangers pour nous, trop peu faits pour nos mœurs,
Superbes ennemis de la simple nature :
L'appareil des grandeurs au pauvre est une injure,
Et recevant enfin des dons moins dangereux,
Dans notre pauvreté nous sommes plus grands qu'eux.
Nous leur donnons le droit de poursuivre en nos plaines,
Sur nos lacs, en nos bois, aux bords de nos fontaines,
Les habitans des airs, de la terre et des eaux.
Contens de notre accueil, ils nous traitent d'égaux ;
Enfin nous nous jurons une amitié sincère.
Ce jour, n'en doutez point, nous est un jour prospère.
Ils pourront voir nos jeux et nos solennités,
Les charmes d'Obéide, et mes félicités.

HERMODAN.

Ainsi donc, mon cher fils, jusqu'en notre contrée
La Perse est triomphante ; Obéide adorée
Par un charme invincible a subjugué tes sens !
Cet objet, tu le sais, naquit chez les Persans.

INDATIRE.

On le dit ; mais qu'importe où le ciel la fit naître ?

HERMODAN.

Son père jusqu'ici ne s'est point fait connaître ;
Depuis quatre ans entiers qu'il goûte dans ces lieux
La liberté, la paix, que nous donnent les dieux,
Malgré notre amitié, j'ignore quel orage
Transplanta sa famille en ce désert sauvage.
Mais dans ses entretiens j'ai souvent démêlé
Que d'une cour ingrate il était exilé.
Il est persécuté : la vertu malheureuse

Devient plus respectable et m'est plus précieuse;
Je vois avec plaisir que du sein des honneurs
Il s'est soumis sans peine à nos lois, à nos mœurs,
Quoiqu'il soit dans un âge où l'ame la plus pure
Peut rarement changer le pli de la nature.

INDATIRE.

Son adorable fille est encore au dessus :
De son sexe et du nôtre elle unit les vertus;
Courageuse et modeste, elle est belle et l'ignore;
Sans doute elle est d'un rang que chez elle on honore;
Son ame est noble au moins, car elle est sans orgueil,
Simple dans ses discours, affable en son accueil;
Sans avilissement à tout elle s'abaisse;
D'un père infortuné soulage la vieillesse,
Le console, le sert, et craint d'apercevoir
Qu'elle va quelquefois par delà son devoir.
On la voit supporter la fatigue obstinée
Pour laquelle on sent trop qu'elle n'était point née;
Elle brille surtout dans nos champêtres jeux,
Nobles amusemens d'un peuple belliqueux;
Elle est de nos beautés l'amour et le modèle;
Le ciel la récompense en la rendant plus belle.

HERMODAN.

Oui, je la crois, mon fils, digne de tant d'amour :
Mais d'où vient que son père, admis dans ce séjour,
Plus formé qu'elle encore aux usages des Scythes,
Adorateur des lois que nos mœurs ont prescrites,
Notre ami, notre frère en nos cœurs adopté,
Jamais de son destin n'a rien manifesté?
Sur son rang, sur les siens pourquoi se taire encore ?

Rougit-on de parler de ce qui nous honore?
Et puis-je abandonner ton cœur trop prévenu
Au sang d'un étranger qui craint d'être connu?

INDATIRE.

Quel qu'il soit, il est libre, il est juste, intrépide;
Il m'aime, il est enfin le père d'Obéide.

HERMODAN.

Que je lui parle au moins.

SCÈNE II.

HERMODAN, INDATIRE, SOZAME.

INDATIRE, *allant à Sozame.*

                O vieillard généreux!
O cher concitoyen de nos pâtres heureux!
Les Persans, en ce jour venus dans la Scythie,
Seront donc les témoins du saint nœud qui nous lie!
Je tiendrai de tes mains un don plus précieux
Que le trône où Cyrus se crut égal aux dieux.
J'en atteste les miens et le jour qui m'éclaire,
Mon cœur se donne à toi comme il est à mon père;
Je te sers comme lui. Quoi! tu verses tes pleurs!

SOZAME.

J'en verse de tendresse; et si dans mes malheurs
Cette heureuse alliance, où mon bonheur se fonde,
Guérit d'un cœur flétri la blessure profonde,
La cicatrice en reste; et les biens les plus chers
Rappellent quelquefois les maux qu'on a soufferts.

INDATIRE.
J'ignore tes chagrins; ta vertu m'est connue :
Qui peut donc t'affliger? ma candeur ingénue
Mérite que ton cœur au mien daigne s'ouvrir.
HERMODAN.
A la tendre amitié tu peux tout découvrir;
Tu le dois.
SOZAME.
   O mon fils! ô mon cher Indatire!
Ma fille est, je le sais, soumise à mon empire;
Elle est l'unique bien que les dieux m'ont laissé.
J'ai voulu cet hymen, je l'ai déja pressé;
Je ne la gêne point sous la loi paternelle;
Son choix ou son refus, tout doit dépendre d'elle.
Que ton père aujourd'hui, pour former ce lien,
Traite son digne sang comme je fais le mien;
Et que la liberté de ta sage contrée
Préside à l'union que j'ai tant désirée.
Avec ce digne ami laisse-moi m'expliquer :
Va, ma bouche jamais ne pourra révoquer
L'arrêt qu'en ta faveur aura porté ma fille.
Va, cher et noble espoir de ma triste famille,
Mon fils, obtiens ses vœux; je te réponds des miens.
INDATIRE.
J'embrasse tes genoux, et je revole aux siens.

SCÈNE III.

HERMODAN, SOZAME.

SOZAME.

Ami, reposons-nous sur ce siége sauvage,
Sous ce dais qu'ont formé la mousse et le feuillage.
La nature nous l'offre ; et je hais dès long-temps
Ceux que l'art a tissus dans les palais des grands.

HERMODAN.

Tu fus donc grand en Perse ?

SOZAME.

Il est vrai.

HERMODAN.

Ton silence
M'a privé trop long-temps de cette confidence.
Je ne hais point les grands ; j'en ai vu quelquefois
Qu'un désir curieux attira dans nos bois :
J'aimai de ces Persans les mœurs nobles et fières.
Je sais que les humains sont nés égaux et frères ;
Mais je n'ignore pas que l'on doit respecter
Ceux qu'en exemple au peuple un roi veut présenter.
Et la simplicité de notre république
N'est point une leçon pour l'état monarchique.
Craignais-tu qu'un ami te fût moins attaché ?
Crois-moi, tu t'abusais.

SOZAME.

Si je t'ai tant caché
Mes honneurs, mes chagrins, ma chute, ma misère,
La source de mes maux, pardonne au cœur d'un père :

J'ai tout perdu : ma fille est ici sans appui ;
Et j'ai craint que le crime et la honte d'autrui
Ne rejaillît sur elle et ne flétrît sa gloire.
Apprends d'elle et de moi la malheureuse histoire.

(Ils s'asseyent tous deux.)

HERMODAN.

Sèche tes pleurs, et parle.

SOZAME.

Apprends que sous Cyrus
Je portais la terreur aux peuples éperdus.
Ivre de cette gloire à qui l'on sacrifie,
Ce fut moi dont la main subjugua l'Hircanie,
Pays libre autrefois.

HERMODAN.

Il est bien malheureux ;
Il fut libre.

SOZAME.

Ah ! crois-moi, tous ces exploits affreux,
Ce grand art d'opprimer, trop indigne du brave,
D'être esclave d'un roi pour faire un peuple esclave,
De ramper par fierté pour se faire obéir,
M'ont égaré long-temps et font mon repentir...
Enfin Cyrus, sur moi répandant ses largesses,
M'orna de dignités, me combla de richesses ;
A ses conseils secrets je fus associé.
Mon protecteur mourut, et je fus oublié.
J'abandonnai Cambyse, illustre téméraire,
Indigne successeur de son auguste père ;
Ecbatane, du Mède autrefois le séjour,
Cacha mes cheveux blancs à sa nouvelle cour :

Mais son frère Smerdis, gouvernant la Médie,
Smerdis, de la vertu persécuteur impie,
De mes jours honorés empoisonna la fin.
Un enfant de sa sœur, un jeune homme sans frein,
Généreux, il est vrai, vaillant, peut-être aimable,
Mais dans ses passions caractère indomptable,
Méprisant son épouse en possédant son cœur,
Pour la jeune Obéide, épris avec fureur,
Prétendit m'arracher, en maître despotique,
Ce soutien de mon âge et mon espoir unique.
Athamare est son nom ; sa criminelle ardeur
M'entraînait au tombeau couvert de déshonneur.

HERMODAN.

As-tu par son trépas repoussé cet outrage ?

SOZAME.

J'osai l'en menacer. Ma fille eut le courage
De me forcer à fuir les transports violens
D'un esprit indomptable en ses emportemens :
De sa mère en ce temps les dieux l'avaient privée ;
Par moi seul à ce prince elle fut enlevée.
Les dignes courtisans de l'infame Smerdis,
Monstres par ma retraite à parler enhardis,
Employèrent bientôt leurs armes ordinaires,
L'art de calomnier en paraissant sincères ;
Ils feignaient de me plaindre en osant m'accuser,
Et me cachaient la main qui savait m'écraser ;
C'est un crime en Médie, ainsi qu'à Babylone,
D'oser parler en homme à l'héritier du trône...

HERMODAN.

O de la servitude effets avilissans !

Quoi ! la plainte est un crime à la cour des Persans !
SOZAME.
Le premier de l'état, quand il a pu déplaire,
S'il est persécuté, doit souffrir et se taire.
HERMODAN.
Comment recherchas-tu cette basse grandeur ?
(Les deux vieillards se lèvent.)

SOZAME.
Ce souvenir honteux soulève encor mon cœur.
Ami, tout ce que peut l'adroite calomnie,
Pour m'arracher l'honneur, la fortune et la vie,
Tout fut tenté par eux, et tout leur réussit :
Smerdis proscrit ma tête; on partage, on ravit
Mes emplois et mes biens, le prix de mon service :
Ma fille en fait sans peine un noble sacrifice,
Ne voit plus que son père; et, subissant son sort,
Accompagne ma fuite et s'expose à la mort.
Nous partons; nous marchons de montagne en abyme ;
Du Taurus escarpé nous franchissons la cime.
Bientôt dans vos forêts, grace au ciel parvenu,
J'y trouvai le repos qui m'était inconnu.
J'y voudrais être né. Tout mon regret, mon frère,
Est d'avoir parcouru ma fatale carrière
Dans les camps, dans les cours, à la suite des rois,
Loin des seuls citoyens gouvernés par les lois;
Mais je sens que ma fille, aux déserts enterrée,
Du faste des grandeurs autrefois entourée,
Dans le secret du cœur pourrait entretenir
De ses honneurs passés l'importun souvenir;
J'ai peur que la raison, l'amitié filiale,

Combattent faiblement l'illusion fatale
Dont le charme trompeur a fasciné toujours
Des yeux accoutumés à la pompe des cours :
Voilà ce qui tantôt, rappelant mes alarmes,
A rouvert un moment la source de mes larmes.

HERMODAN.

Que peux-tu craindre ici? qu'a-t-elle à regretter?
Nous valons pour le moins ce qu'elle a su quitter :
Elle est libre avec nous, applaudie, honorée;
D'aucuns soins dangereux sa paix n'est altérée.
La franchise qui règne en notre heureux séjour
Fait mépriser les fers et l'orgueil de ta cour.

SOZAME.

Je mourrais trop content si ma chère Obéide
Haïssait comme moi cette cour si perfide.
Pourra-t-elle en effet penser dans ses beaux ans,
Ainsi qu'un vieux soldat détrompé par le temps?
Tu connais, cher ami, mes grandeurs éclipsées,
Et mes soupçons présens, et mes douleurs passées;
Cache-les à ton fils, et que de ses amours
Mes chagrins inquiets n'altèrent point le cours.

HERMODAN.

Va, je te le promets; mais apprends qu'on devine
Dans ces rustiques lieux ton illustre origine;
Tu n'en es pas moins cher à nos simples esprits.
Je tairai tout le reste, et surtout à mon fils;
Il s'en alarmerait.

SCÈNE IV.

HERMODAN, SOZAME, INDATIRE.

INDATIRE.
Obéide se donne,
Obéide est à moi, si ta bonté l'ordonne,
Si mon père y souscrit.
SOZAME.
Nous l'approuvons tous deux;
Notre bonheur, mon fils, est de te voir heureux.
Cher ami, ce grand jour renouvelle ma vie;
Il me fait citoyen de ta noble patrie.

SCÈNE V.

SOZAME, HERMODAN, INDATIRE; UN SCYTHE.

LE SCYTHE.
Respectables vieillards, sachez que nos hameaux
Seront bientôt remplis de nos hôtes nouveaux.
Leur chef est empressé de voir dans la Scythie
Un guerrier qu'il connut aux champs de la Médie;
Il nous demande à tous en quels lieux est caché
Ce vieillard malheureux qu'il a long-temps cherché.
HERMODAN, *à Sozame.*
O ciel! jusqu'en mes bras il viendrait te poursuivre!
INDATIRE.
Lui, poursuivre Sozame! il cesserait de vivre.

ACTE I, SCÈNE V.

LE SCYTHE.

Ce généreux Persan ne vient point défier
Un peuple de pasteurs innocent et guerrier;
Il paraît accablé d'une douleur profonde :
Peut-être est-ce un banni qui se dérobe au monde,
Un illustre exilé, qui dans nos régions
Fuit une cour féconde en révolutions.
Nos pères en ont vu qui, loin de ces naufrages,
Rassasiés de trouble et fatigués d'orages,
Préféraient de nos mœurs la grossière âpreté
Aux attentats commis avec urbanité.
Celui-ci paraît fier, mais sensible, mais tendre;
Il veut cacher les pleurs que je l'ai vu répandre.

HERMODAN, *à Sozame.*

Ses pleurs me sont suspects ainsi que ses présens.
Pardonne à mes soupçons, mais je crains les Persans;
Ces esclaves brillans veulent au moins séduire.
Peut-être c'est à toi qu'on cherche encore à nuire;
Peut-être ton tyran, par ta fuite trompé,
Demande ici ton sang à sa rage échappé.
D'un prince quelquefois le malheureux ministre
Pleure en obéissant à son ordre sinistre.

SOZAME.

Oubliant tous les rois dans ces heureux climats,
Je suis oublié d'eux, et je ne les crains pas.

INDATIRE, *à Sozame.*

Nous mourrions à tes pieds avant qu'un téméraire
Pût manquer seulement de respect à mon père.

LE SCYTHE.

S'il vient pour te trahir, va, nous l'en punirons;

Si c'est un exilé, nous le protégerons.
INDATIRE.
Ouvrons en paix nos cœurs à la pure allégresse.
Que nous fait d'un Persan la joie ou la tristesse ?
Et qui peut chez le Scythe envoyer la terreur?
Ce mot honteux de crainte a révolté mon cœur.
Mon père, mes amis, daignez de vos mains pures
Préparer cet autel redouté des parjures ;
Ces festons, ces flambeaux, ces gages de ma foi.
(à Sozame.)
Viens présenter la main qui combattra pour toi,
Cette main trop heureuse, à ta fille promise,
Terrible aux ennemis, à toi toujours soumise.

FIN DU PREMIER ACTE.

ACTE SECOND.

SCÈNE I.

OBÉIDE, SULMA.

SULMA.
Vous y résolvez-vous?
OBÉIDE.
Oui, j'aurai le courage
D'ensevelir mes jours en ce desert sauvage :
On ne me verra point, lasse d'un long effort,
D'un père inébranlable attendre ici la mort
Pour aller dans les murs de l'ingrate Ecbatane
Essayer d'adoucir la loi qui le condamne,
Pour aller recueillir des débris dispersés
Que tant d'avides mains ont en foule amassés.
Quand sa fuite en ces lieux fut par lui méditée,
Ma jeunesse peut-être en fut épouvantée;
Mais j'eus honte bientôt de ce secret retour
Qui rappelait mon cœur à mon premier séjour.
J'ai sans doute à ce cœur fait trop de violence
Pour démentir jamais tant de persévérance.
Je me suis fait enfin dans ces grossiers climats,
Un esprit et des mœurs que je n'espérais pas.
Ce n'est plus Obéide à la cour adorée,
D'esclaves couronnés à toute heure entourée;

Tous ces grands de la Perse, à ma porte rampans,
Ne viennent plus flatter l'orgueil de mes beaux ans.
D'un peuple industrieux les talens mercenaires
De mon goût dédaigneux ne sont plus tributaires :
J'ai pris un nouvel être; et, s'il m'en a coûté
Pour subir le travail avec la pauvreté,
La gloire de me vaincre et d'imiter mon père,
En m'en donnant la force, est mon noble salaire.

SULMA.

Votre rare vertu passe votre malheur :
Dans votre abaissement je vois votre grandeur,
Je vous admire en tout; mais le cœur est-il maître
De renoncer aux lieux où le ciel nous fit naître?
La nature a ses droits; ses bienfesantes mains
Ont mis ce sentiment dans les faibles humains.
On souffre en sa patrie, elle peut nous déplaire;
Mais quand on l'a perdue, alors elle est bien chère.

OBÉIDE.

Le ciel m'en donne une autre et je la dois chérir,
La supporter du moins, y languir, y mourir;
Telle est ma destinée... Hélas! tu l'as suivie!
Tu quittas tout pour moi, tu consoles ma vie;
Mais je serais barbare en t'osant proposer
De porter ce fardeau qui commence à peser.
Dans les lâches parens qui m'ont abandonnée
Tu trouveras peut-être une ame assez bien née,
Compatissante assez pour acquitter vers toi
Ce que le sort m'enlève, et ce que je te dois;
D'une pitié bien juste elle sera frappée
En voyant de mes pleurs une lettre trempée.

ACTE II, SCÈNE I.

Pars, ma chère Sulma; revois, si tu le veux,
La superbe Ecbatane et ses peuples heureux;
Laisse dans ces déserts ta fidèle Obéide.

SULMA.

Ah! que la mort plutôt frappe cette perfide
Si jamais je conçois le criminel dessein
De chercher loin de vous un bonheur incertain!
J'ai vécu pour vous seule, et votre destinée
Jusques à mon tombeau tient la mienne enchaînée;
Mais je vous l'avouerai, ce n'est pas sans horreur
Que je vois tant d'appas, de gloire, de grandeur,
D'un soldat de Scythie être ici le partage.

OBÉIDE.

Après mon infortune, après l'indigne outrage
Qu'a fait à ma famille, à mon âge, à mon nom,
De l'immortel Cyrus un fatal rejeton;
De la cour à jamais lorsque tout me sépare,
Quand je dois tant haïr ce funeste Athamare;
Sans état, sans patrie, inconnue en ces lieux,
Tous les humains, Sulma, sont égaux à mes yeux;
Tout m'est indifférent.

SULMA.
                Ah! contrainte inutile!
Est-ce avec des sanglots qu'on montre un cœur tran-
OBÉIDE. [quille?
Cesse de m'arracher, en croyant m'éblouir,
Ce malheureux repos dont je cherche à jouir.
Au parti que je prends je me suis condamnée.
Va, si mon cœur m'appelle aux lieux où je suis née,
Ce cœur doit s'en punir; il se doit imposer

Un frein qui le retienne et qu'il n'ose briser.

SULMA.

D'un père infortuné, victime volontaire,
Quels reproches, hélas! auriez-vous à vous faire?

OBÉIDE.

Je ne m'en ferai plus. Dieux! je vous le promets,
Obéide à vos yeux ne rougira jamais.

SULMA.

Qui? vous!

OBÉIDE.

Tout est fini. Mon père veut un gendre,
Il désigne Indatire, et je sais trop l'entendre *a* :
Le fils de son ami doit être préféré.

SULMA.

Votre choix est donc fait?

OBÉIDE.

Tu vois l'autel sacré *
Que préparent déja mes compagnes heureuses,
Ignorant de l'hymen les chaînes dangereuses,
Tranquilles, sans regrets, sans cruel souvenir.

SULMA.

D'où vient qu'à cet aspect vous paraissez frémir?

* De jeunes filles apportent l'autel; elles l'ornent de guirlandes de fleurs, et attachent des festons aux arbres qui l'entourent.

SCÈNE II.

OBÉIDE, SULMA, INDATIRE.

INDATIRE.

Cet autel me rappelle en ces forêts si chères ;
Tu conduis tous mes pas, je devance nos pères :
Je viens lire en tes yeux, entendre de ta voix
Que ton heureux époux est nommé par ton choix :
L'hymen est parmi nous le nœud que la nature
Forme entre deux amans de sa main libre et pure ;
Chez les Persans, dit-on, l'intérêt odieux,
Les folles vanités, l'orgueil ambitieux,
De cent bizarres lois la contrainte importune,
Soumettent tristement l'amour à la fortune :
Ici le cœur fait tout, ici l'on vit pour soi ;
D'un mercenaire hymen on ignore la loi ;
On fait sa destinée. Une fille guerrière
De son guerrier chéri court la noble carrière,
Se plaît à partager ses travaux et son sort,
L'accompagne aux combats, et sait venger sa mort.
Préfères-tu nos mœurs aux mœurs de ton empire ?
La sincère Obéide aime-t-elle Indatire ?

OBÉIDE.

Je connais tes vertus, j'estime ta valeur,
Et de ton cœur ouvert la naïve candeur ;
Je te l'ai déja dit, je l'ai dit à mon père ;
Et son choix et le mien doivent te satisfaire.

INDATIRE.

Non, tu sembles parler un langage étranger,

Et même en m'approuvant tu viens de m'affliger.
Dans les murs d'Ecbatane est-ce ainsi qu'on s'explique?
Obéide, est-il vrai qu'un astre tyrannique
Dans cette ville immense a pu te mettre au jour?
Est-il vrai que tes yeux brillèrent à la cour,
Et que l'on t'éleva dans ce riche esclavage
Dont à peine en ces lieux nous concevons l'image?
Dis-moi, chère Obéide, aurais-je le malheur
Que le ciel t'eût fait naître au sein de la grandeur?

OBÉIDE.

Ce n'est point ton malheur, c'est le mien... Ma mémoire
Ne me retrace plus cette trompeuse gloire;
Je l'oublie à jamais.

INDATIRE
Plus ton cœur adore
En perd le souvenir, plus je m'en souviendrai.
Vois-tu d'un œil content cet appareil rustique,
Le monument heureux de notre culte antique,
Où nos pères bientôt recevront les sermens
Dont nos cœurs et nos dieux sont les sacrés garans?
Obéide, il n'a rien de la pompe inutile
Qui fatigue ces dieux dans ta superbe ville;
Il n'a pour ornement que des tissus de fleurs,
Présens de la nature, images de nos cœurs.

OBÉIDE.

Va, je crois que des cieux le grand et juste maître
Préfère ce saint culte et cet autel champêtre
A nos temples fameux que l'orgueil a bâtis.
Les dieux qu'on y fait d'or y sont bien mal servis [1].

INDATIRE.
Sais-tu que ces Persans venus sur ces rivages
Veulent voir notre fête et nos rians bocages?
Par la main des vertus ils nous verront unis.

OBÉIDE.
Les Persans... que dis-tu... Les Persans!

INDATIRE.
         Tu frémis :
Quelle pâleur, ô ciel! sur ton front répandue!
Des esclaves d'un roi peux-tu craindre la vue?

OBÉIDE.
Ah, ma chère Sulma!

SULMA.
     Votre père et le sien
Viennent former ici votre éternel lien.

INDATIRE.
Nos parens, nos amis, tes compagnes fidèles,
Viennent tous consacrer nos fêtes solennelles.

OBÉIDE, *à Sulma*.
Allons... je l'ai voulu.

SCÈNE III.

OBÉIDE, SULMA, INDATIRE, SOZAME, HERMODAN.

(Des filles couronnées de fleurs et des Scythes sans armes font un demi-cercle autour de l'autel.)

HERMODAN.
      Voici l'autel sacré,
L'autel de la nature à l'amour préparé,

Où je fis mes sermens, où jurèrent nos pères.
(à Obéide.)
Nous n'avons point ici de plus pompeux mystères :
Notre culte, Obéide, est simple comme nous.

SOZAME, *à Obéide.*

De la main de ton père accepte ton époux.
(Obéide et Indatire mettent la main sur l'autel.)

INDATIRE.

Je jure à ma patrie, à mon père, à moi-même,
A nos dieux éternels, à cet objet que j'aime,
De l'aimer encor plus quand cet heureux moment
Aura mis Obéide aux mains de son amant;
Et, toujours plus épris, et toujours plus fidèle,
De vivre, de combattre et de mourir pour elle.

OBÉIDE.

Je me soumets, grands dieux! à vos augustes lois;
(Ici Athamare et des Persans paraissent.)
Je jure d'être à lui... Ciel! qu'est-ce que je vois?

SULMA.

Ah, madame!

OBÉIDE.

Je meurs; qu'on m'emporte.

INDATIRE.

Ah, Sozame!
Quelle terreur subite a donc frappé son ame?
Compagnes d'Obéide, allons à son secours.
(Les femmes scythes sortent avec Indatire.)

SCÈNE IV.

SOZAME, HERMODAN, ATHAMARE, HIRCAN;
SCYTHES.

ATHAMARE.

Scythes, demeurez tous..

SOZAME.

              Voici donc de mes jours
Le jour le plus étrange et le plus effroyable!

ATHAMARE.

Me reconnais-tu bien?

SOZAME.

            Quel sort impitoyable
T'a conduit dans ces lieux de retraite et de paix?
Tu dois être content des maux que tu m'as faits.
Ton indigne monarque avait proscrit ma tête;
Viens-tu la demander? malheureux! elle est prête;
Mais tremble pour la tienne. Apprends que tu te vois
Chez un peuple équitable et redouté des rois.
Je demeure étonné de l'audace inouïe
Qui t'amène si loin pour hasarder ta vie.

ATHAMARE.

Peuple juste, écoutez; je m'en remets à vous:
Le neveu de Cyrus vous fait juge entre nous.

HERMODAN.

Toi! neveu de Cyrus! et tu viens chez les Scythes!

ATHAMARE.

L'équité m'y conduit... Vainement tu t'irrites,

Infortuné Sozame, à l'aspect imprévu
Du fatal ennemi par qui tu fus perdu.
Je te persécutai ; ma fougueuse jeunesse
Offensa ton honneur, accabla ta vieillesse ;
Un roi t'a dépouillé de tes biens, de ton rang :
Un jugement inique a poursuivi ton sang.
Scythes, ce roi n'est plus ; et la première idée
Dont après son trépas mon ame est possédée,
Est de rendre justice à cet infortuné.
Oui, Sozame, à tes pieds les dieux m'ont amené
Pour expier ma faute, hélas! trop pardonnable.
La suite en fut terrible, inhumaine, exécrable ;
Elle accabla mon cœur : il la faut réparer :
Dans tes honneurs passés daigne à la fin rentrer :
Je partage avec toi mes trésors, ma puissance ;
Ecbatane est du moins sous mon obéissance ·
C'est tout ce qui demeure aux enfans de Cyrus :
Tout le reste a subi les lois de Darius.
Mais je suis assez grand, si ton cœur me pardonne ;
Ton amitié, Sozame, ajoute à ma couronne.
Nul monarque avant moi sur le trône affermi
N'a quitté ses états pour chercher un ami ;
Je donne cet exemple, et ton maître te prie ;
Entends sa voix, entends la voix de ta patrie ;
Cède aux vœux de ton roi qui vient te rappeler,
Cède aux pleurs qu'à tes yeux mes remords font couler.

HERMODAN

Je me sens attendri d'un spectacle si rare.

SOZAME.

Tu ne me séduis point, généreux Athamare.

Si le repentir seul avait pu t'amener,
Malgré tous mes affronts je saurais pardonner.
Tu sais quel est mon cœur, il n'est point inflexible;
Mais je lis dans le tien; je le connais sensible;
Je vois trop les chagrins dont il est désolé;
Et ce n'est pas pour moi que tes pleurs ont coulé.
Il n'est plus temps; adieu. Les champs de la Scythie
Me verront achever ma languissante vie.
Instruit bien chèrement, trop fier et trop blessé,
Pour vivre dans ta cour où tu m'as offensé,
Je mourrai libre ici... Je me tais; rends-moi grace
De ne pas révéler ta dangereuse audace.
Ami, courons chercher et ma fille et ton fils

HERMODAN.

Viens, redoublons les nœuds qui nous ont tous unis.

SCÈNE V.

ATHAMARE, HIRCAN.

ATHAMARE.

Je demeure immobile. O ciel! ô destinée!
O passion fatale à me perdre obstinée!
Il n'est plus temps, dit-il : il a pu sans pitié
Voir son roi repentant, son maître humilié!
Ami, quand nous percions cette horde assemblée,
J'ai vu près de l'autel une femme voilée,
Qu'on a soudain soustraite à mon œil égaré.
Quel est donc cet autel de guirlandes paré?
Quelle était cette fête en ces lieux ordonnée?

Pour qui brûlaient ici les flambeaux d'hyménée?
Ciel! quel temps je prenais! A cet aspect d'horreur
Mes remords douloureux se changent en fureur.
Grands dieux, s'il était vrai!

HIRCAN.

Dans les lieux où vous êtes
Gardez-vous d'écouter ces fureurs indiscrètes :
Respectez, croyez-moi, les modestes foyers
D'agrestes habitans, mais de vaillans guerriers,
Qui, sans ambition, comme sans avarice,
Observateurs zélés de l'exacte justice,
Ont mis leur seule gloire en leur égalité,
De qui vos grandeurs même irritent la fierté.
N'allez point alarmer leur noble indépendance;
Ils savent la défendre; ils aiment la vengeance;
Ils ne pardonnent point quand ils sont offensés.

ATHAMARE.

Tu t'abuses, ami; je les connais assez;
J'en ai vu dans nos camps, j'en ai vu dans nos villes,
De ces Scythes altiers, à nos ordres dociles,
Qui briguaient, en vantant leurs stériles climats,
L'honneur d'être comptés au rang de nos soldats.

HIRCAN.

Mais, souverains chez eux...

ATHAMARE.

Ah! c'est trop contredire
Le dépit qui me ronge et l'amour qui m'inspire :
Ma passion m'emporte et ne raisonne pas.
Si j'eusse été prudent, serais-je en leurs états?
Au bout de l'univers Obéide m'entraîne;

Son esclave échappé lui rapporte sa chaîne,
Pour l'enchaîner moi-même au sort qui me poursuit,
Pour l'arracher des lieux où sa douleur me fuit,
Pour la sauver enfin de l'indigne esclavage
Qu'un malheureux vieillard impose à son jeune âge;
Pour mourir à ses pieds d'amour et de fureur,
Si ce cœur déchiré ne peut fléchir son cœur.

HIRCAN.

Mais si vous écoutiez...

ATHAMARE.

Non je n'écoute qu'elle.

HIRCAN.

Attend..

ATHAMARE.

Que j'attende! et que de la cruelle
Quelque rival indigne, à mes yeux possesseur,
Insulte mon amour, outrage mon honneur!
Que du bien qu'il m'arrache il soit en paix le maître!
Mais trop tôt, cher ami, je m'alarme peut-être;
Son père à ce vil choix pourra-t-il la forcer?
Entre un Scythe et son maître a-t-elle à balancer?
Dans son cœur autrefois j'ai vu trop de noblesse
Pour croire qu'à ce point son orgueil se rabaisse.

HIRCAN.

Mais si dans ce choix même elle eût mis sa fierté?

ATHAMARE.

De ce doute offensant je suis trop irrité.
Allons; si mes remords n'ont pu fléchir son père,
S'il méprise mes pleurs... qu'il craigne ma colère.

Je sais qu'un prince est homme, et qu'il peut s'égarer;
Mais lorsqu'au repentir facile à se livrer,
Reconnaissant sa faute, et s'oubliant soi-même,
Il va jusqu'à blesser l'honneur du rang suprême,
Quand il répare tout, il faut se souvenir
Que s'il demande grace, il la doit obtenir.

FIN DU SECOND ACTE.

ACTE TROISIÈME.

SCÈNE I.

ATHAMARE, HIRCAN.

ATHAMARE.
Quoi ! c'était Obéide ! Ah ! j'ai tout pressenti ;
Mon cœur désespéré m'avait trop averti :
C'était elle, grands dieux !

HIRCAN.
      Ses compagnes tremblantes
Rappelaient ses esprits sur ses lèvres mourantes...

ATHAMARE.
Elle était en danger ? Obéide'

HIRCAN.
       Oui, seigneur ;
Et ranimant à peine un reste de chaleur,
Dans ces cruels momens, d'une voix affaiblie,
Sa bouche a prononcé le nom de la Médie.
Un Scythe me l'a dit, un Scythe qu'autrefois
La Médie avait vu combattre sous nos lois.
Son père et son époux sont encore auprès d'elle.

ATHAMARE.
Qui ? son époux, un Scythe ?

HIRCAN.
     Eh quoi ! cette nouvelle

A votre oreille encor, seigneur, n'a pu voler?

ATHAMARE.

Eh! qui des miens, hors toi, m'ose jamais parler?
De mes honteux secrets quel autre a pu s'instruire?
Son époux, me dis-tu?

HIRCAN.

Le vaillant Indatire,
Jeune, et de ces cantons l'espérance et l'honneur,
Lui jurait ici même une éternelle ardeur,
Sous ces mêmes cyprès, à cet autel champêtre,
Aux clartés des flambeaux que j'ai vus disparaître.
Vous n'étiez pas encore arrivé vers l'autel
Qu'un long tressaillement, suivi d'un froid mortel,
A fermé les beaux yeux d'Obéide oppressée.
Des filles de Scythie une foule empressée
La portait en pleurant sous ces rustiques toits,
Asile malheureux dont son père a fait choix :
Ce vieillard la suivait d'une démarche lente,
Sous le fardeau des ans affaiblie et pesante,
Quand vous avez sur vous attiré ses regards.

ATHAMARE.

Mon cœur à ce récit, ouvert de toutes parts,
De tant d'impressions sent l'atteinte subite,
Dans ses derniers replis un tel combat s'excite,
Que sur aucun parti je ne puis me fixer ;
Et je démêle mal ce que je puis penser.
Mais d'où vient qu'en ce temple Obéide rendue
En touchant cet autel est tombée éperdue ?
Parmi tous ces pasteurs elle aura d'un coup d'œil
Reconnu des Persans le fastueux orgueil ;

ACTE III, SCÈNE I.

Ma présence à ses yeux a montré tous mes crimes,
Mes amours emportés, mes feux illégitimes,
A l'affreuse indigence un père abandonné,
Par un monarque injuste à la mort condamné,
Sa fuite, son séjour en ce pays sauvage,
Cette foule de maux qui sont tous mon ouvrage;
Elle aura rassemblé ces objets de terreur :
Elle imite son père, et je lui fais horreur.

HIRCAN.

Un tel saisissement, ce trouble involontaire,
Pourraient-ils annoncer la haine et la colère ?
Les soupirs, croyez-moi, sont la voix des douleurs,
Et les yeux irrités ne versent point de pleurs.

ATHAMARE.

Ah! lorsqu'elle m'a vu, si son ame surprise
D'une ombre de pitié s'était au moins éprise ;
Si, lisant dans mon cœur, son cœur eût éprouvé
Un tumulte secret faiblement élevé...
Si l'on me pardonnait! Tu me flattes peut-être;
Ami, tu prends pitié des erreurs de ton maître.
Qu'ai-je fait? que ferai-je? et quel sera mon sort?
Mon aspect en tout temps lui porta donc la mort!
Mais, dis-tu, dans le mal qui menaçait sa vie,
Sa bouche a prononcé le nom de sa patrie?

HIRCAN.

Elle l'aime, sans doute.

ATHAMARE.

          Ah! pour me secourir
C'est une arme du moins qu'elle daigne m'offrir.
Elle aime sa patrie. . elle épouse Indatire...

Va, l'honneur dangereux où le barbare aspire
Lui coûtera bientôt un sanglant repentir :
C'est un crime trop grand pour ne le pas punir.

HIRCAN.

Pensez-vous être encor dans les murs d'Ecbatane?
Là votre voix décide, elle absout ou condamne ;
Ici vous péririez. Vous êtes dans des lieux
Que jadis arrosa le sang de vos aïeux.

ATHAMARE.

Eh bien, j'y périrai.

HIRCAN.

Quelle fatale ivresse !
Age des passions, trop aveugle jeunesse,
Où conduis-tu les cœurs à leurs penchans livrés !

ATHAMARE.

Qui vois-je donc paraître en ces champs abhorrés?
(Indatire passe dans le fond du théâtre, à la tête d'une troupe de guerriers.)
Que veut, le fer en main, cette troupe rustique ?

HIRCAN.

On m'a dit qu'en ces lieux c'est un usage antique ;
Ce sont de simples jeux par le temps consacrés,
Dans les jours de l'hymen noblement célébrés.
Tous leurs jeux sont guerriers ; la valeur les apprête ;
Indatire y préside ; il s'avance à leur tête.
Tout le sexe est exclu de ces solennités ;
Et les mœurs de ce peuple ont des sévérités
Qui pourraient des Persans condamner la licence.

ATHAMARE.

Grands dieux! vous me voulez conduire en sa présence !

ACTE III, SCÈNE II.

Cette fête du moins m'apprend que vos secours
Ont dissipé l'orage élevé sur ses jours.
Oui, mes yeux la verront.

HIRCAN.

Oui, seigneur, Obéide
Marche vers la cabane où son père réside.

ATHAMARE.

C'est elle; je la vois. Tâche de désarmer
Ce père malheureux que je n'ai pu calmer...
Des chaumes! des roseaux! voilà donc sa retraite!
Ah! peut-être elle y vit tranquille et satisfaite;
Et moi...

SCÈNE II.

OBÉIDE, SULMA, ATHAMARE.

ATHAMARE.

Non, demeurez, ne vous détournez pas;
De vos regards du moins honorez mon trépas;
Qu'à vos genoux tremblans un malheureux périsse.

OBÉIDE.

Ah! Sulma, qu'en tes bras mon désespoir finisse;
C'en est trop... Laisse-moi, fatal persécuteur;
Va, c'est toi qui reviens pour m'arracher le cœur.

ATHAMARE.

Écoute un seul moment.

OBÉIDE.

Eh! le dois-je, barbare?
Dans l'état où je suis que peut dire Athamare?

ATHAMARE.

Que l'amour m'a conduit du trône en tes forêts,
Qu'épris de tes vertus, honteux de mes forfaits,
Désespéré, soumis, mais furieux encore,
J'idolâtre Obéide autant que je m'abhorre.
Ah! ne détourne point tes regards effrayés :
Il me faut ou mourir ou régner à tes pieds.
Frappe, mais entends-moi. Tu sais déja peut-être
Que de mon sort enfin les dieux m'ont rendu maître;
Que Smerdis et ma femme, en un même tombeau,
De mon fatal hymen ont éteint le flambeau;
Qu'Ecbatane est à moi... Non, pardonne, Obéide;
Ecbatane est à toi : l'Euphrate, la Perside,
Et la superbe Égypte, et les bords indiens,
Seraient à tes genoux s'ils pouvaient être aux miens.
Mais mon trône, et ma vie, et toute la nature,
Sont d'un trop faible prix pour payer ton injure.
Ton grand cœur, Obéide, ainsi que ta beauté,
Est au dessus d'un rang dont il n'est point flatté :
Que la pitié du moins le désarme et le touche.
Les climats où tu vis l'ont-ils rendu farouche?
O cœur né pour aimer! ne peux-tu que haïr?
Image de nos dieux, ne sais-tu que punir?
Ils savent pardonner[2]. Va, ta bonté doit plaindre
Ton criminel amant que tu vois sans le craindre.

OBÉIDE.

Que m'as-tu dit, cruel! et pourquoi de si loin
Viens-tu de me troubler prendre le triste soin,
Tenter dans ces forêts ma misère tranquille,
Et chercher un pardon... qui serait inutile?

ACTE III, SCÈNE II.

Quand tu m'osas aimer pour la première fois,
Ton roi d'un autre hymen t'avait prescrit les lois :
Sans un crime à mon cœur tu ne pouvais prétendre;
Sans un crime plus grand je ne saurais t'entendre.
Ne fais point sur mes sens d'inutiles efforts :
Je me vois aujourd'hui ce que tu fus alors;
Sous la loi de l'hymen Obéide respire;
Prends pitié de mon sort... et respecte Indatire.

ATHAMARE.

Un Scythe! un vil mortel!

OBÉIDE.

Pourquoi méprises-tu
Un homme, un citoyen... qui te passe en vertu?

ATHAMARE.

Nul ne m'eût égalé si j'avais pu te plaire;
Tu m'aurais des vertus aplani la carrière;
Ton amant deviendrait le premier des humains.
Mon sort dépend de toi; mon ame est dans tes mains;
Un mot peut la changer : l'amour la fit coupable;
L'amour au monde entier la rendrait respectable.

OBÉIDE.

Ah! que n'eus-tu plus tôt ces nobles sentimens,
Athamare!

ATHAMARE.

Obéide! il en est encor temps.
De moi, de mes états, auguste souveraine,
Viens embellir cette ame esclave de la tienne,
Viens régner.

OBÉIDE.

Puisses-tu, loin de mes tristes yeux,

Voir ton règne honoré de la faveur des dieux!

ATHAMARE.

Je n'en veux point sans toi.

OBÉIDE.

     Ne vois plus que ta gloire.

ATHAMARE.

Elle était de t'aimer.

OBÉIDE.

    Périsse la mémoire
De mes malheurs passés, de tes cruels amours!

ATHAMARE.

Obéide à la haine a consacré ses jours!

OBÉIDE.

Mes jours étaient affreux; si l'hymen en dispose,
Si tout finit pour moi, toi seul en es la cause;
Toi seul as préparé ma mort dans ces déserts.

ATHAMARE.

Je t'en viens arracher.

OBÉIDE.

    Rien ne rompra mes fers;
Je me les suis donnés.

ATHAMARE.

    Tes mains n'ont point encore
Formé l'indigne nœud dont un Scythe s'honore.

OBÉIDE.

J'ai fait serment au ciel.

ATHAMARE.

    Il ne le reçoit pas.
C'est pour l'anéantir qu'il a guidé mes pas.

ACTE III, SCÈNE II.

OBÉIDE.

Ah... c'est pour mon malheur...

ATHAMARE.

Obtiendrais-tu d'un père
Qu'il laissât libre au moins une fille si chère,
Que son cœur envers moi ne fût point endurci,
Et qu'il cessât enfin de s'exiler ici !
Dis-lui...

OBÉIDE.

N'y compte pas. Le choix que j'ai dû faire
Devenait un parti conforme à ma misère :
Il est fait ; mon honneur ne peut le démentir,
Et Sozame jamais n'y pourra consentir :
Sa vertu t'est connue ; elle est inébranlable.

ATHAMARE.

Elle l'est dans la haine ; et lui seul est coupable.

OBÉIDE.

Tu ne le fus que trop ; tu l'es de me revoir,
De m'aimer, d'attendrir un cœur au désespoir.
Destructeur malheureux d'une triste famille,
Laisse pleurer en paix et le père et la fille.
Il vient ; sors.

ATHAMARE.

Je ne puis.

OBÉIDE.

Sors ; ne l'irrite pas.

ATHAMARE.

Non, tous deux à l'envi donnez-moi le trépas.

OBÉIDE.

Au nom de mes malheurs et de l'amour funeste

Qui des jours d'Obéide empoisonne le reste,
Fuis; ne l'outrage plus par ton fatal aspect.

ATHAMARE.

Juge de mon amour; il me force au respect.
J'obéis... Dieux puissans, qui voyez mon offense,
Secondez mon amour, et guidez ma vengeance !

SCÈNE III.

SOZAME, OBÉIDE, SULMA.

SOZAME.

Eh quoi! notre ennemi nous poursuivra toujours!
Il vient flétrir ici les derniers de mes jours.
Qu'il ne se flatte pas que le déclin de l'âge
Rende un père insensible à ce nouvel outrage.

OBÉIDE.

Mon père... il vous respecte... il ne me verra plus :
Pour jamais à le fuir mes vœux sont résolus.

SOZAME.

Indatire est à toi.

OBÉIDE.

Je le sais.

SOZAME.

Ton suffrage,
Dépendant de toi seule, a reçu son hommage.

OBÉIDE.

J'ai cru vous plaire au moins... j'ai cru que sans fierté
Le fils de votre ami devait être accepté.

ACTE III, SCÈNE III.

SOZAME.

Sais-tu ce qu'Athamare à ma honte propose
Par un de ces Persans dont son pouvoir dispose?

OBÉIDE.

Qu'a-t-il pu demander?

SOZAME.

De violer ma foi,
De briser tes liens, de le suivre avec toi,
D'arracher ma vieillesse à ma retraite obscure,
De mendier chez lui le prix de ton parjure,
D'acheter par la honte une ombre de grandeur.

OBÉIDE.

Comment recevez-vous cette offre?

SOZAME.

Avec horreur.
Ma fille, au repentir il n'est aucune voie.
Triomphant dans nos jeux, plein d'amour et de joie,
Indatire, en tes bras par son père conduit,
De l'amour le plus pur attend le digne fruit :
Rien n'en doit altérer l'innocente allégresse.
Les Scythes sont humains, et simples sans bassesse;
Mais leurs naïves mœurs ont de la dureté;
On ne les trompe point avec impunité,
Et surtout, de leurs lois vengeurs impitoyables,
Ils n'ont jamais, ma fille, épargné des coupables.

OBÉIDE.

Seigneur, vous vous borniez à me persuader;
Pour la première fois pourquoi m'intimider?
Vous savez si, du sort bravant les injustices,
J'ai fait depuis quatre ans d'assez grands sacrifices :

LES SCYTHES,

S'il en fallait encor, je les ferais pour vous.
Je ne craindrai jamais mon père ou mon époux.
Je vois tout mon devoir... ainsi que ma misère.
Allez... Vous n'avez point de reproche à me faire.

SOZAME.

Pardonne à ma tendresse un reste de frayeur,
Triste et commun effet de l'âge et du malheur.
Mais qu'il parte aujourd'hui, que jamais sa présence
Ne profane un asile ouvert à l'innocence.

OBÉIDE.

C'est ce que je prétends, seigneur; et plût aux dieux
Que son fatal aspect n'eût point blessé mes yeux!

SOZAME.

Rien ne troublera plus ton bonheur qui s'apprête,
Et je vais de ce pas en préparer la fête.

SCÈNE IV.

OBÉIDE, SULMA.

SULMA.

Quelle fête cruelle! Ainsi dans ce séjour
Vos beaux jours enterrés sont perdus sans retour?

OBÉIDE.

Ah, dieux!

SULMA.

Votre pays, la cour qui vous vit naître,
Un prince généreux... qui vous plaisait peut-être,
Vous les abandonnez sans crainte et sans pitié?

OBÉIDE.

Mon destin l'a voulu... j'ai tout sacrifié.

ACTE III, SCÈNE IV.

SULMA.

Haïriez-vous toujours la cour et la patrie ?

OBÉIDE.

Malheureuse... jamais je ne l'ai tant chérie.

SULMA.

Ouvrez-moi votre cœur : je le mérite.

OBÉIDE.

Hélas !
Tu n'y découvrirais que d'horribles combats;
Il craindrait trop ta vue et ta plainte importune.
Il est des maux, Sulma, que nous fait la fortune;
Il en est de plus grands dont le poison cruel,
Préparé par nos mains, porte un coup plus mortel.
Mais lorsque dans l'exil, à mon âge, on rassemble,
Après un sort si beau, tant de malheurs ensemble,
Lorsque tous leurs assauts viennent se réunir,
Un cœur, un faible cœur les peut-il soutenir?

SULMA.

Ecbatane... un grand prince...

OBÉIDE.

Ah, fatal Athamare !
Quel démon t'a conduit dans ce séjour barbare?
Que t'a fait Obéide? et pourquoi découvrir
Ce trait long-temps caché qui me fesait mourir?
Pourquoi, renouvelant ma honte et ton injure,
De tes funestes mains déchirer ma blessure?

SULMA.

Madame, c'en est trop; c'est trop vous immoler
A ces préjugés vains qui viennent vous troubler,
A d'inhumaines lois d'une horde étrangère,

Dont un père exilé chargea votre misère.
Hélas! contre les rois son trop juste courroux
Ne sera donc jamais retombé que sur vous!
Quand vous le consolez, faut-il qu'il vous opprime?
Soyez sa protectrice et non pas sa victime.
Athamare est vaillant, et de braves soldats
Ont jusqu'en ces déserts accompagné ses pas.
Athamare, après tout, n'est-il pas votre maître?

OBÉIDE.

Non.

SULMA.

C'est en ses états que le ciel vous fit naître.
N'a-t-il donc pas le droit de briser un lien,
L'opprobre de la Perse, et le vôtre, et le sien?
M'en croirez-vous? partez, marchez sous sa conduite.
Si vous avez d'un père accompagné la fuite,
Il est temps à la fin qu'il vous suive à son tour;
Qu'il renonce à l'orgueil de dédaigner sa cour;
Que sa douleur farouche, à vous perdre obstinée,
Cesse enfin de lutter contre sa destinée.

OBÉIDE.

Non, ce parti serait injuste et dangereux;
Il coûterait du sang; le succès est douteux;
Mon père expirerait de douleur et de rage...
Enfin l'hymen est fait... je suis dans l'esclavage.
L'habitude à souffrir pourra fortifier
Mon courage éperdu qui craignait de plier.

SULMA.

Vous pleurez cependant, et votre œil qui s'égare
Parcourt avec horreur cette enceinte barbare,

Ces chaumes, ces déserts, où des pompes des rois
Je vous vis descendue aux plus humbles emplois;
Où d'un vain repentir le trait insupportable
Déchire de vos jours le tissu misérable...
Que vous restera-t-il? hélas!

OBÉIDE.

Le désespoir.

SULMA.

Dans cet état affreux, que faire?

OBÉIDE.

Mon devoir.
L'honneur de le remplir, le secret témoignage
Que la vertu se rend, qui soutient le courage,
Qui seul en est le prix, et que j'ai dans mon cœur,
Me tiendra lieu de tout et même du bonheur[3].

FIN DU TROISIÈME ACTE.

ACTE QUATRIÈME.

SCÈNE I.

ATHAMARE, HIRCAN.

ATHAMARE.

Penses-tu qu'Indatire osera me parler?

HIRCAN.

Il l'osera, seigneur.

ATHAMARE.

Qu'il vienne... Il doit trembler.

HIRCAN.

Les Scythes, croyez-moi, connaissent peu la crainte,
Mais d'un tel désespoir votre ame est-elle atteinte,
Que vous avilissiez l'honneur de votre rang,
Le sang du grand Cyrus mêlé dans votre sang,
Et d'un trône si saint le droit inviolable,
Jusqu'à vous compromettre avec un misérable
Qu'on verrait, si le sort l'envoyait parmi nous,
A vos premiers suivans ne parler qu'à genoux,
Mais qui, sur ses foyers, peut avec insolence
Braver impunément un prince et sa puissance?

ATHAMARE.

Je m'abaisse, il est vrai; mais je veux tout tenter.
Je descendrais plus bas pour la mieux mériter.
Ma honte est de la perdre; et ma gloire éternelle

ACTE IV, SCÈNE I.

Serait de m'avilir pour m'élever vers elle.
Penses-tu qu'Indatire en sa grossièreté
Ait senti comme moi le prix de sa beauté?
Un Scythe aveuglément suit l'instinct qui le guide;
Ainsi qu'une autre femme il épouse Obéide.
L'amour, la jalousie et ses emportemens
N'ont point dans ces climats apporté leurs tourmens;
De ces vils citoyens l'insensible rudesse,
En connaissant l'hymen, ignore la tendresse.
Tous ces grossiers humains sont indignes d'aimer.

HIRCAN.

L'univers vous dément; le ciel sait animer
Des mêmes passions tous les êtres du monde.
Si du même limon la nature féconde,
Sur un modèle égal ayant fait les humains,
Varie à l'infini les traits de ses dessins,
Le fond de l'homme reste, il est partout le même;
Persan, Scythe, Indien, tout défend ce qu'il aime.

ATHAMARE.

Je le défendrai donc, je saurai le garder.

HIRCAN.

Vous hasardez beaucoup.

ATHAMARE.

    Que puis-je hasarder?
Ma vie? elle n'est rien sans l'objet qu'on m'arrache;
Mon nom? quoi qu'il arrive, il restera sans tache;
Mes amis? ils ont trop de courage et d'honneur
Pour ne pas immoler sous le glaive vengeur
Ces agrestes guerriers dont l'audace indiscrète
Pourrait inquiéter leur marche et leur retraite.

HIRCAN.

Ils mourront à vos pieds, et vous n'en doutez pas.

ATHAMARE.

Ils vaincront avec moi... Qui tourne ici ses pas?

HIRCAN.

Seigneur, je le connais, c'est lui, c'est Indatire.

ATHAMARE.

Allez : que loin de moi ma garde se retire ;
Qu'aucun n'ose approcher sans mes ordres exprès ;
Mais qu'on soit prêt à tout.

SCÈNE II.

ATHAMARE, INDATIRE.

ATHAMARE.

Habitant des forêts,
Sais-tu bien devant qui ton sort te fait paraître ?

INDATIRE.

On prétend qu'une ville en toi révère un maître,
Qu'on l'appelle Ecbatane, et que du mont Taurus
On voit ses hauts remparts élevés par Cyrus.
On dit (mais j'en crois peu la vaine renommée)
Que tu peux dans la plaine assembler une armée,
Une troupe aussi forte, un camp aussi nombreux
De guerriers soudoyés et d'esclaves pompeux,
Que nous avons ici de citoyens paisibles.

ATHAMARE.

Il est vrai, j'ai sous moi des troupes invincibles :
Le dernier des Persans, de ma solde honoré,
Est plus riche, et plus grand, et plus considéré,

ACTE IV, SCÈNE II.

Que tu ne saurais l'être aux lieux de ta naissance,
Où le ciel vous fit tous égaux par l'indigence.
####### INDATIRE.
Qui borne ses désirs est toujours riche assez.
####### ATHAMARE.
Ton cœur ne connaît point les vœux intéressés;
Mais la gloire, Indatire?
####### INDATIRE.
              Elle a pour moi des charmes 4.
####### ATHAMARE.
Elle habite à ma cour, à l'abri de mes armes :
On ne la trouve point dans le fond des déserts;
Tu l'obtiens près de moi, tu l'as si tu me sers.
Elle est sous mes drapeaux; viens avec moi t'y rendre.
####### INDATIRE.
A servir sous un maître on me verrait descendre?
####### ATHAMARE.
Va, l'honneur de servir un maître généreux,
Qui met un digne prix aux exploits belliqueux,
Vaut mieux que de ramper dans une république,
Ingrate en tous les temps, et souvent tyrannique.
Tu peux prétendre à tout en marchant sous ma loi :
J'ai parmi mes guerriers des Scythes comme toi.
####### INDATIRE.
Tu n'en as point. Apprends que ces indignes Scythes,
Voisins de ton pays, sont loin de nos limites :
Si l'air de tes climats a pu les infecter,
Dans nos heureux cantons il n'a pu se porter.
Ces Scythes malheureux ont connu l'avarice;
La fureur d'acquérir corrompit leur justice 5 :

Ils n'ont su que servir; leurs infidèles mains
Ont abandonné l'art qui nourrit les humains
Pour l'art qui les détruit, l'art affreux de la guerre;
Ils ont vendu leur sang aux maîtres de la terre.
Meilleurs citoyens qu'eux, et plus braves guerriers,
Nous volons aux combats, mais c'est pour nos foyers;
Nous savons tous mourir, mais c'est pour la patrie :
Nul ne vend parmi nous son honneur ou sa vie.
Nous serons, si tu veux, tes dignes alliés;
Mais on n'a point d'amis alors qu'ils sont payés.
Apprends à mieux juger de ce peuple équitable,
Égal à toi, sans doute, et non moins respectable.

ATHAMARE.

Élève ta patrie, et cherche à la vanter;
C'est le recours du faible, on peut le supporter.
Ma fierté, que permet la grandeur souveraine,
Ne daigne pas ici lutter contre la tienne...
Te crois-tu juste au moins?

INDATIRE.

Oui, je puis m'en flatter.

ATHAMARE.

Rends-moi donc le trésor que tu viens de m'ôter.

INDATIRE.

A toi?

ATHAMARE.

Rends à son maître une de ses sujettes,
Qu'un indigne destin traîna dans ces retraites,
Un bien dont nul mortel ne pourra me priver,
Et que sans injustice on ne peut m'enlever :
Rends sur l'heure Obéide.

INDATIRE.

                    A ta superbe audace,
A tes discours altiers, à cet air de menace,
Je veux bien opposer la modération
Que l'univers estime en notre nation.
    Obéide, dis-tu, de toi seul doit dépendre;
Elle était ta sujette! Oses-tu bien prétendre
Que des droits des mortels on ne jouisse pas
Dès qu'on a le malheur de naître en tes états?
Le ciel, en le créant, forma-t-il l'homme esclave?
La nature qui parle, et que ta fierté brave,
Aura-t-elle à la glèbe attaché les humains
Comme les vils troupeaux mugissant sous nos mains?
Que l'homme soit esclave aux champs de la Médie,
Qu'il rampe, j'y consens; il est libre en Scythie.
Au moment qu'Obéide honora de ses pas
Le tranquille horizon qui borde nos états,
La liberté, la paix, qui sont notre apanage,
L'heureuse égalité, les biens du premier âge,
Ces biens que des Persans aux mortels ont ravis,
Ces biens perdus ailleurs, et par nous recueillis,
De la belle Obéide ont été le partage.

ATHAMARE.

Il en est un plus grand, celui que mon courage
A l'univers entier oserait disputer,
Que tout autre qu'un roi ne saurait mériter,
Dont tu n'auras jamais qu'une imparfaite idée,
Et dont avec fureur mon ame est possédée;
Son amour : c'est le bien qui doit m'appartenir;
A moi seul était dû l'honneur de la servir.

Oui, je descends enfin jusqu'à daigner te dire
Que de ce cœur altier je lui soumis l'empire,
Avant que les destins eussent pu t'accorder
L'heureuse liberté d'oser la regarder.
Ce trésor est à moi, barbare, il faut le rendre.

INDATIRE.

Imprudent étranger, ce que je viens d'entendre
Excite ma pitié plutôt que mon courroux.
Sa libre volonté m'a choisi pour époux;
Ma probité lui plut; elle l'a préférée
Aux recherches, aux vœux de toute ma contrée :
Et tu viens de la tienne ici redemander
Un cœur indépendant qu'on vient de m'accorder!
O toi qui te crois grand, qui l'es par l'arrogance!
Sors d'un asile saint, de paix et d'innocence;
Fuis; cesse de troubler, si loin de tes états,
Des mortels tes égaux qui ne t'offensent pas.
Tu n'es pas prince ici.

ATHAMARE.

   Ce sacré caractère
M'accompagne en tous lieux sans m'être nécessaire :
Si j'avais dit un mot, ardens à me servir,
Mes soldats à mes pieds auraient su te punir.
Je descends jusqu'à toi : ma dignité t'outrage;
Je la dépose ici, je n'ai que mon courage :
C'est assez, je suis homme, et ce fer me suffit
Pour remettre en mes mains le bien qu'on me ravit.
Cède Obéide, ou meurs, ou m'arrache la vie.

INDATIRE.

Quoi! nous t'avons en paix reçu dans ma patrie,

Ton accueil nous flattait, notre simplicité
N'écoutait que les droits de l'hospitalité ;
Et tu veux me forcer, dans la même journée,
De souiller par ta mort un si saint hyménée !

ATHAMARE.

Meurs, te dis-je, ou me tue... On vient, retire-toi,
Et si tu n'es un lâche...

INDATIRE.

     Ah ! c'en est trop... suis-moi.

ATHAMARE.

Je te fais cet honneur.
    (Il sort.)

SCÈNE III.

INDATIRE, HERMODAN, SOZAME ; UN SCYTHE.

HERMODAN, *à Indatire, qui est près de sortir.*
     Viens ; ma main paternelle
Te remettra, mon fils, ton épouse fidèle.
Viens, le festin t'attend [b].

INDATIRE.

     Bientôt je vous suivrai :
Allez... O cher objet ! je te mériterai.
    (Il sort.)

SCÈNE IV.

HERMODAN, SOZAME; un scythe.

SOZAME.

Pourquoi ne pas nous suivre? Il diffère...
HERMODAN.

Ah, Sozame!
Cher ami, dans quel trouble il a jeté mon ame!
As-tu vu sur son front des signes de fureur?
SOZAME.

Quel en serait l'objet?
HERMODAN.

Peut-être que mon cœur
Conçoit d'un vain danger la crainte imaginaire;
Mais son trouble était grand. Sozame, je suis père:
Si mes yeux par les ans ne sont point affaiblis,
J'ai cru voir ce Persan qui menaçait mon fils.
SOZAME.

Tu me fais frissonner... avançons; Athamare
Est capable de tout.
HERMODAN.

La faiblesse s'empare
De mes esprits glacés, et mes sens éperdus
Trahissent mon courage, et ne me servent plus...
(Il s'assied en tremblant sur le banc de gazon.)
Mon fils ne revient point... j'entends un bruit horrible.
(au Scythe qui est auprès de lui.)
Je succombe... Va, cours, en ce moment terrible,
Cours, assemble au drapeau nos braves combattans.

ACTE IV, SCÈNE V.

LE SCYTHE.

Rassure-toi, j'y vole, ils sont prêts en tout temps.

SOZAME, *à Hermodan.*

Ranime ta vertu, dissipe tes alarmes.

HERMODAN, *se relevant à peine.*

Oui, j'ai pu me tromper; oui, je renais.

SCÈNE V.

HERMODAN, SOZAME; ATHAMARE,
l'épée à la main; HIRCAN, SUITE.

ATHAMARE.

Aux armes!
Aux armes, compagnons, suivez-moi, paraissez!
Où la trouver?

HERMODAN, *effrayé, en chancelant.*

Barbare...

SOZAME.

Arrête.

ATHAMARE, *à ses gardes.*

Obéissez,
De sa retraite indigne enlevez Obéide;
Courez, dis-je, volez; que ma garde intrépide,
Si quelque audacieux tentait de vains efforts,
Se fasse un chemin prompt dans la foule des morts.
C'est toi qui l'as voulu, Sozame inexorable.

SOZAME.

J'ai fait ce que j'ai dû.

HERMODAN.

Va, ravisseur coupable,

Infidèle Persan, mon fils saura venger
Le détestable affront dont tu viens nous charger.
Dans ce dessein, Sozame, il nous quittait sans doute.

ATHAMARE.

Indatire? ton fils?

HERMODAN.

Oui, lui-même.

ATHAMARE.

Il m'en coûte
D'affliger ta vieillesse et de percer ton cœur;
Ton fils eût mérité de servir ma valeur.

HERMODAN.

Que dis-tu?

ATHAMARE, *à ses soldats.*

Qu'on épargne à ce malheureux père
Le spectacle d'un fils mourant dans la poussière;
Fermez-lui ce passage.

HERMODAN.

Achève tes fureurs;
Achève... N'oses-tu? Quoi! tu gémis... Je meurs.
Mon fils est mort, ami...

(Il tombe sur le banc de gazon.)

ATHAMARE.

Toi, père d'Obéide,
Auteur de tous mes maux, dont l'âpreté rigide,
Dont le cœur inflexible à ce coup m'a forcé,
Que je chéris encor quand tu m'as offensé,
Il faut dans ce moment la conduire et me suivre.

SOZAME.

Moi! ma fille!

ATHAMARE.

En ces lieux il t'est honteux de vivre :
(à ses soldats.)
Attends mon ordre ici. Vous, marchez avec moi.

SCÈNE VI.

SOZAME, HERMODAN.

SOZAME, *se courbant vers Hermodan.*
Tous mes malheurs, ami, sont retombés sur toi...
Espère en la vengeance... Il revient... il soupire...
Hermodan !

HERMODAN, *se relevant avec peine.*

Mon ami, fais au moins que j'expire
Sur le corps étendu de mon fils expirant !
Que je te doive, ami, cette grace en mourant.
S'il reste quelque force à ta main languissante,
Soutiens d'un malheureux la marche chancelante;
Viens, lorsque de mon fils j'aurai fermé les yeux,
Dans un même sépulcre enferme-nous tous deux.

SOZAME.
Trois amis y seront; ma douleur te le jure.
Mais déja l'on s'avance, on venge notre injure,
Nous ne mourrons pas seuls.

HERMODAN.

Je l'espère; j'entends
Les tambours, nos clairons, les cris des combattans :
Nos Scythes sont armés... Dieux, punissez les crimes !
Dieux, combattez pour nous, et prenez vos victimes !
Ayez pitié d'un père.

SCÈNE VII.

SOZAME, HERMODAN, OBÉIDE.

SOZAME.
O ma fille! est-ce vous?
HERMODAN.
Chère Obéide... hélas!
OBÉIDE.
Je tombe à vos genoux.
Dans l'horreur du combat avec peine échappée
A la pointe des dards, au tranchant de l'épée,
Aux sanguinaires mains de mes fiers ravisseurs,
Je viens de ces momens augmenter les horreurs.
(à Hermodan.)
Ton fils vient d'expirer; j'en suis la cause unique :
De mes calamités l'artisan tyrannique
Nous a tous immolés à ses transports jaloux;
Mon malheureux amant a tué mon époux,
Sous vos yeux, sous les miens, et dans la place même
Où, pour le triste objet qu'il outrage et qu'il aime,
Pour d'indignes appas toujours persécutés,
Des flots de sang humain coulent de tous côtés.
On s'acharne, on combat sur le corps d'Indatire;
On se dispute encor ses membres qu'on déchire :
Les Scythes, les Persans, l'un par l'autre égorgés,
Sont vainqueurs et vaincus, et tous meurent vengés.
(à tous deux.)
Où voulez-vous aller et sans force et sans armes?
On aurait peu d'égard à votre âge, à vos larmes.

J'ignore du combat quel sera le destin;
Mais je mets sans trembler mon sort en votre main.
Si le Scythe sur moi veut assouvir sa rage,
Il le peut, je l'attends, je demeure en otage.

HERMODAN.

Ah! j'ai perdu mon fils, tu me restes du moins;
Tu me tiens lieu de tout.

SOZAME.

              Ce jour veut d'autres soins;
Armons-nous, de notre âge oublions la faiblesse;
Si les sens épuisés manquent à la vieillesse,
Le courage demeure, et c'est dans un combat
Qu'un vieillard comme moi doit tomber en soldat.

HERMODAN.

On nous apporte encor de fatales nouvelles.

SCÈNE VIII.

SOZAME, HERMODAN, OBÉIDE; UN SCYTHE.

LE SCYTHE.

Enfin nous l'emportons.

HERMODAN.

              Déités immortelles,
Mon fils serait vengé! n'est-ce point une erreur?

LE SCYTHE.

Le ciel nous rend justice, et le Scythe est vainqueur:
Tout l'art que les Persans ont mis dans le carnage,
Leur grand art de la guerre enfin cède au courage:
Nous avons manqué d'ordre, et non pas de vertu;

Sur nos frères mourans nous avons combattu.
La moitié des Persans à la mort est livrée;
L'autre, qui se retire, est partout entourée
Dans la sombre épaisseur de ces profonds taillis,
Où bientôt sans retour ils seront assaillis.

HERMODAN.

De mon malheureux fils le meurtrier barbare
Serait-il échappé?

LE SCYTHE.

Qui? ce fier Athamare?
Sur nos Scythes mourans qu'a fait tomber sa main,
Épuisé, sans secours, enveloppé soudain,
Il est couvert de sang, il est chargé de chaînes.

OBÉIDE.

Lui!

SOZAME.

Je l'avais prévu... Puissances souveraines,
Princes audacieux, quel exemple pour vous!

HERMODAN.

De ce cruel enfin nous serons vengés tous;
Nos lois, nos justes lois seront exécutées.

OBÉIDE.

Ciel... Quelles sont ces lois?

HERMODAN.

Les dieux les ont dictées.

SOZAME, *à part*.

O comble de douleur et de nouveaux ennuis!

OBÉIDE.

Mais enfin les Persans ne sont pas tous détruits;
On verrait Ecbatane, en secourant son maître,

ACTE IV, SCÈNE VIII.

Du poids de sa grandeur vous accabler peut-être.

HERMODAN.

Ne crains rien... Toi, jeune homme, et vous, braves
Préparez votre autel entouré de lauriers. [guerriers,

OBÉIDE.

Mon père...

HERMODAN.

Il faut hâter ce juste sacrifice.
Mânes de mon cher fils, que ton ombre en jouisse!
Et toi qui fus l'objet de ses chastes amours,
Qui fus ma fille chère et le seras toujours,
Qui de ta piété filiale et sincère
N'as jamais altéré le sacré caractère,
C'est à toi de remplir ce qu'une austère loi
Attend de mon pays, et demande de toi.

(Il sort.)

OBÉIDE.

Qu'a-t-il dit? que veut-on de cette infortunée?
Ah, mon père! en quels lieux m'avez-vous amenée!

SOZAME.

Pourrai-je t'expliquer ce mystère odieux?

OBÉIDE.

Je n'ose le prévoir... je détourne les yeux.

SOZAME.

Je frémis comme toi, je ne puis m'en défendre.

OBÉIDE.

Ah! laissez-moi mourir, seigneur, sans vous entendre.

FIN DU QUATRIÈME ACTE

ACTE CINQUIÈME.

SCÈNE I.

OBÉIDE, SOZAME, HERMODAN; TROUPE DE SCYTHES, *armés de javelots.*

(On apporte un autel couvert d'un crêpe et entouré de lauriers. Un Scythe met un glaive sur l'autel.)

OBÉIDE, *entre Sozame et Hermodan.*

Vous vous taisez tous deux : craignez-vous de me dire
Ce qu'à mes sens glacés votre loi doit prescrire?
Quel est cet appareil terrible et solennel?

SOZAME.

Ma fille... il faut parler... voici le même autel
Que le soleil naissant vit dans cette journée
Orné de fleurs par moi pour ton saint hyménée,
Et voit d'un crêpe affreux couvert à son couchant.

HERMODAN.

As-tu chéri mon fils?

OBÉIDE.

Un vertueux penchant,
Mon amitié pour toi, mon respect pour Sozame,
Et mon devoir surtout, souverain de mon ame,
M'ont rendu cher ton fils... mon sort suivait son sort:
J'honore sa mémoire, et j'ai pleuré sa mort.

HERMODAN.

L'inviolable loi qui régit ma patrie
Veut que de son époux une femme chérie
Ait le suprême honneur de lui sacrifier,
En présence des dieux, le sang du meurtrier;
Que l'autel de l'hymen soit l'autel des vengeances ;
Que du glaive sacré qui punit les offenses
Elle arme sa main pure, et traverse le cœur,
Le cœur du criminel qui ravit son bonheur.

OBÉIDE.

Moi, vous venger... sur qui? de quel sang? Ah, mon père!

HERMODAN.

Le ciel t'a réservé ce sanglant ministère.

UN SCYTHE.

C'est ta gloire et la nôtre.

SOZAME.

    Il me faut révérer
Les lois que vos aïeux ont voulu consacrer ;
Mais le danger les suit : les Persans sont à craindre ;
Vous allumez la guerre, et ne pourrez l'éteindre^c.

LE SCYTHE.

Ces Persans, que du moins nous croyons égaler,
Par ce terrible exemple apprendront à trembler.

HERMODAN.

Ma fille, il n'est plus temps de garder le silence;
Le sang d'un époux crie, et ton délai l'offense.

OBÉIDE.

Je dois donc vous parler... Peuple, écoutez ma voix :
Je pourrais alléguer, sans offenser vos lois,
Que je naquis en Perse, et que ces lois sévères

Sont faites pour vous seuls, et me sont étrangères;
Qu'Athamare est trop grand pour être un assassin;
Et que si mon époux est tombé sous sa main,
Son rival opposa, sans aucun avantage,
Le glaive seul au glaive, et l'audace au courage;
Que de deux combattans d'une égale valeur
L'un tue et l'autre expire avec le même honneur.
Peuple, qui connaissez le prix de la vaillance,
Vous aimez la justice ainsi que la vengeance :
Commandez, mais jugez; voyez si c'est à moi
D'immoler un guerrier qui dut être mon roi.

LE SCYTHE.

Si tu n'oses frapper, si ta main trop timide
Hésite à nous donner le sang de l'homicide,
Tu connais ton devoir, nos mœurs et notre loi :
Tremble.

OBÉIDE.

Et si je demeure incapable d'effroi.
Si votre loi m'indigne, et si je vous refuse?

HERMODAN.

L'hymen t'a fait ma fille, et tu n'as point d'excuse;
Il n'en mourra pas moins, tu vivras sans honneur.

LE SCYTHE.

Du plus cruel supplice il subira l'horreur.

HERMODAN.

Mon fils attend de toi cette grande victime.

LE SCYTHE.

Crains d'oser rejeter un droit si légitime.

OBÉIDE, *après quelques pas et un long silence.*
Je l'accepte.

SOZAME.
Ah, grands dieux!
LE SCYTHE.
Devant les immortels
En fais-tu le serment?
OBÉIDE.
Je le jure, cruels;
Je le jure, Hermodan. Tu demandes vengeance,
Sois-en sûr, tu l'auras... mais que de ma présence
On ait soin de tenir le captif écarté
Jusqu'au moment fatal par mon ordre arrêté.
Qu'on me laisse en ces lieux m'expliquer à mon père,
Et vous verrez après ce qui vous reste à faire.
LE SCYTHE, *après avoir regardé tous ses compagnons.*
Nous y consentons tous.
HERMODAN.
La veuve de mon fils
Se déclare soumise aux lois de mon pays;
Et ma douleur profonde est un peu soulagée,
Si par ses nobles mains cette mort est vengée.
Amis, retirons-nous.
OBÉIDE.
A ces autels sanglans
Je vous rappellerai quand il en sera temps.

SCÈNE II.

SOZAME, OBÉIDE.

OBÉIDE.

Eh bien, qu'ordonnez-vous ?
SOZAME.
Il fut un temps peut-être
Où le plaisir affreux de me venger d'un maître
Dans le cœur d'Athamare aurait conduit ta main ;
De son monarque ingrat j'aurais percé le sein ;
Il le méritait trop : ma vengeance lassée
Contre les malheureux ne peut être exercée ;
Tous mes ressentimens sont changés en regrets.
OBÉIDE.
Avez-vous bien connu mes sentimens secrets ?
Dans le fond de mon cœur avez-vous daigné lire ?
SOZAME.
Mes yeux t'ont vu pleurer sur le sang d'Indatire ;
Mais je pleure sur toi dans ce moment cruel ;
J'abhorre tes sermens.
OBÉIDE.
Vous voyez cet autel,
Ce glaive dont ma main doit frapper Athamare ;
Vous savez quels tourmens un refus lui prépare :
Après ce coup terrible... et qu'il me faut porter,
Parlez... sur son tombeau voulez-vous habiter ?
SOZAME.
J'y veux mourir.

ACTE V, SCENE II.

OBÉIDE.

Vivez, ayez-en le courage.
Les Persans, disiez-vous, vengeront leur outrage;
Les enfans d'Ecbatane, en ces lieux détestés,
Descendront du Taurus à pas précipités :
Les grossiers habitans de ces climats horribles
Sont cruels, il est vrai, mais non pas invincibles.
A ces tigres armés voulez-vous annoncer
Qu'au fond de leur repaire on pourrait les forcer?

SOZAME.

On en parle déja; les esprits les plus sages
Voudraient de leur patrie écarter ces orages.

OBÉIDE.

Achevez donc, seigneur, de les persuader :
Qu'ils méritent le sang qu'ils osent demander;
Et tandis que ce sang de l'offrande immolée
Baignera sous vos yeux leur féroce assemblée,
Que tous nos citoyens soient mis en liberté,
Et repassent les monts sur la foi d'un traité.

SOZAME.

Je l'obtiendrai, ma fille, et j'ose t'en répondre;
Mais ce traité sanglant ne sert qu'à nous confondre :
De quoi t'auront servi ta prière et mes soins?
Athamare à l'autel en périra-t-il moins?
Les Persans ne viendront que pour venger sa cendre,
Ce sang de tant de rois, que ta main va répandre,
Ce sang que j'ai haï, mais que j'ai révéré,
Qui, coupable envers nous, n'en est pas moins sacré.

OBÉIDE.

Il l'est... mais je suis Scythe... et le fus pour vous plaire :

Le climat quelquefois change le caractère.

SOZAME.

Ma fille !

OBÉIDE.

C'est assez, seigneur, j'ai tout prévu ;
J'ai pesé mes destins, et tout est résolu.
Une invincible loi me tient sous son empire :
La victime est promise au père d'Indatire ;
Je tiendrai ma parole... Allez, il vous attend.
Qu'il me garde la sienne... il sera trop content.

SOZAME.

Tu me glaces d'horreur.

OBÉIDE.

Allez, je la partage [d].
Seigneur, le temps est cher, achevez votre ouvrage ;
Laissez-moi m'affermir ; mais surtout obtenez
Un traité nécessaire à ces infortunés.
Vous prétendez qu'au moins ce peuple impitoyable
Sait garder une foi toujours inviolable ;
Je vous en crois... le reste est dans la main des dieux.

SOZAME.

Ils ne présagent rien qui ne soit odieux :
Tout est horrible ici. Ma faible voix encore
Tentera d'écarter ce que mon cœur abhorre ;
Mais après tant de maux mon courage est vaincu :
Quoi qu'il puisse arriver, ton père a trop vécu.

SCÈNE III.

OBÉIDE.

Ah! c'est trop étouffer la fureur qui m'agite;
Tant de ménagement me déchire et m'irrite;
Mon malheur vint toujours de me trop captiver
Sous d'inhumaines lois que j'aurais dû braver;
Je mis un trop haut prix à l'estime, au reproche;
Je fus esclave assez... ma liberté s'approche.

SCÈNE IV.

OBÉIDE, SULMA.

OBÉIDE.
Enfin je te revois.
SULMA.
Grands dieux! que j'ai tremblé
Lorsque, disparaissant à mon œil désolé,
Vous avez traversé cette foule sanglante!
Vous affrontiez la mort de tous côtés présente;
Des flots de sang humain roulaient entre nous deux;
Quel jour! quel hyménée! et quel sort rigoureux!
OBÉIDE.
Tu verras un spectacle encor plus effroyable.
SULMA.
Ciel! on m'aurait dit vrai... Quoi! votre main coupable
Immolerait l'amant que vous avez aimé,
Pour satisfaire un peuple à sa perte animé!

OBÉIDE.

Moi complaire à ce peuple, aux monstres de Scythie ;
A ces brutes humains pétris de barbarie,
A ces ames de fer, et dont la dureté
Passa long-temps chez nous pour noble fermeté,
Dont on chérit de loin l'égalité paisible,
Et chez qui je ne vois qu'un orgueil inflexible,
Une atrocité morne, et qui, sans s'émouvoir,
Croit dans le sang humain se baigner par devoir...
J'ai fui pour ces ingrats la cour la plus auguste,
Un peuple doux, poli, quelquefois trop injuste,
Mais généreux, sensible, et si prompt à sortir
De ses iniquités par un beau repentir !
Qui ? moi ! complaire au Scythe... O nations ! ô terre !
O rois qu'il outragea ! Dieux, maîtres du tonnerre !
Dieux, témoins de l'horreur où l'on m'ose entraîner,
Unissez-vous à moi, mais pour l'exterminer !
Puisse leur liberté, préparant leur ruine,
Allumant la discorde et la guerre intestine,
Acharnant les époux, les pères, les enfans,
L'un sur l'autre entassés, l'un par l'autre expirans,
Sous des monceaux de morts avec eux disparaître !
Que le reste en tremblant rougisse aux pieds d'un maître !
Que, rampant dans la poudre au bord de leur cercueil,
Pour être mieux punis ils gardent leur orgueil !
Et qu'en mordant le frein du plus lâche esclavage,
Ils vivent dans l'opprobre, et meurent dans la rage !
Où vais-je m'emporter ! vains regrets ! vains éclats !
Les imprécations ne nous secourent pas :
C'est moi qui suis esclave, et qui suis asservie

Aux plus durs des tyrans abhorrés dans l'Asie.
SULMA.
Vous n'êtes point réduite à la nécessité
De servir d'instrument à leur férocité.
OBÉIDE.
Si j'avais refusé ce ministère horrible,
Athamare expirait d'une mort plus terrible.
SULMA.
Mais cet amour secret qui vous parle pour lui?
OBÉIDE.
Il m'a parlé toujours; et s'il faut aujourd'hui
Exposer à tes yeux l'effroyable étendue,
La hauteur de l'abyme où je suis descendue,
J'adorais Athamare avant de le revoir.
Il ne vient que pour moi, plein d'amour et d'espoir;
Pour prix d'un seul regard il m'offre un diadème;
Il met tout à mes pieds; et, tandis que moi-même
J'aurais voulu, Sulma, mettre le monde aux siens,
Quand l'excès de ses feux n'égale pas les miens,
Lorsque je l'idolâtre, il faudra qu'Obéide
Plonge au sein d'Athamare un couteau parricide!
SULMA.
C'est un crime si grand, que ces Scythes cruels
Qui du sang des humains arrosent les autels,
S'ils connaissent l'amour qui vous a consumée,
Eux-même arrêteraient la main qu'ils ont armée.
OBÉIDE.
Non; ils la porteraient dans ce cœur adoré,
Ils l'y tiendraient sanglante, et leur glaive sacré
De son sang par mes coups épuiserait ses veines.

SULMA.

Se peut-il...

OBÉIDE.

Telles sont leurs ames inhumaines;
Tel est l'homme sauvage à lui-même laissé :
Il est simple, il est bon, s'il n'est point offensé;
Sa vengeance est sans borne.

SULMA.

Et ce malheureux père,
Qui creusa sous vos pas ce gouffre de misère,
Au père d'Indatire uni par l'amitié,
Consulté des vieillards, avec eux si lié,
Peut-il bien seulement supporter qu'on propose
L'horrible extrémité dont lui-même est la cause?

OBÉIDE.

Il fait beaucoup pour moi; j'ose même espérer,
Des douleurs dont j'ai vu son cœur se déchirer,
Que ses pleurs obtiendront de ce sénat agreste
Des adoucissemens à leur arrêt funeste.

SULMA.

Ah! vous rendez la vie à mes sens effrayés :
Je vous haïrais trop si vous obéissiez.
Le ciel ne verra point ce sanglant sacrifice.

OBÉIDE.

Sulma...

SULMA.

Vous frémissez.

OBÉIDE.

Il faut qu'il s'accomplisse.

SCÈNE V.

OBÉIDE, SULMA, SOZAME, HERMODAN;
scythes *armés, rangés au fond, en demi-cercle,
près de l'autel.*

SOZAME.

Ma fille, hélas! du moins nos Persans assiégés
Des piéges de la mort seront tous dégagés.

HERMODAN.

Des mânes de mon fils la victime attendue
Suffit à ma vengeance autant qu'elle m'est due.
(à Obéide.)
De ce peuple, crois-moi, l'inflexible équité
Sait joindre la clémence à la sévérité.

UN SCYTHE.

Et la loi des sermens est une loi suprême
Aussi chère à nos cœurs que la vengeance même.

OBÉIDE.

C'est assez; je vous crois. Vous avez donc juré
Que de tous les Persans le sang sera sacré
Sitôt que cette main remplira vos vengeances?

HERMODAN.

Tous seront épargnés : les célestes puissances
N'ont jamais vu de Scythe oser trahir sa foi.

OBÉIDE.

Qu'Athamare à présent paraisse devant moi.
(On amène Athamare enchaîné; Obéide se place entre lui
et Hermodan.)

HERMODAN.
Qu'on le traîne à l'autel.
SULMA.
Ah, dieux!
ATHAMARE.
Chère Obéide!
Prends ce fer, ne crains rien; que ton bras homicide.
Frappe un cœur à toi seule en tout temps réservé:
On y verra ton nom; c'est là qu'il est gravé.
De tous mes compagnons tu conserves la vie;
Tu me donnes la mort; c'est toute mon envie.
Graces aux immortels, tous mes vœux sont remplis;
Je meurs pour Obéide, et meurs pour mon pays.
Rassure cette main qui tremble à mon approche;
Ne crains, en m'immolant, que le juste reproche
Que les Scythes feraient à ta timidité
S'ils voyaient ce que j'aime agir sans fermeté,
Si ta main, si tes yeux, si ton cœur qui s'égare,
S'effrayaient un moment en frappant Athamare.
SOZAME.
Ah! ma fille...
SULMA.
Ah! madame...
OBÉIDE.
O Scythes inhumains!
Connaissez dans quel sang vous enfoncez mes mains.
Athamare est mon prince; il est plus... je l'adore;
Je l'aimai seul au monde... et ce moment encore
Porte au plus grand excès dans ce cœur enivré
L'amour, le tendre amour dont il fut dévoré.

ACTE V, SCÈNE V.

ATHAMARE.

Je meurs heureux.

OBÉIDE.

L'hymen, cet hymen que j'abjure,
Dans un sang criminel doit laver son injure...
(levant le glaive entre elle et Athamare.)
Vous jurez d'épargner tous mes concitoyens...
Il l'est... sauvez ses jours... l'amour finit les miens.
(Elle se frappe.)
Vis, mon cher Athamare; en mourant je l'ordonne.
(Elle tombe à mi-corps sur l'autel.)

HERMODAN.

Obéide!

SOZAME.

O mon sang!

ATHAMARE.

La force m'abandonne;
Mais il m'en reste assez pour me rejoindre à toi,
Chère Obéide!
(Il veut saisir le fer.)

LE SCYTHE.

Arrête, et respecte la loi:
Ce fer serait souillé par des mains étrangères.
(Athamare tombe sur l'autel.)

HERMODAN.

Dieux! vîtes-vous jamais deux plus malheureux pères?

ATHAMARE.

Dieux! de tous mes tourmens tranchez l'horrible cours.

SOZAME.

Tu dois vivre, Athamare, et j'ai payé tes jours.
Auteur infortuné des maux de ma famille,

Ensevelis du moins le père avec la fille.
Va, règne; malheureux!

HERMODAN.

Soumettons-nous au sort;
Soumettons-nous au ciel, arbitre de la mort...
Nous sommes trop vengés par un tel sacrifice.
Scythes, que la pitié succède à la justice.

FIN DES SCYTHES

VARIANTES

DE LA TRAGÉDIE DES SCYTHES.

a   Mon père veut un gendre :
Il ne commande point, mais je sais trop l'entendre.

b   Appui de ma vieillesse,
Viens, mon fils, mon cher fils, combler mon allégresse.
Tout est prêt, on t'attend.

c   SOZAME.
              Je vous l'ai déclaré ;
Je révère un usage antique et consacré.
Mais il est dangereux : les Persans sont à craindre;
A se venger sur vous vous allez les contraindre.

d   OBÉIDE.
        C'est assez : seigneur, j'ai tout prévu,
J'ai pesé mes destins, et tout est résolu.
              SOZAME.
Tu me glaces d'horreur.

FIN DES VARIANTES DES SCYTHES.

NOTES
DE LA TRAGÉDIE DES SCYTHES.

1 Jamais le ciel ne fut aux humains si facile,
  Que quand Jupiter même étoit de simple bois.
  Depuis qu'on l'a fait d'or, il est sourd à nos voix.
        La Fontaine, *Philémon et Baucis.*

2 Grands dieux, qui la rendez comme vous adorable,
  Rendez-la comme vous à mes vœux exorable !
        Corneille, dans *Cinna.*

3 Ipsa quidem virtus pretium sibi, solaque late
  Fortunæ secura nitet; nec fascibus ullis
  Erigitur...
  Nil opis externæ cupiens, nil indiga laudis,
  Divitiis animosa suis...
        Claudian. *Consulatus Mallii Theod.* v. 1.

4 . . . . Me titillat gloria.

5 Justitiam corrupit amor sceleratus habendi.
        Ovid. *Metam.* 1, 131.

FIN DES NOTES DES SCYTHES.

CHARLOT,

ou

LA COMTESSE DE GIVRY,

PIÈCE DRAMATIQUE EN TROIS ACTES,

Représentée sur le théâtre de Ferney, au mois de septembre 1767; et pour la première fois à Paris, au Théâtre italien, le 4 juin 1782.

AVERTISSEMENT

DES ÉDITEURS DE L'ÉDITION EN 41 VOLUMES.

La Comtesse de Givry fut jouée, dans l'hiver de 1782, sur le petit théâtre de M. le comte d'Argental. Le succès qu'elle y obtint détermina les comédiens italiens à la demander; et ils la représentèrent pour la première fois sur leur théâtre, le 4 juin de la même année. Quoique cette pièce soit une des plus faibles productions de M. de Voltaire, le public l'accueillit avec les égards dus à la mémoire de l'auteur; plusieurs endroits furent vivement applaudis, et le dénoûment surtout produisit beaucoup d'effet. Madame Verteuil remplissait le rôle de la Comtesse, et Grangez celui du Marquis. Nous avons dû consigner ici ce fait, dont les journaux du temps font mention, et qui a échappé aux recherches des éditeurs qui nous ont précédés.

PRÉFACE

IMPRIMÉE DANS L'ÉDITION DE 1767.

Cette pièce de société n'a été faite que pour exercer les talens de plusieurs personnes d'un rare mérite. Il y a un peu de chant et de danse, du comique, du tragique, de la morale et de la plaisanterie. Cette nouveauté n'a point du tout été destinée aux théâtres publics. C'est ainsi qu'aujourd'hui, en Italie, plusieurs académiciens s'amusent à réciter des pièces qui ne sont jamais jouées par des comédiens. Ce noble exercice s'est établi depuis long-temps en France, et même chez quelques uns de nos princes. Rien n'anime plus la société ; rien ne donne plus de grace au corps et à l'esprit, ne forme plus le goût, ne rend les mœurs plus honnêtes, ne détourne plus de la fatale passion du jeu, et ne resserre plus les nœuds de l'amitié.

Cette pièce a eu l'avantage d'être représentée par des gens de lettres qui, sachant en faire de meilleures, se sont prêtés à ce genre médiocre avec toute la bonté et tout le zèle dont cette médiocrité même avait besoin.

Henri IV est véritablement le héros de la pièce : mais il avait déja paru dans *la Partie de chasse*, représentée sur le même théâtre ; et on n'a pas voulu imiter ce qu'on ne pouvait égaler [*].

---

[*] M. de Voltaire avait changé le dénoûment de cette pièce dans l'édition qu'il préparait ; et c'est d'après ces nouvelles corrections qu'elle est imprimée ici.

PERSONNAGES.

La comtesse DE GIVRY, veuve attachée au parti de Henri IV.
HENRI IV.
LE MARQUIS, élevé dans le château.
JULIE, parente de la maison, élevée avec le marquis.
Mme AUBONNE, nourrice.
CHARLOT, fils de la nourrice.
L'INTENDANT de la maison.
BABET, élevée pour être à la chambre auprès de la comtesse.
GUILLOT, fils d'un fermier de la terre.
Domestiques, Courriers, Gardes.
Suite de Henri IV.

La scène est dans le château de la comtesse de Givry, en Champagne.

CHARLOT,

PIÈCE DRAMATIQUE.

ACTE PREMIER.

SCÈNE I.

Le théâtre représente une grande salle où des domestiques portent et ôtent des meubles. L'INTENDANT de la maison est à une table; UN COURRIER, en bottes, à côté; Mme AUBONNE, nourrice, coud; et BABET file à un rouet; UNE SERVANTE prend des mesures avec une aune; une autre balaie.

L'INTENDANT, *écrivant.*

Quatorze mille écus... ce compte perce l'ame...
Ma foi, je ne sais plus comment fera madame
Pour recevoir le roi, qui vient dans ce château.

LE COURRIER.

Faut-il attendre?

L'INTENDANT.

Eh! oui.

BABET.

Que ce jour sera beau,
Madame Aubonne! ici nous le verrons paraître,
Ici, dans ce château, ce grand roi, ce bon maître!

Mme AUBONNE, *cousant.*

Il est vrai.

BABET.

Mais cela devrait vous dérider.
Je ne vous vis jamais que pleurer ou bouder.
Quand tout le monde rit, court, saute, danse, chante,
Notre bonne est toujours dans sa mine dolente.

MME AUBONNE.

Quand on porte lunette, on rit peu, mes enfans.
Ris tant que tu pourras; chaque chose a son temps.

LE COURRIER, *à l'intendant.*

Expédiez-moi donc.

L'INTENDANT.

La fête sera chère...
Mais pour ce prince auguste on ne saurait trop faire.

LE COURRIER.

Faites donc vite.

MME AUBONNE.

Hélas! j'espère d'aujourd'hui
Que Charlot, mon enfant, pourra servir sous lui.

L'INTENDANT.

Le bon prince!

LE COURRIER.

Allons donc.

L'INTENDANT.

La dernière campagne...
Il assiégeait, vous dis-je... une ville en Champagne...

LE COURRIER.

Dépêchez.

L'INTENDANT.

Il était, comme chacun le dit,
Le premier à cheval et le dernier au lit.

ACTE I, SCÈNE I.

LE COURRIER.

Quel bavard!

L'INTENDANT.

On avait, sous peine de la vie,
Défendu qu'on portât à la ville investie
Provision de bouche.

LE COURRIER.

Aura-t-il bientôt fait?

L'INTENDANT.

Trois jeunes paysans, par un chemin secret
En ayant apporté, s'étaient laissé surprendre:
Leur procès était fait, et l'on allait les pendre.

(Madame Aubonne et Babet s'approchent pour entendre ce conte;
deux domestiques qui portaient des meubles les mettent par
terre, et tendent le cou; une servante qui balayait s'approche,
et écoute en s'appuyant le menton sur le manche du balai.)

Mme AUBONNE, *se levant.*

Les pauvres gens!

BABET.

Eh bien?

LE COURRIER.

Achevez donc.

L'INTENDANT, *écrivant.*

Le roi...
Quatorze mille écus en six mois...

LE COURRIER.

Sur ma foi,
Je n'y puis plus tenir.

L'INTENDANT, *écrivant.*

Je m'y perds quand j'y pense...
Le roi les rencontra... Son auguste clémence...

BABET.

Leur fit grace sans doute?
(Ici tout le monde fait un cercle autour de l'intendant.)

L'INTENDANT.

Hélas! il fit bien plus;
Il leur distribua ce qu'il avait d'écus.
« Le Béarnais, dit-il, est mal en équipage,
« Et s'il en avait plus, vous auriez davantage. »

TOUS ENSEMBLE.

Le bon roi! le grand roi!

L'INTENDANT.

Ce n'est pas tout; le pain
Manquait dans cette ville, on y mourait de faim;
Il la nourrit lui-même en l'assiégeant encore.
(Il tire son mouchoir et s'essuie les yeux.)

LE COURRIER.

Vous me faites pleurer.

Mme AUBONNE.

Je l'aime!

BABET.

Je l'adore!

L'INTENDANT.

Je me souviens aussi qu'en un jour solennel
Un grave ambassadeur, je ne sais plus lequel,
Vit sa jeune noblesse admise à l'audience,
L'entourer, le presser sans trop de bienséance.
« Pardonnez, dit le roi, ne vous étonnez pas;
« Ils me pressent de même au milieu des combats. »

LE COURRIER.

Ça donne du désir d'entrer à son service.

ACTE I, SCÈNE I.

BABET.

Oui, ça m'en donne aussi.

L'INTENDANT.

Qu'en dites-vous, nourrice?

Mme AUBONNE, *se remettant à l'ouvrage.*

Ah! j'ai bien d'autres soins.

L'INTENDANT.

Je prétends aujourd'hui
Vous faire, en l'attendant, trente contes de lui.
Un soir, près d'un couvent...

LE COURRIER.

Mais donnez donc la lettre.

L'INTENDANT.

C'est bien dit... la voilà... tu pourras la remettre
Au premier des fourriers que tu rencontreras :
Tu partiras en hâte, en hâte reviendras.
Madame de Givry veut savoir à quelle heure
Il doit de sa présence honorer sa demeure...
Quatorze mille écus! et cela clair et net...
On en doit la moitié... Va vite.

LE COURRIER.

Adieu, Babet.

(Il sort.)

BABET, *reprenant son rouet.*

La nourrice toujours dans son chagrin persiste,
Faites-lui quelque conte.

L'INTENDANT.

On voit ce qui l'attriste.
Notre jeune marquis que la bonne a nourri,
Est un grand garnement, et j'en suis bien marri.

Mme AUBONNE.

Je le suis plus que vous.

L'INTENDANT.

Votre fils, au contraire,
Respectueux, poli, cherche toujours à plaire.

BABET.

Charlot est, je l'avoue, un fort joli garçon.

Mme AUBONNE.

Notre marquis pourra se corriger.

L'INTENDANT.

Oh, non;
Il n'a point d'amitié; le mal est sans remède.

Mme AUBONNE, *cousant.*

A l'éducation tout tempérament cède.

L'INTENDANT, *écrivant.*

Les vices de l'esprit peuvent se corriger;
Quand le cœur est mauvais, rien ne peut le changer.

SCÈNE II.

LES PRÉCÉDENS; GUILLOT, *accourant.*

GUILLOT.

Ah, le méchant marquis! comme il est malhonnête!

Mme AUBONNE.

Eh bien! de quoi viens-tu nous étourdir la tête?

GUILLOT.

De deux larges soufflets dont il m'a fait présent:
C'est le seul qu'il m'ait fait, du moins jusqu'à présent.
Passe encor pour un seul; mais deux!

ACTE I, SCÈNE II.

BABET.
                    Bon, c'est de joie
Qu'il t'aura souffleté; tout le monde est en proie
A des transports si grands, en attendant le roi,
Qu'on ne sait où l'on frappe.

MME AUBONNE.
                    Allons, console-toi.

L'INTENDANT, *écrivant.*
La chose est mal pourtant... Madame la comtesse
N'entend pas que l'on fasse une telle caresse
A ses gens; et Guillot est le fils d'un fermier,
Homme de bien.

GUILLOT.
        Sans doute.

L'INTENDANT.
                    Et fort lent à payer.

GUILLOT.
Ça peut être.

L'INTENDANT.
    Guillot est d'un bon caractère.

GUILLOT.
Oui.

L'INTENDANT.
C'est un innocent.

GUILLOT.
        Pas tant.

BABET.
                Qu'as-tu pu faire
Pour acquérir ainsi deux soufflets du marquis?

GUILLOT.

Il est jaloux, il t'aime.

BABET.

Est-il bien vrai... Tu dis
Que je plais à monsieur?

GUILLOT.

Oh! tu ne lui plais guère;
Mais il t'aime en passant, quand il n'a rien à faire.
Je dois, comme tu sais, épouser tes attraits;
Et, pour présent de noce, il donne des soufflets.

BABET.

Monsieur m'aimerait donc?

M{ME} AUBONNE.

Quelle sotte folie!
Le marquis est promis à la belle Julie,
Cousine de madame, et qui dans la maison
Est un modèle heureux de beauté, de raison,
Que j'élevai long-temps, que je formai moi-même :
C'est pour lui qu'on la garde, et c'est elle qu'il aime.

GUILLOT.

Oh, bien, il en veut donc avoir deux à la fois?
Ces jeunes grands seigneurs ont de terribles droits;
Tout doit être pour eux, femmes de cour, de ville,
Et de village encore : ils en ont une file;
Ils vous écrèment tout, et jamais n'aiment rien.
Qu'ils me laissent Babet; parbleu, chacun le sien.

BABET.

Tu m'aimes donc vraiment?

GUILLOT.

Oui, de tout mon courage;

Je t'aime tant, vois-tu, que quand sur mon passage
Je vois passer Charlot, ce garçon si bien fait,
Quand je vois ce Charlot regardé par Babet,
Je rendrais, si j'osais, à son joli visage
Les deux pesans soufflets que j'ai reçus en gage.

MME AUBONNE.

Des soufflets à mon fils !

GUILLOT.

Eh... j'entends si j'osais...
Mais Charlot m'en impose, et je n'ose jamais.

L'INTENDANT, *se levant.*

Jamais je ne pourrai suffire à la dépense.
Ah ! tous les grands seigneurs se ruinent en France ;
Il faut couper des bois, emprunter chèrement,
Et l'on s'en prend toujours à monsieur l'intendant...
Çà, je vous disais donc qu'auprès d'une abbaye
Une vieille baronne et sa fille jolie,
Apercevant le roi qui venait tout courant...
Le duc de Bellegarde était son confident :
C'est un brave seigneur, et que partout on vante ;
Madame la comtesse est sa proche parente :
De notre belle fête il sera l'ornement.

SCÈNE III.

LES PRÉCÉDENS; LE MARQUIS.

(Tous se lèvent.)

LE MARQUIS.

Mon vieux feseur de conte, il me faut de l'argent.
Bonjour, belle Babet; bonjour, ma vieille bonne...
(à Guillot.)
Ah! te voilà, maraud; si jamais ta personne
S'approche de Babet, et surtout moi présent,
Pour te mieux corriger je t'assomme à l'instant.

GUILLOT.

Quel diable de marquis!

LE MARQUIS.

   Va, détale.

BABET.

       Eh! de grace,
Un peu moins de colère, un peu moins de menace.
Que vous a fait Guillot?

Mme AUBONNE.

    Tant de brutalité
Sied horriblement mal aux gens de qualité.
Je vous l'ai dit cent fois; mais vous n'en tenez compte.
Vous me faites mourir de douleur et de honte.

LE MARQUIS.

Allez, vous radotez... Monsieur Rente, à l'instant
Qu'on me fasse donner six cents écus comptant.

L'INTENDANT.

Je n'en ai point, monsieur.

ACTE I, SCÈNE III.

LE MARQUIS.

       Ayez-en, je vous prie.
Il m'en faut pour mes chiens et pour mon écurie,
Pour mes chevaux de chasse et pour d'autres plaisirs.
J'ai très peu d'écus d'or, et beaucoup de désirs.
Monsieur mon trésorier, déboursez, le temps presse.

L'INTENDANT.

A peine émancipé, vous épuisez ma caisse.
Quel temps prenez-vous là? quoi! dans le même jour
Où le roi vient chez vous avec toute sa cour!
Songez-vous bien aux frais où tout nous précipite?

LE MARQUIS.

Je me passerais fort d'une telle visite.
Mon petit précepteur, que l'on vient d'éloigner,
M'avait dit que ma mère allait me ruiner;
Je vois qu'il a raison.

Mme AUBONNE.

     Fi! quel discours infame!
Soyez plus généreux, respectez plus madame.
Je ne m'attendais pas, quand je vous allaitai,
Que vous auriez un cœur si plein de dureté.

LE MARQUIS.

Vous m'ennuyez.

  Mme AUBONNE, *pleurant.*

  L'ingrat!

  GUILLOT, *dans un coin.*

       Il a l'ame bien dure,
Les mains aussi.

BABET.

  Toujours il nous fait quelque injure.

Vous n'aimez pas le roi ! vous, méchant !
LE MARQUIS.
Eh ! si fait.
BABET.
Non, vous ne l'aimez pas.
LE MARQUIS.
Si, te dis-je, Babet.
Je l'aime... comme il m'aime... assez peu, c'est l'usage.
Mais je t'aime bien plus.
L'INTENDANT, *écrivant*.
Et l'argent davantage.
LE MARQUIS.
(à Guillot, qui est dans un coin.)
Donnez-m'en donc bien vite... Ah, ah ! je t'aperçois ;
Attends-moi, malheureux !

SCÈNE IV.

LES PRÉCÉDENS ; LA COMTESSE.

LA COMTESSE.
Eh ! qu'est-ce que je vois ?
Je le cherche partout : que ses mœurs sont rustiques !
Je le trouve toujours parmi des domestiques.
Il se plaît avec eux ; il m'abandonne.
Mme AUBONNE.
Hélas !
Nous l'envoyons à vous, mais il n'écoute pas.
Il me traite bien mal.
LA COMTESSE.
Consolez-vous, nourrice ;

ACTE I, SCÈNE IV.

Mon cœur en tous les temps vous a rendu justice,
Et mon fils vous la doit : on pourra l'attendrir.

Mme AUBONNE.

Ah ! vous ne savez pas ce qu'il me fait souffrir.

LA COMTESSE.

Je sais qu'en son berceau, dans une maladie,
Étant cru mort long-temps, vous sauvâtes sa vie :
Il en doit à jamais garder le souvenir.
S'il ne vous aimait pas, qui pourrait-il chérir ?
Laissez-moi lui parler.

Mme AUBONNE.

Dieu veuille que madame
Par ses soins maternels amollisse son ame !

LE MARQUIS.

Que de contrainte !

LA COMTESSE, *à l'intendant.*

Et vous, tout est-il préparé ?
Vous savez de vos soins combien je vous sais gré.

L'INTENDANT.

Madame, tout est prêt, mais la dépense est forte ;
Cela pourra monter tout au moins... à...

LA COMTESSE.

Qu'importe ?
Le cœur ne compte point, et rien ne doit coûter
Lorsque le grand Henri daigne nous visiter.

(à ses gens.)

Laissez-moi, je vous prie.

(Ils sortent.)

SCÈNE V.

LA COMTESSE, LE MARQUIS.

LA COMTESSE.

Il est temps qu'une mère,
Que vous écoutez peu, mais qui ne doit rien taire,
Dans l'âge où vous entrez, sans plainte et sans rigueur,
Parle à votre raison et sonde votre cœur.
Je veux bien oublier que depuis votre enfance
Vous avez repoussé ma tendre complaisance;
Que vos maîtres divers et votre précepteur,
Par leurs soins vigilans révoltant votre humeur,
Vous présentant à tout, n'ont pu rien vous apprendre:
Tandis qu'à leurs leçons empressé de se rendre
Le fils de la nourrice à qui vous insultiez
Apprenait aisément ce que vous négligiez;
Et que Charlot, toujours prompt à me satisfaire,
Fesait assidûment ce que vous deviez faire.

LE MARQUIS.

Vous l'oubliez, madame, et m'en parlez souvent.
Charlot est, je l'avoue, un héros fort savant.
Je consens pleinement que Charlot étudie,
Que Guillot aille aussi dans quelque académie;
La doctrine est pour eux, et non pour ma maison.
Je hais fort le latin; il déroge à mon nom;
Et l'on a vu souvent, quoi qu'on en puisse dire,
De très bons officiers qui ne savaient pas lire.

LA COMTESSE.

S'ils l'avaient su, mon fils, ils en seraient meilleurs.

J'en ai connu beaucoup qui, polissant leurs mœurs,
Des beaux arts avec fruit ont fait un noble usage.
Un esprit cultivé ne nuit point au courage.
Je suis loin d'exiger qu'aux lois de son devoir
Un officier ajoute un triste et vain savoir;
Mais sachez que ce roi, qu'on admire et qu'on aime,
A l'esprit très orné.

LE MARQUIS.

Je ne suis pas de même.

LA COMTESSE.

Songez à le servir à la guerre, à la cour.

LE MARQUIS.

Oui, j'y songe.

LA COMTESSE.

Il faudra que, dans cet heureux jour,
De sa royale main sa bonté ratifie
Le contrat qui vous doit engager à Julie.
Elle est votre parente, et doit plaire à vos yeux,
Aimable, jeune, riche.

LE MARQUIS.

Elle est riche? tant mieux;
Marions-nous bientôt.

LA COMTESSE.

Se peut-il à votre âge
Que du seul intérêt vous parliez le langage?

LE MARQUIS.

Oh! j'aime aussi Julie; elle a bien des appas;
Elle me plaît beaucoup; mais je ne lui plais pas.

LA COMTESSE.

Ah, mon fils! apprenez du moins à vous connaître.

Vos discours, votre ton, la révoltent peut-être.
On ne réussit point sans un peu d'art flatteur :
Et la grossièreté ne gagne point un cœur.

LE MARQUIS.

Je suis fort naturel.

LA COMTESSE.

    Oui, mais soyez aimable.
Cette pure nature est fort insupportable.
Vos pareils sont polis : pourquoi? c'est qu'ils ont eu
Cette éducation qui tient lieu de vertu;
Leur ame en est empreinte; et si cet avantage
N'est pas la vertu même, il est sa noble image.
Il faut plaire à sa femme, il faut plaire à son roi,
S'oublier prudemment, n'être point tout à soi, [livre.
Dompter cette humeur brusque où le penchant vous
Pour vivre heureux, mon fils, que faut-il? savoir vivre.

LE MARQUIS.

Pour le roi, nous verrons comme je m'y prendrai :
Julie est autre chose, elle est fort à mon gré;
Mais je ne puis souffrir, s'il faut que je le dise,
Que le savant Charlot la suive et la courtise :
Il lui fait des chansons.

LA COMTESSE.

    Vous vous moquez de nous :
Votre frère de lait vous rendrait-il jaloux?

LE MARQUIS.

Oui; je ne cache point que je suis en colère
Contre tous ces gens-là qui cherchent tant à plaire.
Je n'aime point Charlot; on l'aime trop ici.

ACTE I, SCÈNE VI.

LA COMTESSE.

Auriez-vous bien le cœur à ce point endurci?
Cela ne se peut pas. Ce jeune homme estimable
Peut-il par son mérite être envers vous coupable?
Je dois tout à sa mère; oui, je lui dois mon fils:
Aimez un peu le sien. Du même lait nourris,
L'un doit protéger l'autre : ayez de l'indulgence,
Ayez de l'amitié, de la reconnaissance;
Si vous étiez ingrat, que pourrais-je espérer?
Pour ne vous point haïr il faudrait expirer.

LE MARQUIS.

Ah! vous m'attendrissez; madame, je vous jure
De respecter toujours mon devoir, la nature,
Vos sentimens.

LA COMTESSE.

Mon fils, j'aurais voulu de vous,
Avec tant de respects, un mot encor plus doux.

LE MARQUIS.

Oui, le respect s'unit à l'amour qui me touche.

LA COMTESSE.

Dites-le donc du cœur, ainsi que de la bouche.

SCÈNE VI.

LA COMTESSE, LE MARQUIS, CHARLOT.

LA COMTESSE.

Venez, mon bon Charlot. Le marquis m'a promis
Qu'il serait désormais de vos meilleurs amis.

LE MARQUIS, *se détournant.*

Je n'ai point promis ça.

LA COMTESSE.

    Ce grand jour d'allégresse
Ne pourra plus laisser de place à la tristesse.
Où donc est votre mère ?

CHARLOT.

     Elle pleure toujours ;
Et j'implore pour moi votre puissant secours,
Votre protection, vos bontés toujours chères,
Et ce cœur digne en tout de ses augustes pères.
Madame, vous savez qu'à monsieur votre fils,
Sans me plaindre un moment, je fus toujours soumis.
Vivre à vos pieds, madame, est ma plus forte envie.
Le héros des Français, l'appui de sa patrie,
Le roi des cœurs bien nés, le roi qui des ligueurs
A par tant de vertus confondu les fureurs,
Il vient chez vous, il vient dans vos belles retraites ;
Et ce n'est que pour lui que des lieux où vous êtes
Mon ame en gémissant se pourrait arracher.
La fortune n'est pas ce que je veux chercher.
Pardonnez mon audace, excusez mon jeune âge.
On m'a si fort vanté sa bonté, son courage,
Que mon cœur tout de feu porte envie aujourd'hui
A ces heureux Français qui combattent sous lui.
Je ne veux point agir en soldat mercenaire ;
Je veux auprès du roi servir en volontaire,
Hasarder tout mon sang, sûr que je trouverai
Auprès de vous, madame, un asile assuré.
Daignez-vous approuver le parti que j'embrasse ?

LA COMTESSE.

Va, j'en ferais autant, si j'étais à ta place.

ACTE I, SCÈNE VI.

Mon fils, sans doute, aura pour servir sous sa loi
Autant d'empressement et de zèle que toi.

LE MARQUIS.

Eh, mon Dieu, oui! Faut-il toujours qu'on me compare
A notre ami Charlot? l'accolade est bizarre!

LA COMTESSE.

Aimez-le, mon cher fils; que tout soit oublié.
Çà, donnez-lui la main pour marque d'amitié.

LE MARQUIS.

Eh bien, la voilà... mais...

LA COMTESSE.

                Point de mais.

CHARLOT *prend la main du marquis et la baise.*

                           Je révère,
J'ose chérir en vous madame votre mère.
Jamais de mon devoir je n'ai trahi la voix;
Je vous rendrai toujours tout ce que je vous dois.

LE MARQUIS.

Va... je suis très content.

LA COMTESSE.

                Son bon cœur se déclare;
Le mien s'épanouit... Quel bruit! quel tintamarre!

SCÈNE VII.

Les précédens; plusieurs domestiques en livrée et d'autres gens entrent en foule; GUILLOT, BABET, sont des premiers; JULIE, Mme AUBONNE, dans le fond : elles arrivent plus lentement; LA COMTESSE est sur le devant du théâtre avec LE MARQUIS et CHARLOT.

GUILLOT, *accourant.*

Le roi vient.

PLUSIEURS DOMESTIQUES.

C'est le roi!

GUILLOT.

C'est le roi, c'est le roi!

BABET.

C'est le roi! je l'ai vu tout comme je vous voi.
Il était encor loin; mais qu'il a bonne mine!

GUILLOT.

Donne-t-il des soufflets?

LA COMTESSE.

A peine j'imagine
Qu'il arrive sitôt; c'est ce soir qu'on l'attend :
Mais sa bonté prévient ce bienheureux instant.
Allons tous.

JULIE.

Je vous suis... je rougis; ma toilette
M'a trop long-temps tenue, et n'est pas encor faite.
Est-ce bien déja lui?

GUILLOT.

Ne le voyez-vous pas
Qui vers la basse-cour avance avec fracas?

BABET.

Il est très beau... C'est lui. Les filles du village
Trottent toutes en foule, et sont sur son passage.
J'y vais aussi, j'y vole.

LA COMTESSE.

Oh! je n'entends plus rien.

JULIE.

Ce n'est pas lui.

BABET, *allant et venant.*

C'est lui.

GUILLOT.

Je m'y connais fort bien.
Tout le monde m'a dit, *c'est lui;* la chose est claire.

L'INTENDANT, *arrivant à pas comptés.*

Ils se sont tous trompés selon leur ordinaire.
Madame, un postillon que j'avais fait partir
Pour s'informer au juste, et pour vous avertir,
Vous ramenait en hâte une troupe altérée,
Moitié déguenillée, et moitié surdorée,
D'excellens pâtissiers, d'acteurs italiens,
Et des danseurs de corde, et des musiciens,
Des flûtes, des hautbois, des cors, et des trompettes,
Des feseurs d'acrostiche, et des marionnettes.
Tout le monde a crié *le roi* sur les chemins;
On le crie au village et chez tous les voisins;
Dans votre basse-cour on s'obstine à le croire :
Et voilà justement comme on écrit l'histoire.

GUILLOT.

Nous voilà tous bien sots!

LA COMTESSE.

Mais quand vient-il?

L'INTENDANT.

Ce soir.

LA COMTESSE.

Nous aurons tout le temps de le bien recevoir.
Mon fils, donnez la main à la belle Julie.
Bonsoir, Charlot.

LE MARQUIS.

Mon Dieu, que ce Charlot m'ennuie!
(Ils sortent : la comtesse reste avec la nourrice.)

LA COMTESSE.

Viens, ma chère nourrice, et ne soupire plus.
A bien placer ton fils mes vœux sont résolus :
Il servira le roi; je ferai sa fortune :
Je veux que cette joie à nous deux soit commune.
Je voudrais contenter tout ce qui m'appartient,
Vous rendre tous heureux; c'est là ce qui soutient,
C'est là ce qui console et qui charme la vie.

MME AUBONNE.

Vous me rendez confuse, et mon ame attendrie
Devrait mériter mieux vos extrêmes bontés.

LA COMTESSE.

Qui donc en est plus digne?

MME AUBONNE, *tristement*.

Ah!

LA COMTESSE.

Nos félicités
S'altèrent du chagrin que tu montres sans cesse.

ACTE I, SCÈNE VII.

Mme AUBONNE.

Ce beau jour, il est vrai, doit bannir la tristesse.

LA COMTESSE.

Va, fais danser nos gens avec les violons.
Ton fils nous aidera.

Mme AUBONNE.

Mon fils... Madame... allons.

FIN DU PREMIER ACTE.

ACTE SECOND.

SCÈNE I.

JULIE, Mme AUBONNE, CHARLOT.

JULIE.

Enfin je le verrai, ce charmant Henri Quatre,
Ce roi brave et clément qui sait plaire et combattre,
Qui conquit à la fois son royaume et nos cœurs,
Pour qui Mars et l'Amour n'ont point eu de rigueurs,
Et qui sait triompher, si j'en crois les nouvelles,
Des ligueurs, des Romains, des héros et des belles.

CHARLOT, *dans un coin.*

Elle aime ce grand homme; elle est tout comme moi.

JULIE.

Lisette à me parer a réussi, je croi.
Comment me trouvez-vous?

Mme AUBONNE.

Très belle et très bien mise.
Vous seriez peu fâchée, excusez ma franchise,
D'essayer tant d'appas, et d'arrêter les yeux
D'un héros couronné, partout victorieux.

JULIE.

Oui, ses yeux seulement... il a le cœur fort tendre;
On me l'a dit du moins... je n'y veux point prétendre;
Je ne veux avoir l'air ni prude ni coquet...
Hé, mon Dieu! j'aperçois qu'il me manque un bouquet.

ACTE II, SCÈNE I.

CHARLOT.

Un bouquet! allons vite.

(Il sort.)

Mme AUBONNE.

Eh bien, belle Julie,
Ce grand prince ici même aujourd'hui vous marie;
Il signera du moins le contrat projeté,
Qui sera par madame avec vous présenté.
Vous semblez n'y penser qu'avec indifférence,
Et je crois entrevoir un peu de répugnance.

JULIE.

Hélas! comment veut-on que mon cœur soit touché;
Qu'il se donne à celui qui ne l'a point cherché?
Par la digne comtesse en ces murs élevée,
Conduite par vos soins, à son fils réservée,
Je n'ai jamais dans lui trouvé jusqu'à ce jour
Le moindre sentiment qui ressemble à l'amour;
Il n'a jamais montré ces douces complaisances
Qui d'un peu de tendresse auraient les apparences.
Il est sombre, il est dur, il me doit alarmer;
Il ose être jaloux, et ne sait point aimer.
J'aime avec passion sa vertueuse mère:
Le fils me fait trembler; quel triste caractère!
Ses airs, et son ton brusque, et sa grossièreté,
Affligent vivement ma sensibilité.
D'un noir pressentiment je ne puis me défendre.
La nature me fit une ame honnête et tendre.
J'aurais voulu chérir mon mari.

Mme AUBONNE.

Parlez net;

Développez un cœur qui se cache à regret.
Le marquis est haï.

JULIE.

Tout autant qu'haïssable :
C'est une aversion qui n'est pas surmontable.
A sa mère, après tout, je ne puis l'avouer.
De quinze ans de bontés je dois trop me louer :
Je percerais son cœur d'une atteinte cruelle ;
Je ne puis la tromper, ni m'ouvrir avec elle.
Voilà mes sentimens, mes chagrins et mes vœux.

Mme AUBONNE.

Ce mariage-là fera des malheureux.
Ah! comment nous tirer du fond du précipice?

JULIE.

Et moi, que devenir, comment faire, nourrice?
Tu ne me réponds point, tu rêves tristement,
Ma chère Aubonne!

Mme AUBONNE.

Hélas!

JULIE.

Pourrais-tu prudemment
Engager la comtesse à différer la chose?
Tu sais la gouverner; ton avis en impose;
Par tes discours flatteurs tu pourrais l'amener
A me laisser le temps de me déterminer...
Mais réponds donc.

Mme AUBONNE.

Hélas... oui, ma belle Julie...
(en pleurant)
Votre demande est juste... elle sera remplie.

SCÈNE II.

JULIE, Mme AUBONNE, CHARLOT.

CHARLOT.
Madame, j'ai trouvé chez vous votre bouquet.
JULIE.
Ce n'est point là le mien; le vôtre est bien mieux fait
Mieux choisi, plus brillant... Que votre fils, ma bonne,
Est galant et poli... Tous les jours il m'étonne.
Est-il vrai qu'il nous quitte?
Mme AUBONNE.
Il veut servir le roi.
JULIE.
Nous le regretterons.
CHARLOT.
Je fais ce que je doi[a].
Oui, mon père est soldat du plus grand des monarques :
Il fut blessé, madame, à la bataille d'Arques.
Je voudrais sur ses pas bientôt l'être à mon tour.
Pour ce généreux roi mon cœur est plein d'amour;
Oui, je voudrais servir Henri Quatre et madame.
JULIE, *à madame Aubonne.*
La bonne, vous pleurez!
Mme AUBONNE.
J'en ai sujet : mon ame
Se rappelle sans cesse un fatal souvenir.
JULIE.
Quoi! pouvez-vous sans joie et sans vous attendrir

Voir un fils si bien né, si rempli de courage,
Au dessus de son rang, au dessus de son âge?

MME AUBONNE.

Il paraît en effet digne de vos bontés;
Il mérite surtout les pleurs qu'il m'a coûtés.

JULIE.

Votre amour est bien juste, il est touchant, ma bonne;
Mais, il faut l'avouer, votre douleur m'étonne.
Quel est votre chagrin... Çà, dites-moi, Charlot...
Non... monsieur... mon ami... Ma mère... que ce mot...
De Charlot... convient mal... à toute sa personne!

MME AUBONNE.

Oh! les mots n'y font rien... mais vous êtes trop bonne.

JULIE.

Charlot... Ma bonne!

MME AUBONNE.

Eh quoi?

JULIE.

D'où vient que votre fils
Est différent en tout de monsieur le marquis?
L'art n'a rien pu sur l'un; dans l'autre la nature
Semble avoir répandu tous ses dons sans mesure.

MME AUBONNE.

Vous le flattez beaucoup.

JULIE.

Le roi vient aujourd'hui;
Je dois avoir l'honneur de danser avec lui...
Je voudrais répéter... Vous dansez comme un ange.

CHARLOT.

Je ne mérite pas...

ACTE II, SCÈNE II.

JULIE.

Cela n'est point étrange :
Vous avez réussi dans les jeux, dans les arts
Qui de nos courtisans attirent les regards,
Les armes, le dessin, la danse, la musique,
Enfin dans toute étude où votre esprit s'applique ;
Et c'est pour votre mère un plaisir bien parfait...
Je cherche à m'affermir dans le pas du menuet...
Et je danserai mieux vous ayant pour modèle.

CHARLOT.

Ah! vous seule en servez... mais le respect, le zèle,
Me forcent d'obéir. Il faut un violon,
Je cours en chercher un, s'il vous plaît.

JULIE.

Mon Dieu! non...
Vous chantez à merveille; et votre voix, je pense,
Bien mieux qu'un violon marquera la cadence :
Asseyez-vous, ma mère, et voyez votre fils.

Mme AUBONNE.

De tout ce que je vois mon cœur n'est point surpris.

(Elle s'assied; ils dansent, et Charlot chante.)

>Elle donne des lois
> Aux bergers, aux rois,
>   A son choix ;
>Elle donne des lois
> Aux bergers, aux rois.
>Qui pourrait l'approcher
>   Sans chercher
>   Le danger ?
>On meurt à ses yeux sans espoir ;
>On meurt de ne les plus voir.
> Elle donne des lois
>   Aux bergers, aux rois.

JULIE, *après avoir dansé un seul couplet.*
Vous êtes donc l'auteur de la chanson ?

CHARLOT.

Madame,
C'est un faible portrait d'une timide flamme.
Les vers étaient à l'air assez mal ajustés.
Par votre goût sans doute ils seront rejetés.

JULIE.

Ils n'offensent personne... Ils ne peuvent déplaire ;
Ils ne peuvent surtout exciter ma colère :
Ils ne sont pas pour moi.

CHARLOT.

Pour vous... je n'oserais
Perdre ainsi le respect, profaner vos attraits !

JULIE.

Une seconde fois je puis donc les entendre...
Achevons la leçon que de vous je veux prendre.

Mme AUBONNE.

Ils me font tous les deux un extrême plaisir.
Je voudrais que madame en pût aussi jouir.

JULIE *recommence à danser avec Charlot, qui répète l'air.*

Elle donne des lois
Aux bergers, aux rois, etc.

Majeur.

Vous seule ornez ces lieux.
Des rois et des dieux
Le maître est dans vos yeux.
Ah ! si de votre cœur
Il était vainqueur,
Quel bonheur !

Tout parle en ce beau jour
D'amour.
Un roi brave et galant,
Charmant,
Partage avec vous
L'heureux pouvoir de régner sur nous.
Elle donne des lois, etc.
On meurt à ses yeux sans espoir;
On meurt de ne les plus voir.

SCÈNE III.

JULIE, CHARLOT; LE MARQUIS *entre et les voit danser, pendant que* Mme **AUBONNE** *est assise et s'occupe à coudre.*

LE MARQUIS.
Meurt de ne les plus voir... Notre belle héritière,
Avec monsieur Charlot vous êtes familière.
Vous dansez aux chansons dans un coin du logis !

CHARLOT.
Pourquoi non ?

JULIE.
        Mais je crois qu'il m'est assez permis
De prendre quand je veux, devant madame Aubonne,
Pour danser un menuet, la leçon qu'il me donne.

LE MARQUIS.
Il donne des leçons ! vraiment il en a l'air.
Profitez-vous beaucoup ? et les payez-vous cher ?

JULIE.
J'en dois avoir, monsieur, de la reconnaissance.
Si vous êtes fâché de cette préférence,
Si mon petit menuet vous donne quelque ennui,

Que n'avez-vous appris... à danser comme lui?
LE MARQUIS.
Ouais!
CHARLOT.
Modérez, monsieur, votre injuste colère.
Vous aviez assuré votre adorable mère
Que d'un peu d'amitié vous vouliez m'honorer :
Mon cœur le méritait, il l'osait espérer.
(en montrant Julie.)
Ce noble et digne objet, respectable à vous-même,
M'a chargé dans ces lieux de son ordre suprême;
Ses ordres sont sacrés, chacun doit les remplir :
En la servant, monsieur, j'ai cru vous obéir.
MME AUBONNE.
C'est très bien riposté; Charlot doit le confondre
LE MARQUIS.
Quand ce drôle a parlé, je ne sais que répondre.
Écoute, mon garçon, je te défends... à toi
(Charlot le regarde fixement.)
De montrer, quand j'y suis, de l'esprit plus que moi.
MME AUBONNE.
Quelle idée!
JULIE.
Eh! comment faudra-t-il donc qu'il fasse?
LE MARQUIS.
Il m'offusque toujours. Tant d'insolence lasse.
Je ne le puis souffrir près de vous... En un mot,
Je n'aime point du tout qu'on danse avec Charlot.
JULIE.
Ma bonne, à quel mari je me verrais livrée!

ACTE II, SCENE III.

Allez, votre colère est trop prématurée.
Je n'ai point de reproche à recevoir de vous,
Et je n'aurai jamais un tyran pour époux.

MME AUBONNE.

Eh bien! vous méritez une telle algarade.
Vous vous faites haïr... Monsieur, prenez-y garde*;
Vous n'êtes ni poli, ni bon, ni circonspect:
Vous deviez à Julie un peu plus de respect,
Plus d'égards à Charlot, à moi plus de tendresse;
Mais...

LE MARQUIS.

Quoi! toujours Charlot! que tout cela me blesse!
Sortez, et devant moi ne paraissez jamais.

JULIE.

Mais, monsieur...

LE MARQUIS, *menaçant Charlot.*

Si...

CHARLOT.

Quoi! Si?

MME AUBONNE, *se mettant entre deux.*

Mes enfans, paix! paix! paix!
Eh mon Dieu! je crains tout.

LE MARQUIS.

Sors d'ici tout à l'heure,
Je te l'ordonne.

---

* On trouve dans l'édition de Voltaire donnée par Palissot une correction assez heureuse qui rectifie cette mauvaise rime échappée à M. de Voltaire. La voici:

Monsieur, vous méritez une telle algarade.
Vous vous faites haïr, et ce ton vous dégrade.

THÉATRE. T. VI

JULIE.

Et moi, j'ordonne qu'il demeure.

CHARLOT.

A tous les deux, monsieur, je sais ce que je doi;
(en regardant Julie)
Mais enfin j'ai fait vœu de suivre en tout sa loi.

LE MARQUIS.

Ah! c'en est trop, faquin.

CHARLOT.

C'en est trop, je l'avoue;
Et sur votre alphabet je doute qu'on vous loue.
Il paraît que le lait dont vous fûtes nourri
Dans votre noble sang s'est un peu trop aigri.
De vos expressions j'ai l'ame assez frappée.
A mon côté, monsieur, si j'avais une épée,
Je crois que vous seriez assez sage, assez grand
Pour m'épargner peut-être un si doux compliment.

LE MARQUIS.

Quoi! misérable...

JULIE.

Encore!

Mme AUBONNE.

Allez, mon fils, de grace,
Ne l'effarouchez point, et quittez-lui la place :
Tout ira bien; cédez, quoique très offensé.

CHARLOT.

Ma mère... j'obéis... mais j'ai le cœur percé.

(Il sort.)

Mme AUBONNE.

Ah! c'en est fait, mon sang se glace dans mes veines.

JULIE.
Mon sang, ma chère amie, est bouillant dans les miennes.
LE MARQUIS.
Dans ce nouveau combat du froid avec le chaud,
Me retirer en hâte est, je crois, ce qu'il faut;
Je n'aurais pas beau jeu : c'est une étrange affaire
De combattre à la fois deux femmes en colère.

SCÈNE IV.

JULIE, Mme AUBONNE.

Mme AUBONNE.
Non, vous n'aurez jamais ce brutal de marquis :
Qu'ai-je fait! non, ces nœuds sont trop mal assortis.
JULIE.
Quoi! tu me serviras?
Mme AUBONNE.
Je réponds que sa mère
Brisera ce lien qui doit trop vous déplaire...
M'y voilà résolue.
JULIE.
Ah! que je te devrai!
Mme AUBONNE.
O fortune! ô destin! que tout change à ton gré!
Du public cependant respectons l'allégresse :
Trop de monde à présent entoure la comtesse;
Comment parler? comment, par un trouble cruel,
Contrister les plaisirs d'un jour si solennel?
JULIE.
Je le sais, et je crains que mon refus la blesse :

Pour ce fils que je hais je connais sa tendresse.
MME AUBONNE.
D'un coup trop imprévu n'allons point l'accabler...
Je n'ai jamais rien fait que pour la consoler.
JULIE.
La nature, il est vrai, parle beaucoup en elle.
MME AUBONNE.
Elle peut s'aveugler.
JULIE.
Je compte sur ton zèle,
Sur tes conseils prudens, sur ta tendre amitié.
De ce joug odieux tire-moi par pitié.
MME AUBONNE.
Hélas! tout dès long-temps trompa mes espérances.
JULIE.
Tu gémis.
MME AUBONNE.
Oui, je suis dans de terribles transes...
N'importe... je le veux... je ferai mon devoir;
Je serai juste.
JULIE.
Hélas! tu fais tout mon espoir.

SCÈNE V.

JULIE, MME AUBONNE, BABET.

BABET, *accourant avec empressement.*
Allez, votre marquis est un vrai trouble-fête.
MME AUBONNE.
Je ne le sais que trop.

ACTE II, SCENE V.

BABET.
Vous savez qu'on apprête
Cette longue feuillée où Charlot de ses mains
De guirlandes de fleurs décorait les chemins ;
Il a dans cent endroits disposé cent lumières,
Où du nom de Henri les brillans caractères
Sont lus, à ce qu'on dit, par tous les gens savans ;
Ce spectacle admirable attirait les passans ;
Les filles l'entouraient ; toute notre séquelle
Voyait le beau Charlot monté sur une échelle,
Dans un leste pourpoint fesant tous ces apprêts ;
Mais monsieur le marquis a trouvé tout mauvais,
A voulu tout changer, et Charlot, au contraire,
A dit que tout est bien. Le marquis en colère
A menacé Charlot, et Charlot n'a rien dit :
Ce silence au marquis a causé du dépit ;
Il a tiré l'échelle, il a su si bien faire,
Qu'en descendant vers nous Charlot est chu par terre.

JULIE.
Ah, Charlot est blessé !

BABET.
Non, il s'est lestement
Relevé d'un seul saut... Il s'est fâché vraiment :
Il a dit de gros mots.

Mme AUBONNE.
De cette bagatelle
Il peut naître aisément une grande querelle.
Je crains beaucoup.

JULIE.
Je tremble.

SCÈNE VI.

JULIE, Mme AUBONNE, BABET, GUILLOT.

GUILLOT, *en criant.*
Ah, mon Dieu, quel malheur!

JULIE.
Quoi?

Mme AUBONNE.
Qu'est-il arrivé?

GUILLOT.
Notre jeune seigneur...

JULIE.
A-t-il fait à Charlot quelque nouvelle injure?

GUILLOT.
Il ne donnera plus de soufflets, je vous jure,
A moins qu'il n'en revienne.

Mme AUBONNE.
Ah, mon Dieu! que dis-tu?

GUILLOT.
Babet l'aura pu voir.

BABET.
J'ai dit ce que j'ai vu,
Pas grand'chose.

Mme AUBONNE.
Eh, butor! dis donc vite, de grace,
Ce qui s'est pu passer, et tout ce qui se passe.

GUILLOT.
Hélas! tout est passé. Le marquis là dehors
Est troué d'un grand coup tout au travers du corps.

ACTE II, SCÈNE VII.

MME AUBONNE.

Ah, malheureuse!

JULIE.

Hélas! vous répandez des larmes.
Mais ce n'est pas Charlot; Charlot n'avait point d'armes.

GUILLOT.

On en trouve bientôt. Ce marquis turbulent
Poursuivait notre ami, ma foi, très vertement.
L'autre, qui sagement se battait en retraite,
Déja d'un écuyer avait saisi la brette.
Je lui criais de loin : « Charlot, garde-toi bien
« D'attendre monseigneur, il ne ménage rien;
« J'ai trop à mes dépens appris à le connaître :
« Va-t'en; il ne faut pas s'attaquer à son maître. »
Mais Charlot lui disait : « Monsieur, n'approchez pas. »
Il s'est trop approché, voilà le mal.

MME AUBONNE.

Hélas!
Allons le secourir, s'il en est temps encore.

SCÈNE VII.

LES PRÉCÉDENS; L'INTENDANT.

L'INTENDANT.

Non, il n'en est plus temps.

MME AUBONNE.

Juste ciel que j'implore!

L'INTENDANT.

Il n'a pas à ce coup survécu d'un moment.
Cachons bien à sa mère un si triste accident.

Mme AUBONNE, *en pleurant.*

Les pierres parleront, si nous osons nous taire.

L'INTENDANT.

C'est fort loin du château que cette horrible affaire
Sous mes yeux s'est passée; et presque au même instant,
Pour préparer madame à cet événement,
J'empêche, si je puis, qu'on n'entre et qu'on ne sorte,
Je fais lever les ponts, je fais fermer la porte.
Madame heureusement se retire en secret,
Dans ce moment fatal, au fond d'un cabinet
Où tout ce bruit affreux ne peut se faire entendre.
Ne blessons point un cœur si sensible et si tendre.
Épargnons une mère.

JULIE.

Hélas! à quel état
Sera-t-elle réduite après cet attentat!
Je plains son fils... Le temps l'aurait changé peut-être.

L'INTENDANT.

Il était bien méchant; mais il était mon maître.

Mme AUBONNE.

Quelle mort! et par qui!

L'INTENDANT.

Dans quel temps, juste ciel!
Dans le plus beau des jours, dans le plus solennel,
Quand le roi vient chez nous!

JULIE.

Hélas! ma pauvre Aubonne,
Que deviendra Charlot?

L'INTENDANT.

Peut-être sa personne

Aux mains de la justice est livrée à présent.
JULIE.
Ce garçon n'a rien fait qu'à son corps défendant :
La justice est injuste.
L'INTENDANT.
     Ah! les lois sont bien dures.
BABET, *à Guillot.*
Charlot serait perdu!
GUILLOT.
    Ce sont des aventures
Qui font bien de la peine, et qu'on ne peut prévoir :
On est gai le matin, on est pendu le soir.
BABET.
Mais le marquis est-il tout-à-fait mort?
L'INTENDANT.
       Sans doute;
Le médecin l'a dit.
JULIE.
   Plus de ressource?
GUILLOT, *à Babet.*
        Écoute;
Il en disait de moi l'an passé tout autant;
Il croyait m'enterrer, et me voilà pourtant.
L'INTENDANT.
Non, vous dis-je, il est mort, il n'est plus d'espérance.
Mes enfans, au logis gardez bien le silence.
GUILLOT.
Je gage que sa mère a déja tout appris.
MME AUBONNE.
J'en mourrai... mais allons, le dessein en est pris.
        (Elle sort.)

BÀBET.

Ah ! j'entends bien du bruit et des cris chez madame.

GUILLOT.

On n'a jamais gardé le silence.

JULIE.

Mon ame
D'une si bonne mère éprouve les douleurs.
Courons, allons mêler mes larmes à ses pleurs.

FIN DU SECOND ACTE.

ACTE TROISIÈME.

SCÈNE I.

L'INTENDANT, BABET, GUILLOT; troupe de gardes; CHARLOT, *au milieu d'eux.*

CHARLOT.
J'aurais pu fuir sans doute, et ne l'ai pas voulu.
Je désire la mort, et j'y suis résolu.
L'INTENDANT.
La justice est ici. Madame la comtesse
Sait la mort de son fils; la douleur qui la presse
Ne lui permettra pas de recevoir le roi.
Quel malheur!
GUILLOT.
　　　　　Il devait en user comme moi,
Ne se point revancher, imiter ma sagesse;
Je l'avais averti.
CHARLOT.
　　　　　J'ai tort, je le confesse.
BABET.
Quel crime a-t-il donc fait? ne vaut-il pas bien mieux
Tuer quatre marquis qu'être tué par eux?
GUILLOT.
Elle a toujours raison, c'est très bien dit.

CHARLOT.

J'espère
Qu'on souffrira du moins que je parle à ma mère.
Voudrait-on me priver de ses derniers adieux?

L'INTENDANT.

Elle s'est évadée, elle est loin de ces lieux.

GUILLOT.

Quoi! ta mère est complice?

BABET.

Il me met en colère
Quand tu voudras parler, ne dis mot pour bien faire.

CHARLOT.

Elle ne veut plus voir un fils infortuné,
Indigne de sa mère, et bientôt condamné.
Mais que je plains, hélas! mon auguste maîtresse!
Et que je plains Julie! elle avait la tendresse
De monsieur le marquis; et mes funestes coups
Privent l'une d'un fils, et l'autre d'un époux.
Non, je ne veux plus voir ce château respectable,
Où l'on daigna m'aimer, où je fus si coupable.

(a l'intendant.)

Vous, monsieur, si jamais dans leur triste maison
Après cet attentat vous prononcez mon nom,
J'ose vous conjurer de bien dire à madame
Qu'elle a toujours régné jusqu'au fond de mon ame,
Que j'aurais prodigué mon sang pour la servir,
Que j'ai pour la venger demandé de mourir :
Daignez en dire autant à la noble Julie.
Hélas! dans la maison mon enfance nourrie
Me laissait peu prévoir tant d'horribles malheurs.

Vous tous qui m'écoutez, pardonnez-moi mes pleurs,
Ils ne sont pas pour moi... la source en est plus belle...
Adieu... Conduisez-moi.

L'INTENDANT.

Que cette fin cruelle,
Que ce jour malheureux doit bien se déplorer !

GUILLOT.

Tout pleure, je ne sais s'il faut aussi pleurer.
Qu'on aime ce Charlot ! Charlot plaît, quoi qu'il fasse.
On n'en ferait pas tant pour moi.

BABET, *à ceux qui emmènent Charlot.*

Messieurs, de grace,
Ne l'enlevez donc pas... suivons-le au moins des yeux.

GUILLOT.

Allons, suivons aussi, car on est curieux.

SCÈNE II.

JULIE, L'INTENDANT.

JULIE.

Ah ! je respire enfin... Madame évanouie
Reprend un peu ses sens et sa force affaiblie ;
Ses femmes à l'envi, les miennes tour à tour
Rendent ses yeux éteints à la clarté du jour.
Faut-il qu'en cet état la nourrice fidèle,
Devant la secourir, ne soit pas auprès d'elle !
Vainement je la cherche, on ne la trouve pas.

L'INTENDANT.

Elle éprouve elle-même un funeste embarras ;

Par une fausse-porte elle s'est éclipsée :
Je prends part aux chagrins dont elle est oppressée;
Elle est pour son malheur mère du meurtrier.
JULIE.
Pourquoi nous fuir ? pourquoi de nous se défier ?
Le roi viendra bientôt : son seul aspect fait grace,
Son grand cœur doit la faire.
L'INTENDANT.
On peut punir l'audace
D'un bourgeois champenois qui tue un grand seigneur :
L'exemple est dangereux après ces temps d'horreur,
Où l'état, déchiré par nos guerres civiles,
Vit tous les droits sans force et les lois inutiles.
A peine nous sortons de ces temps orageux.
Henri, qui fait sur nous briller des jours heureux,
Veut que la loi gouverne, et non pas qu'on la brave.
JULIE.
Non, le brave Henri ne peut punir un brave.
Je suis la cause, hélas! de cet affreux malheur;
Ne me reprochant rien, dans ma simple candeur
J'ai cru qu'on n'avait point de reproche à me faire
Ce malheureux marquis, dans sa sotte colère,
Se croyant tout permis, a forcé cet enfant
A tuer son seigneur et fort innocemment.
Je saurai recourir à la clémence auguste,
Aux bontés de ce roi galant autant que juste.
Je n'avais répété ce menuet que pour lui;
Il y sera sensible, il sera notre appui.
L'INTENDANT.
Dieu le veuille !

SCÈNE III.

JULIE, L'INTENDANT, BABET.

BABET.

Au secours! ah, mon Dieu! la misère!
Protégez-nous, madame, en cette horrible affaire.
Les filles ont recours à vous dans la maison.

JULIE.

Quoi, Babet?

BABET.

C'est Charlot que l'on fourre en prison.

JULIE.

O ciel!

BABET.

Des gens tout noirs des pieds jusqu'à la téte
L'ont fait conduire, hélas! d'un air bien malhonnête.
Pour comble de malheur, le roi dans le logis
Ne viendra point, dit-on, comme il l'avait promis;
On ne dansera point, plus de fête... Ah! madame,
Que de maux à la fois... tout cela perce l'ame.

JULIE.

Charlot est en prison!

L'INTENDANT.

Cela doit aller loin.

BABET.

Hélas! de le sauver prenez sur vous le soin:
Chacun vous aidera; tout le château vous prie.
Les morts ont toujours tort, et Charlot est en vie.

L'INTENDANT.

Hélas! je doute fort qu'il y soit bien long-temps.
JULIE.

Madame sort déja de ses appartemens.
Dans quel accablement elle est ensevelie!

SCÈNE IV.

LES PRÉCÉDENS; LA COMTESSE, *soutenue par deux* SUIVANTES.

LA COMTESSE.

Mes filles, laissez-moi; que je parle à Julie;
Dans ma chambre avec moi je ne saurais rester.
L'INTENDANT, *à Babet.*

Elle veut être seule, il faut nous écarter.
(Ils sortent.)

LA COMTESSE, *se jetant dans un fauteuil.*

O ma chère Julie! en ma douleur profonde,
Ne m'abandonnez pas... je n'ai que vous au monde.
JULIE.

Vous m'avez tenu lieu d'une mère, et mon cœur
Répond toujours au vôtre et sent votre malheur.
LA COMTESSE.

Ma fille, voilà donc quel est votre hyménée!
Ah! j'avais espéré vous rendre fortunée.
JULIE.

Je pleure votre sort... et je sais m'oublier.
LA COMTESSE.

Le roi même en ces lieux devait vous marier.

ACTE III, SCÈNE IV.

Au lieu de cette fête et si sainte et si chère,
J'ordonne de mon fils la pompe funéraire!
Ah, Julie!

JULIE.

En ce temps, en ce séjour de pleurs,
Comment de la maison faire au roi les honneurs?

LA COMTESSE.

J'envoie auprès de lui, je l'instruis de ma perte:
Il plaindra les horreurs où mon ame est ouverte,
Il aura des égards; il ne mêlera pas
L'appareil des festins à celui du trépas.
Le roi ne viendra point... tout a changé de face.

JULIE.

Ainsi... le meurtrier... n'aura donc point sa grace?

LA COMTESSE.

Il est bien criminel.

JULIE.

Il s'est vu bien pressé;
A ce coup malheureux le marquis l'a forcé.

LA COMTESSE, *en pleurant.*

Il devait fuir plutôt.

JULIE.

Votre fils en colère...

LA COMTESSE, *se levant.*

Il devait dans mon fils respecter une mère.
Le fils de sa nourrice, ô ciel! tuer mon fils!
Cette femme, après tout, dont les soins infinis
Ont conduit leur enfance, et qui tous deux les aime,
En ne paraissant point le condamne elle-même.

JULIE.

Vous aviez protégé ce jeune malheureux.

LA COMTESSE.

Je l'aimais tendrement; mon sort est plus affreux,
Son attentat plus grand.

JULIE.

Faudra-t-il qu'il périsse?

LA COMTESSE.

Quoi! deux morts au lieu d'une!

JULIE.

Hélas! notre nourrice
Ferait donc la troisième.

LA COMTESSE.

Ah! je n'en puis douter.
Elle est mère... et je sais ce qu'il en doit coûter.
Hélas! ne parlons point de vengeance et de peine;
Ma douleur me suffit.

(On entend du bruit.)

JULIE.

Quelle rumeur soudaine!

(Le peuple derrière le théâtre.)

Vive le roi! le roi! le roi! le roi! le roi [b]!

SCÈNE V.

LES PRÉCÉDENS, Mme AUBONNE.

Mme AUBONNE.

Ce n'est pas lui, madame, hélas! ce n'est que moi.
J'ai laissé ce bon prince à moins d'un quart de lieue,
J'ai précédé sa cour avec sa garde bleue;

J'avais pris des chevaux; et je viens à genoux
Révéler votre sort et mon crime envers vous.
Le roi m'a pardonné ma fraude et mon audace.
Je ne mérite pas que vous me fassiez grace.

LA COMTESSE.

Quoi! malheureuse! as-tu paru devant le roi?

Mme AUBONNE.

Madame, je l'ai vu tout comme je vous vois:
Ce monarque adoré ne rebute personne;
Il écoute le pauvre, il est juste, il pardonne:
J'ai tout dit.

LA COMTESSE.

Qu'as-tu dit? quels étranges discours
Redoublent ma douleur et l'horreur de mes jours!
Laisse-moi.

Mme AUBONNE.

Non, sachez cet important mystère:
Charlot est plein de vie, et vous êtes sa mère.

LA COMTESSE.

Où suis-je? juste Dieu! pourrais-je m'en flatter?
Ah, Julie! entends-tu?

JULIE.

J'aime à n'en point douter.

Mme AUBONNE.

Hélas! vous auriez pu sur son noble visage
Du comte de Givry voir la parfaite image.
Il vous souvient assez qu'en ces temps pleins d'effroi
Où la Ligue accablait les partisans du roi,
Votre époux opprimé cacha dans ma chaumière
Cet enfant dont les yeux s'ouvraient à la lumière:

Vous voulûtes bientôt le tenir dans vos bras ;
Ce malheureux enfant touchait à son trépas :
Je vous donnai le mien. Vous fûtes trop flattée
De la fatale erreur où vous fûtes jetée.
Votre fils réchappa, mais l'échange était fait.
Un enfant supposé dans vos bras s'élevait,
Vos soins vous attachaient à cette créature,
Et l'habitude en vous tint lieu de la nature.
Mon mari, que le roi vient de faire appeler,
Interrogé par lui, vient de tout révéler ;
C'est un brave soldat que ce grand prince estime.
Tout est prouvé.

LA COMTESSE.

Julie ! heureux jour ! heureux crime !

JULIE.

Madame, cette fois, voici le grand Henri.

SCÈNE VI.

LES PRÉCÉDENS ; LE ROI ET TOUTE SA COUR ;
CHARLOT.

LE ROI.

Je viens mettre en vos bras le comte de Givry,
Le fils de mon ami, qui le sera lui-même.
Je rends graces au ciel dont la bonté suprême
Par le coup inouï d'un étrange moyen
A fait votre bonheur, et préparé le mien.
Je vous rends votre fils, et j'honore sa mère ;
Il me suivra demain dans la noble carrière

Où de tout temps, madame, ont couru vos aïeux.
Déja nos ennemis approchent de ces lieux;
Je cours de ce château dans le champ de la gloire;
Mon sort est de chercher la mort ou la victoire.
Votre fils combattra, madame, à mes côtés.
Mais, délivrés tous deux de nos adversités,
Ne songeons qu'à goûter un moment si prospère.
LA COMTESSE.
Adorons des Français le vainqueur et le père.

FIN DE CHARLOT.

VARIANTES

DU DRAME DE CHARLOT.

a   Je fais ce que je doi.
Il m'eût été bien doux de consacrer ma vie
A servir dignement la divine Julie.
Heureux qui, recherchant la gloire et le danger,
Entre un héros et vous pourrait se partager !
Heureux à qui l'éclat d'une illustre naissance
A permis de nourrir cette noble espérance !
Pour moi qu'aux derniers rangs le sort veut captiver,
Vers la gloire de loin si je puis m'élever,
Si quelque occasion, quelque heureux avantage,
Peut jamais pour mon prince exercer mon courage,
De vous, de vos bontés, je voudrais obtenir
Pour prix de tout mon sang un léger souvenir.
JULIE.
Ah ! je me souviendrai de vous toute ma vie.
Élevée avec vous, moi ! que je vous oublie !
Mais vous ne quittez point la maison pour jamais.
Madame la comtesse et ses dignes bienfaits,
Une très bonne mère, et, s'il le faut, moi-même,
Tout vous doit rappeler, tout le château vous aime.
Ma bonne, ordonnez-lui de revenir souvent.
Mme AUBONNE, *en soupirant.*
Je ne souffrirai pas un long éloignement.
CHARLOT.
Ah, ma mère ! à mon cœur il manque l'éloquence.
Peignez-lui les transports de ma reconnaissance ;
Faites-moi mieux parler que je ne puis.
JULIE.
         Charlot...
. . . .

b   LA COMTESSE.
Dans l'état où je suis, ô ciel ! il vient chez moi !

SCÈNE V.

LE COURRIER, *en bottes, qui était parti au premier acte, arrive.*

JULIE.

Charlot sera sauvé.

LE COURRIER.

Le duc de Bellegarde
Dans la cour à l'instant vient avec une garde.
Pour la seconde fois le peuple s'est mépris.

JULIE.

Le roi ne viendra point?

LE COURRIER.

Je n'en ai rien appris.
Il est à la distance à peu près d'une lieue,
Dans un petit village, avec sa garde bleue.

JULIE.

Il viendra, j'en suis sûre.

SCÈNE VI.

LE DUC DE BELLEGARDE *arrive, suivi de plusieurs* DOMESTIQUES
de la maison.

(On prépare trois fauteuils)

LA COMTESSE, *allant au devant de lui.*

Ah, monsieur! vous venez
Consoler, s'il se peut, mes jours infortunés.

LE DUC.

Je l'espère, madame; ici le roi m'envoie:
Je viens à vos douleurs mêler un peu de joie.
(à Julie, qui veut sortir.)
Mademoiselle, il faut que je vous parle aussi;
Votre aimable présence est nécessaire ici.
Sur le destin d'un fils, madame, et sur le vôtre,
Daignez avec bonté m'écouter l'une et l'autre.
(Il s'assied entre elles.)
Une madame Aubonne, accourant vers le roi,
S'est jetée à ses pieds, a parlé devant moi:
Le roi, vous le savez, ne rebute personne.

VARIANTES

LA COMTESSE.

Ce prince daigne être homme.

JULIE.

      Ah! l'ame grande et bonne!

LE DUC.

Cette femme à mon maître a dit de point en point
Ce que je vais conter... Ne vous affligez point,
Madame, et jusqu'au bout souffrez que je m'explique :
Vous aviez dans ses mains mis votre fils unique :
On le crut mort long-temps ; vous n'aviez jamais vu
Ce fils infortuné, de sa mère inconnu?

LA COMTESSE.

Il est trop vrai.

LE DUC.

    C'était au temps même où la guerre,
Ainsi que tout l'état, désolait votre terre.
Cette femme craignit vos reproches, vos pleurs :
Elle crut vous servir en trompant vos douleurs ;
Et sans doute en secret elle fut trop flattée
De la fatale erreur où vous fûtes jetée.
Vous demandiez ce fils, elle donna le sien.

LA COMTESSE.

Ah! tout mon cœur s'échappe : ah! grand Dieu!

JULIE.

          Tout le mien
Est saisi, transporté.

LA COMTESSE.

   Quel bonheur!

JULIE.

      Quelle joie!

LA COMTESSE.

Qu'on amène mon fils ; courons, que je le voie.
Mais... serait-il bien vrai...

LE DUC.

    Rien n'est plus avéré.

LA COMTESSE.

Ah! si j'avais rempli ce devoir si sacré
De ne pas confier au lait d'une étrangère
Le pur sang de mon sang, et d'être vraiment mère,
On n'aurait jamais fait cet affreux changement.

DE CHARLOT.

LE DUC.
Il est bien plus commun qu'on ne croit.
LA COMTESSE.
                    Cependant
Quelle preuve avez-vous ? quel témoin ? quel indice ?
LE DUC.
Le ciel, avec le roi, vous a rendu justice.
Votre fils réchappa ; mais l'échange était fait.
Cet enfant supposé dans vos bras s'élevait.
Vos soins vous attachaient à cette créature,
Et l'habitude en vous passait pour la nature.
La nourrice voulut dissiper votre erreur ;
Elle n'osa jamais alarmer votre cœur,
Craignant, en disant vrai, de passer pour menteuse ;
Et la vérité même était trop dangereuse.
Dans un billet secret avec soin cacheté,
Son mari, vieux soldat, mit cette vérité.
Le billet, déposé dans les mains d'un notaire.
Produit aux yeux du roi, découvre le mystère
Le soldat même, à part interrogé long-temps,
Menacé de la mort, menacé des tourmens,
D'un air simple et naïf a conté l'aventure.
Son grand âge n'est pas le temps de l'imposture ;
Il touche au jour fatal où l'homme ne ment plus.
Il a tout confirmé : des témoins entendus
Sur le lieu, sur le temps, sur chaque circonstance.
Ont sous les yeux du roi mis l'entière évidence :
On ne le trompe point; il sait sonder les cœurs :
Art difficile et grand qu'il doit à ses malheurs.
Ajouterai-je encor que j'ai vu ce jeune homme
Que pour aimable et brave ici chacun renomme ?
De votre père, hélas ! c'est le portrait vivant :
Votre père mourut quand vous étiez enfant,
Massacré près de moi dans l'horrible journée
Qui sera de l'Europe à jamais condamnée.
C'est lui-même, vous dis-je ; oui, c'est lui, je l'ai vu :
Frappé de son aspect, j'en suis encore ému ;
J'en pleure en vous parlant.
LA COMTESSE.
                    Vous ravissez mon ame.

VARIANTES

JULIE.

Que je sens vos bienfaits !

LE DUC.

Agréez donc, madame,
Que la triste nourrice, appuyant mes récits,
Puisse ici retrouver son véritable fils.
Il était expirant; mais on espère encore
Qu'il pourra réchapper : sa mère vous implore;
Elle vient : la voici qui tombe à vos genoux.

SCÈNE VII.

LES PRÉCÉDENS; Mme AUBONNE, CHARLOT.

Mme AUBONNE, *se jetant aux pieds de la comtesse.*

J'ai mérité la mort.

LA COMTESSE.

C'est assez, levez-vous :
Je dois vous pardonner puisque je suis heureuse.
Tu m'as rendu mon sang.
   (La porte s'ouvre; Charlot paraît avec tous les domestiques)
CHARLOT, *dans l'enfoncement, avançant quelques pas.*

O destinée affreuse !

Où me conduisez-vous ?

LA COMTESSE, *courant à lui.*

Dans mes bras, mon cher fils !

CHARLOT.

Vous, ma mère !

LE DUC.

Oui, sans doute.

JULIE.

O ciel ! je te bénis

LA COMTESSE, *le tenant embrassé.*

Oui, reconnais ta mère; oui, c'est toi que j'embrasse;
Tu sauras tout.

JULIE.

Il est bien digne de sa race.
   (Le peuple derrière le théâtre)
Vive le roi ! le roi ! le roi ! vive le roi !

LE DUC.

Pour le coup c'est lui-même. Allons tous : c'est à moi
De présenter le fils, et la mère, et Julie.

LA COMTESSE.
Je succombe au bonheur dont ma peine est suivie.
CHARLOT, *marquis*.
Je ne sais où je suis.
LA COMTESSE.
Rendons grace à jamais
Au duc de Bellegarde, au grand roi des Français ..
Mon fils !
CHARLOT, *marquis*.
J'en serai digne.
JULIE.
Il nous fait tous renaître.
LA COMTESSE.
Allons tous nous jeter aux pieds d'un si bon maître.
CHARLOT, *marquis*.
Henri n'est pas le seul dont j'adore la loi.
(Tout le monde crie.)
Vive le roi ! le roi ! le roi ! vive le roi !

FIN DU SIXIÈME VOLUME.

TABLE DES MATIÈRES

CONTENUES DANS CE SIXIÈME VOLUME.

Le Droit du Seigneur, comédie.	Page 1
Variantes de la comédie du *Droit du Seigneur*.	81
Saul, drame.	113
Avis.	114
Olympie, tragédie.	167
Notes sur *Olympie*, par M. de Voltaire.	249
Le Triumvirat, tragédie.	263
Avertissement des éditeurs de l'édition de Kehl.	265
Préface de l'éditeur de Paris.	266
Variantes de la tragédie du *Triumvirat*.	341
Notes sur le *Triumvirat*, par M. de Voltaire.	360
Les Scythes, tragédie.	383
Épitre dédicatoire.	385
Préface de l'édition de Paris.	388
Préface des éditeurs qui ont précédé immédiatement ceux de Kehl.	395
Variantes de la tragédie des *Scythes*.	475
Notes de la tragédie des *Scythes*.	476
Charlot, ou la Comtesse de Givry, pièce dramatique	477
Avertissement des éditeurs de l'édition en 41 volumes	478
Préface imprimée dans l'édition de 1767.	479
Variantes du drame de *Charlot*.	534

FIN DE LA TABLE.

IMPRIMERIE DE RIGNOUX,
rue des Francs Bourgeois-S Michel, n° 8